反导作战智能辅助决策理论与方法

范成礼 付 强 著

西北工业大学出版社
西安

【内容简介】 本书是著者研究团队多年对反导作战智能辅助决策理论与方法的研究成果,其内容反映了反导作战智能辅助决策领域的新思想、新方法。本书以军事需求为牵引,以反导作战决策问题建模与求解为主线,以军事运筹学、人工智能理论以及不确定性理论为指导,系统阐述了反导作战中的目标识别、威胁评估、静态火力分配以及动态火力分配问题的智能辅助决策方法等。

本书适合从事军队指挥、指挥自动化系统、军事系统工程、人工智能军事应用和武器装备研制领域的研究人员阅读、参考。

图书在版编目(CIP)数据

反导作战智能辅助决策理论与方法/范成礼,付强著. —西安:西北工业大学出版社,2022.1
ISBN 978-7-5612-7923-6

Ⅰ.①反… Ⅱ.①范… ②付… Ⅲ.①智能技术-应用-反导系统-作战指挥系统 Ⅳ.①E813-39

中国版本图书馆 CIP 数据核字(2021)第 174792 号

FANDAO ZUOZHAN ZHINENG FUZHU JUECE LILUN YU FANGFA
反导作战智能辅助决策理论与方法

责任编辑:孙 倩		策划编辑:杨 军	
责任校对:王 静		装帧设计:李 飞	
出版发行:西北工业大学出版社			
通信地址:西安市友谊西路 127 号		邮编:710072	
电 话:(029)88491757,88493844			
网 址:www.nwpup.com			
印 刷 者:西安浩轩印务有限公司			
开 本:787 mm×1 092 mm		1/16	
印 张:11.25		插页 1	
字 数:295 千字			
版 次:2022 年 1 月第 1 版		2022 年 1 月第 1 次印刷	
定 价:68.00 元			

如有印装问题请与出版社联系调换

前　言

反导力量是中央军委明确的 6 种新质作战力量之一，既是应对新型空天威胁，维护国家安全与发展利益的核心支撑，也是空军"空天一体，攻防兼备"战略转型建设的重要抓手。辅助决策是指挥控制系统的核心功能，是提升作战效能的重要手段，可起到兵力倍增的作用。军事智能是我国军事科技未来发展的主轴主线，智能辅助决策技术是将信息优势转化为决策优势的关键所在。反导作战智能辅助决策作为反导指挥控制与军事智能前沿理论方法的极佳结合点，正逐步成为军事学术研究的热点。本书以军事需求为牵引，以反导作战决策问题建模与求解为主线，以军事运筹学、人工智能理论以及不确定性理论为指导，对反导作战中的目标识别、威胁评估和火力分配等问题的智能辅助决策方法进行研究，既是创新反导作战理论，保证反导体系长远发展的现实需要，也是推动反导武器装备研制，有效促进反导作战能力形成的迫切需求，具有理论与实践的双重指导意义。

全书分为 7 章。第 1 章主要对反导作战体系、反导作战过程、反导作战智能辅助决策相关理论和研究现状进行介绍。第 2 章针对中段反导目标识别的特点，提出基于直觉模糊核聚类的中段反导目标综合识别方法。第 3 章针对现有反导作战目标威胁评估方法忽略目标时序和战场态势变化而造成评估精准度不高的问题，提出动态多时刻目标威胁评价方法。第 4 章针对反导作战静态火力分配优化问题中存在的不确定性特征，引入模糊随机规划理论，构建基于模糊随机期望的反导作战静态火力分配模型并提出混合智能求解算法。第 5 章针对非线性双层规划难以获得全局最优的问题，提出带审敛因子的变邻域粒子群算法，为反导作战动态火力分配问题的求解奠定理论基础。第 6 章针对目前不确定环境下反导作战动态火力分配研究存在的不足，通过引入模糊机会约束理论，提出基于模糊机会约束双层规划的反导作战动态火力分配模型和分层递阶的混合模糊粒子群优化算法。第 7 章探索研究防空反导智能辅助决策训练与验证关键技术，建立防空反导智能对抗推演系统，基于深度强化学习方法解决复杂场景下防空反导作战的动态决策问题。

本书的出版得到了国家自然科学基金项目（72001214、71771216、62106283）、国家社会科学基金项目（18BGJ070）、陕西省自然科学基础研究计划项目（2020JQ-484）和国防项目（KJ2018、KJ2021）的支持，以及邢清华教授、卢盈齐教授的指导，得到了硕士研究生朱晓雯和李威的支持和协助,在此深表感谢。此外,撰写本书的过程中参阅了国内外大量文献资料,对其作者和该领域专家们表示诚挚的谢意。

反导作战智能辅助决策作为正在兴起的研究领域,其理论与方法研究受到国内外众多学者的关注。国内该领域的专著稀缺,本书的出版恰逢其时,希望本书能够对该领域的发展贡献绵薄之力。

由于水平有限,书中难免有不足之处,敬请广大读者批评指正。

著 者

2021 年 4 月

目 录

第1章 绪论 ·· 1
   1.1 反导作战体系及作战过程 ·· 1
   1.2 反导作战智能辅助决策分类及特点分析 ·· 5
   1.3 反导作战智能辅助决策过程分析 ··· 6
   1.4 反导作战智能辅助决策方法 ··· 8
   1.5 反导作战智能辅助决策研究现状 ··· 8

第2章 基于直觉模糊核聚类的中段反导目标识别方法 ··· 21
   2.1 问题分析 ··· 21
   2.2 直觉模糊集基本理论 ·· 23
   2.3 基于 IFKCM 的中段反导目标综合识别方法 ·· 26
   2.4 本章小结 ··· 37

第3章 基于动态多时刻融合的反导作战目标威胁评估方法 ······································ 38
   3.1 问题分析 ··· 38
   3.2 区间直觉模糊集理论 ·· 39
   3.3 新的区间直觉模糊运算规则 ·· 40
   3.4 新型区间直觉模糊加权平均算子 ·· 45
   3.5 基于 IVIFECF-IVIFWA-TOPSIS 的多时刻融合目标威胁评估方法 ·············· 47
   3.6 仿真及结果分析 ··· 57
   3.7 本章小结 ··· 64

第4章 基于模糊随机期望的反导作战静态火力分配方法 ··· 65
   4.1 问题分析 ··· 65
   4.2 模糊随机期望基本理论 ·· 69
   4.3 反导作战静态火力分配问题建模 ·· 71
   4.4 带怀疑因子及斥力因子的粒子群优化算法 DRPSO ··································· 76

4.5　基于 DRPSO 算法的反导作战静态火力分配模型求解 …………… 88
　　4.6　本章小结 ……………………………………………………………… 93

第 5 章　基于混合变邻域粒子群的非线性双层规划求解方法 …………… 94
　　5.1　问题分析 ……………………………………………………………… 94
　　5.2　带审敛因子的变邻域粒子群算法 VNPSO-CC ……………………… 95
　　5.3　求解 NBLP 问题的 VNPSO-CC 算法 ……………………………… 103
　　5.4　本章小结 ……………………………………………………………… 110

第 6 章　基于模糊机会约束双层规划的反导作战动态火力分配方法 …… 111
　　6.1　问题分析 ……………………………………………………………… 111
　　6.2　模糊机会约束规划基本理论 ………………………………………… 113
　　6.3　反导作战动态火力分配问题建模 …………………………………… 117
　　6.4　基于 HHFPSO 算法的反导作战动态火力分配模型求解 ………… 124
　　6.5　本章小结 ……………………………………………………………… 137

第 7 章　防空反导智能辅助决策训练与验证关键技术 …………………… 138
　　7.1　问题分析 ……………………………………………………………… 138
　　7.2　深度强化学习技术 …………………………………………………… 139
　　7.3　防空反导智能对抗推演平台原理 …………………………………… 139
　　7.4　基于深度强化学习的 Alpha C2 算法设计 ………………………… 144
　　7.5　数字战场环境 ………………………………………………………… 148
　　7.6　Alpha C2 训练过程 …………………………………………………… 150
　　7.7　实验验证 ……………………………………………………………… 153
　　7.8　本章小结 ……………………………………………………………… 160

参考文献 ………………………………………………………………………… 161

第1章 绪　　论

1.1　反导作战体系及作战过程

1.1.1　反导作战体系

反导作战体系是指通过信息化网络集成预警探测系统、指挥控制系统以及多层拦截系统，主要抗击敌方弹道导弹空袭的作战体系。从作战过程上看，反导作战的实质就是以指挥控制系统为核心，将多层拦截武器系统与各类预警探测跟踪系统紧密交链，在一种高实时、高对抗和高自动化的环境中实现对弹道目标的有效拦截。弹道导弹袭击的高速化、信息化发展，要求实现反导作战体系间各作战要素互连、互通和互操作。预警探测系统需与指挥控制和多层拦截系统实现实时化、网络化和智能化的无缝衔接。

1. 反导预警探测系统

预警探测系统是通过各种手段，为反导作战指挥提供弹道导弹袭击的预警和航空航天目标情报的系统。反导预警探测系统以弹道导弹预警监视系统为主体，融合海情预警监视、空间目标监视等系统信息，以及利用成像侦察、技术侦察、电子对抗侦察和谍报等多种手段获取的部分反导早期预警情报，共同构成陆、海、空、天一体化的反导预警探测体系。

反导预警探测系统呈现多维特性，从传感器使用的频率或电磁能量谱上看，主要包括雷达、红外、光敏和激光传感器；从传感器运行的平台上看，又可分为陆基、海基、空基和天基传感器。为了实现对发射点/落点在一个责任区域或跨越多个责任区域的来袭弹道导弹进行无缝探测跟踪，就需要反导预警探测系统的传感器在大范围分布式实施的同时统筹管控，进而构成陆、海、空、天一体化的多维传感器网。反导预警探测系统主要提供来袭弹道导弹精确的目标测量信息和拦截弹制导信息，并参与完成目标的搜索截获、目标跟踪、目标识别、拦截弹制导和杀伤效果评估等任务。

2. 反导指挥控制系统

反导指挥控制系统是反导作战体系的中枢，主要用于收集、处理反导所需的情报及组织各种反导兵力兵器适时、准确、迅速和协调地进行反导行动。这一系统的建设应努力向数字化、智能化和网络化方向发展。

参照美军的反导指挥、控制、作战管理与通信(Command,Control,Battle Manage-ment,Communication,C2BMC)系统,目前美国导弹防御系统中的各级指控系统均被称为C2BMC系统。C2BMC系统在不同级别具有不同的内涵和侧重,为此从整体上可将其划分为两种类型:一类是各级作战指挥司令部中部署安装的体系级C2BMC系统,另一类则是火力单元系统中安装的武器级C2BMC系统。前者更加侧重宏观功能,也更为复杂庞大,核心相同的软件系统经过不同的裁减后部署、安装在各级指挥司令部;后者则更加侧重微观功能,实现的是对武器系统的直接指挥控制。

C2BMC系统提供了网络中心战能力,负责执行作战任务规划和监控导弹防御的任务,它综合利用所辖各分系统中所有可用的传感器跟踪弹道导弹,实现对弹道导弹防御系统中各战略和战术系统的管理,并引导武器系统与威胁目标交战。此外,还可以扩展作战空间实现多次交战。C2BMC系统在反导武器系统中起着作战方案制定、指挥协调、监视及交战控制的作用。它的核心任务是完成武器系统自身所属作战资源任务规划。

3. 反导多层拦截系统

反导多层拦截系统,是根据反导预警系统和指挥控制系统提供的空情与作战指令,以火力杀伤为主要手段,对敌空天袭击目标实施抗击的系统。它由各种反导兵力兵器组成,是反导作战的主体和核心。

从导弹防御技术的发展来看,随着导弹技术、雷达技术以及高新技术的发展,各类防空武器系统竞相诞生,最具代表性的是美国的"爱国者"、俄罗斯的"C-300"系列武器系统。这类武器系统原先设计并不是为了应付战术弹道导弹(Tactical Ballistic Missile,TBM)的威胁,在其后期发展的改进型号中加入了一定的反导能力。但是防空和反导在作战空域、作战样式和目标特点等方面都存在着很大的差异,这就使得防空与反导这两个要求难以在一个武器系统中有效地实施,其作战效能也比预期效果要小很多,所以各军事强国都意识到必须要发展一个更为先进的专门针对TBM的武器系统。它可以在较高的空域,同时远离要打击的TBM来实施拦截,从而减少人员伤亡,提供对付远程导弹的中远程防御。高层反导能起到反TBM与反空天飞行器等高层防御作用,同时亦可实施对高空与大气层高层威胁目标的远程拦截任务,实现对TBM的面防御,解决低层反导武器系统拦截射程600~1 000 km的TBM效能低,无法对付在稠密大气层外飞行的空天飞行器等方面的不足。最具代表性的是以美国为首的西方国家从1992年开始的末段高空区域防御(Terminal High Altitude Area Defense,THAAD)武器系统计划和在美军的支持下,以色列的高层反导武器系统——"箭"式武器系统。

提高反导拦截概率,关键是构建全过程、多手段的多层拦截系统。根据目前反导系统的发展情况,较为成熟的多层拦截系统主要包括拦截弹道导弹中段的反导拦截武器、拦截弹道导弹末段高层以及末段低层的反导拦截武器。这些拦截系统既具有独立的拦截能力,又能联合起来形成多层互补拦截,分别对不同飞行阶段的目标进行拦截,由此构成了分层的弹道导弹防御系统。

1.1.2 反导作战过程

反导作战是一个体系对抗的过程,涉及弹道导弹飞行的全过程,目前主要采用"两段三层"的反导作战方式,其基本过程主要包括由天基预警系统和地面预警中心共同完成对弹道导弹发射场的监视和预警信息的处理;高级别C2BMC完成前期预警阶段任务规划,对预警中心的情报做出决策,并负责向所属远程预警雷达、下级/友邻C2BMC、反导拦截武器系统下达等级转进命令和任务分工;授权作战的C2BMC中的反导任务多传感器规划系统依据多平台的实时综合信息,完成对所属预警探测资源的任务规划,制订传感器任务计划,并发出发射预警;收到传感器任务计划的传感器对目标进行截获、跟踪和识别,并完成目标信息的综合处理。同时,该C2BMC还要根据实时反馈的综合信息制定拦截任务规划,并向相应反导拦截武器系统下达命令、授权和任务;传感器任务计划和拦截任务计划共同组成了"交战序列组合",对来袭弹道目标形成从探测跟踪到最终拦截的反导杀伤链;各传感器组合、反导拦截武器指控系统、可能的负责信息支援的传感器/中继节点、制导雷达等按照规划方案,完成对目标的拦截任务。反导作战过程及其流程分别如图1.1和图1.2所示。

在整个反导作战过程中,多维预警探测系统参与完成了弹道目标整个飞行阶段的目标预警、截获、跟踪、目标识别、拦截弹制导与控制、杀伤效果评估,并且与拦截决策任务紧密相关。从任务实现的装备性质和任务的信息需求角度看,可将上述任务概括为预警与跟踪任务规划和识别与制导任务规划。

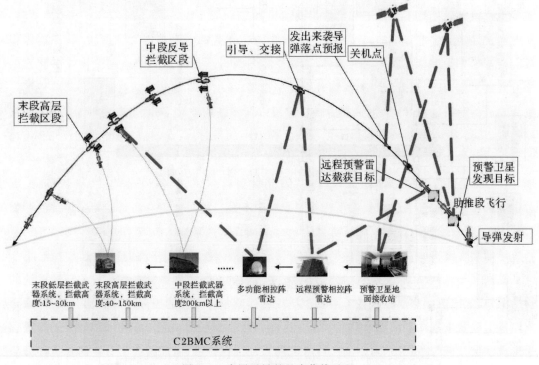

图1.1 多层反导的基本作战过程

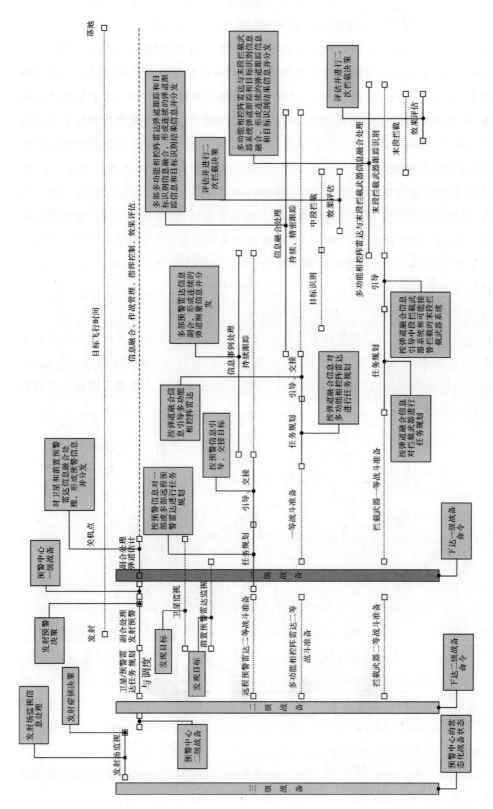

图1.2 反导作战的基本流程

1.2 反导作战智能辅助决策分类及特点分析

1.2.1 反导作战智能辅助决策分类

辅助决策是指借助决策者之外的人和工具，利用科学决策方法和先进的信息技术，辅助决策者完成决策的过程，即一切有助于决策者更好、更快、更有效率地制定决策的理论、技术、手段和措施，都属于辅助决策的范畴。

反导作战智能辅助决策的实质是基于计算机和人工智能方法模拟指挥员的思维活动，帮助指挥员了解反导作战的情况、判断战场态势、制定作战方案、下定作战决心以及实施作战方案。计算机按照事先设定的作战原则，进行信息处理、传递和显示，帮助指挥员迅速估计和预测作战态势，制定相应的静态的、动态的作战方案，以保证作战顺利进行。

反导智能辅助决策贯穿于决策全过程的每一个阶段，在情报收集、方案设计、方案优选和方案实施等阶段均有辅助决策的需求。反导作战中的决策因作战层次、决策对象、决策内容、决策环境、决策性质、决策者、决策时机、决策地点和决策要求等不同，可将决策问题进行以下分类，见表1.1。

表 1.1 决策问题分类

序号	分类标准	内容
1	作战决策问题的结构化程度	结构化决策、半结构化决策、非结构化决策
2	作战决策问题的层次	战略决策、战役决策、战术决策
3	作战决策对象	情报决策、作战决策、组织决策
4	作战目标数目	单目标决策、多目标决策
5	作战行动的环境	确定型决策、风险型决策、不确定型决策
6	作战性质	对抗性决策、非对抗性决策
7	决策者数目	个体决策、群决策
8	作战决策时机	战前决策、战时决策、战后决策
9	作战决策地点	集中式决策、分布式决策
10	指挥决策使用方法	定性决策、定量决策、定性定量综合决策
11	作战决策要求	最优决策、满意决策

下面对表1.1中的决策问题按结构化程度进行说明。

结构化程度是指对反导作战中决策问题能否用数学或逻辑学、定性或定量、形式或非形式等明确的语言给予描述的准确程度。Gorry 和 Scott Morton 于 1971 年将决策问题分为结构化决策、半结构化决策和非结构化决策。

结构化决策是指能够清晰定义决策问题，决策过程和方法有固定的规律遵循，并可依据一定的通用模型和方法实现决策过程的基本自动化。

非结构化决策是指决策问题较为复杂,决策过程和方法无固定的规律遵循,无固定的通用模型和方法可依,以指挥员的直觉、经验和个人偏好为决策的基础。

半结构化决策是指介于结构化决策和非结构化决策之间的一种决策,其决策过程和方法有一定的规律可以遵循,问题的描述具有不同程度的模糊性,解决这一类问题须把指挥员的判断和标准的求解流程相结合。

在反导作战中,上述三类决策问题共存,其中半结构化决策问题最为广泛。无论如何,决策者对反导作战中涉及的决策问题的求解均期望得到某种程度上的辅助。

1.2.2 反导作战智能辅助决策特点

无论反导作战中的决策问题如何分类,对应的智能辅助决策都应具有以下基本特点。

1. 有效性

有效性是指反导作战智能辅助决策的决策方案能得到指挥员的认可和采纳,并保证决策方案在执行过程中高效益、低风险。这就要求反导作战智能辅助决策的备选方案不仅能被指挥员采纳,而且能向有利于我方态势的方向发展。

2. 实时性

在反导作战中,来袭弹道导弹具有高速、高空和低探测率等特性,使得作战决策的时间被极大地压缩,如果不能及时地做出决策,将会贻误战机,从而导致反导拦截的失败。因此,反导作战智能辅助决策必须具有较强的实时性。这就要求在求解辅助决策模型时,采用具有较强全局寻优能力和较快收敛速度的智能算法。

3. 灵活性

在反导作战的进程中,由于战场态势千变万化,反导作战智能辅助决策不能套用某个固定的模式来解决问题。这就要求智能辅助决策模型的输入和输出参数要充分,模型要灵活多变,能够适应辅助决策各阶段的相互交织性和循环反馈性。为了更好地体现指挥员的偏好和指挥意图,反导作战智能辅助决策应具有良好的"人机"交互能力。

4. 不确定性

反导作战环境瞬息万变、战场态势不断发生变化,使得反导作战过程成为一个包含诸多不确定性因素的过程。因此,反导作战智能辅助决策具有不确定性,其解也不具有唯一性。这就要求在建立辅助决策模型时,采用不确定性理论以更加贴近战场环境。

1.3 反导作战智能辅助决策过程分析

按照决策问题提出、分析和解决的全过程,反导作战智能辅助决策问题的求解过程包括情报收集、方案设计、方案优选和方案实施四个步骤。

(1)情报收集。根据本级、上级和友邻单位提供的情报信息,对决策问题进行分析,明确所要解决的决策问题的类型、目标和影响目标的诸多因素(包括因素的特征和相互关系)以及决策目标之间的相互关系,为建立辅助决策模型创造条件。

(2)方案设计。它包括建立辅助决策模型、设计选择标准以及对模型进行求解。其中,建立辅助决策模型是解决决策问题的关键,设计选择标准是解决决策问题的基础。本书将利用不确定性理论与人工智能理论相结合的方法对反导作战目标识别、威胁评估、静态火力分配和动态火力分配问题进行建模和求解。

(3)方案优选。建立辅助决策模型后,根据指挥员的偏好和经验,对备选的决策方案进行排序,从中选择一个综合意义上的最满意方案。最满意方案除应使作战效果最佳外,还应考虑其时效性、敏捷性、自适应性、可实现性和操作简单等。由于反导作战智能辅助决策问题均具有高实时性,因此确定方案和优化方案往往是综合在一起的。

(4)方案实施。在决策方案确定后,指挥员按照最满意方案实施决策,以达到最佳效果。

从情报收集到方案设计再到方案优选和实施阶段,整个决策过程是一个动态的过程,要不断根据决策执行结果的反馈信息和决策环境的改变来做出新的决策,直到得到最满意的结果为止,具体求解过程如图1.3所示。

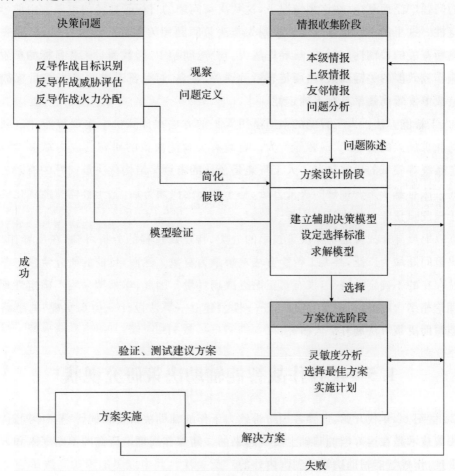

图1.3 反导作战智能辅助决策问题求解过程

1.4 反导作战智能辅助决策方法

根据决策问题结构化程度的不同,决策方法可分为以下几种。

(1)传统运筹学方法。将传统运筹学中的线性规划、非线性规划、动态规划、对策论和排队论等方法引入决策问题研究中,把决策问题模型化、定量化,以用于求解反导作战中的结构化问题。

(2)多属性决策方法。若决策的方案不止一个,且相互冲突,不可公度,称这种决策为多准则决策。根据决策方案连续无限或离散有限将多准则决策分为多目标决策(Multiple Objective Decision Making,MODM)和多属性决策(Multiple Attributes Decision Making,MADM)两大类。反导作战中,诸如目标识别、威胁评估和火力分配等问题,需要指挥员大量的经验、偏好和价值判断信息,均属于半结构化决策问题,常用的求解方法包括定性定量相结合的层次分析法、确定性 MADM 方法、模糊 MADM 方法和随机 MADM 方法等。

(3)不确定决策方法。不确定决策是决策要素中含有不确定性的决策。反导作战指挥决策涉及的问题广泛而复杂,在许多情况下,这些决策问题的目标函数及约束函数中的参数都具有不确定性。这里的不确定性既可能表现为与决策问题相关事件的随机性,也可能表现为与指挥员判断有关的模糊性。例如,反导作战火力分配问题中,拦截弹对来袭目标的单发毁伤概率是影响作战效能的关键因素,然而传感器的误差、装备故障、部署差异及来袭目标故障等原因均会造成单发毁伤概率具有不确定性。

(4)人工智能方法。人工智能的本质是用人工的方法在计算机上实现智能并研制智能系统来模仿和扩展人的智能,实现智能行为。目前有关智能决策的研究已成为军事、经济、供应链及应急系统等领域的研究热点。人工智能是公认的求解半结构化决策问题的有效方法。研究较多的方法有基于案例推理的决策方法、基于知识的决策方法、基于群体智能优化的决策方法和基于深度强化学习的决策方法等。

根据以上反导作战智能辅助决策技术的分类、特点及过程的分析可知,在反导作战中,半结构化决策问题最为广泛,且人工智能方法求解最为有效。然而,目前的研究常常忽略反导作战中依然存在的不确定性特征,没有真正贴近战场环境。因此,本书拟采用不确定性理论与人工智能理论相结合的方法,沿着"问题分析→模型建立→算法设计→仿真实现"的思路对反导作战智能辅助决策方法展开深入研究。

1.5 反导作战智能辅助决策研究现状

从 20 世纪 60 年代开始,世界各国纷纷致力于作战辅助决策技术的研究。早期,传统的作战辅助决策技术是在运筹学的基础上发展起来的。随着作战理论研究的不断深入和人工智能技术的发展,作战智能辅助决策受到国内外的广泛关注。其中以美国国防高级研究计划局开展的"深绿"项目为代表。该项目于 2007 年启动,其目的是预测战场态势,帮助指挥员进行情况判断,并提供决策方案。但实际上到2014年仍未完全结束。如果说"深绿"的失败是当时数据处理能力的不足,从而导致传统人工智能方法在解决态势认知问题时存在瓶颈,那么AlphaGo的成功,则证明了以深度学习为代表的新一代人工智能技术,在面对大数据和复杂战场环境时,或许可以实现突破。

随着反导作战力量建设的深入发展,以及反导作战对精确性和时效性的更高要求,反导作战对智能辅助决策需求日益迫切,已成为当前空天防御作战系统研究的一个前沿和热点问题。美国战区导弹防御(Theater Missile Defense,TMD)系统具有对THAAD和爱国者-3指挥员的智能辅助决策功能,但具体的决策模型和推理算法,国内尚未见报道。我国以航天部二院、空军工程大学防空反导学院、国防科技大学等为代表对反导智能辅助决策进行了研究,并取得了一些成果,但对作战环境瞬息万变、战场态势不断发生变化而导致的必然存在的不确定性因素考虑不足。

目标识别、威胁评估及火力分配是反导指挥决策的核心问题,本书重点研究以上三方面的问题。

1.5.1 反导作战目标识别研究现状

反导作战目标识别问题是反导防御系统的核心难题。为了应对弹道导弹的威胁,世界各国相继发展弹道导弹防御系统。由于弹道导弹在各飞行段的速度、高度和姿态等目标特征有明显差别,美国弹道导弹防御系统根据弹道导弹从发射到命中目标的运动过程,将其分为助推段(Boost Phase)、中段(Middle Phase)和再入段(Reentry Phase),以期实现分层拦截,提高对弹道导弹的拦截成功概率。弹道导弹的飞行过程如图1.4所示。

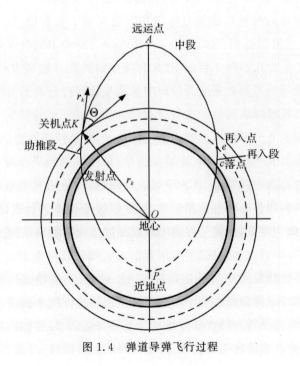

图1.4 弹道导弹飞行过程

助推段又称为主动段，是指从导弹离开发射架到最后一级火箭助推器关机的过程。在该阶段，导弹防御系统的任务是将弹道导弹从飞机、卫星等空天目标中区分出来，迅速实现正确预警。弹道目标在大气层内飞行时，主要利用它与飞机目标之间的运动特性（如高度、速度等）差异来识别。在大气层外飞行时则需要将弹道导弹与近地轨道卫星进行区分。卫星轨道的最小矢径大于地球半径，而弹道导弹由于要返回地面，其椭圆轨道的最小矢径小于地球半径。因此，可先利用反导预警侦查系统对目标进行跟踪，经定轨后计算其最小矢径来实现区分。

再入段又称末段，是指弹头及其伴飞物重返大气层并飞向打击目标的阶段，一般持续时间只有几分钟。该阶段由于大气阻力作用，目标群中的伴飞物会因摩擦产生高温而烧毁或减速，只有少数专门设计的重诱饵可以呈现出类似弹头的轨迹。不同质阻比的目标表现出的减速特征亦不同，因此在再入段可以基于质阻比对真假弹头进行识别。另外，该阶段进行真假目标识别的压力不大，但反应时间很短，这对整个反导武器系统的效能提出了更高的要求。

中段又称自由飞行段，弹头依靠在助推段终点获得的能量，在接近真空的环境下作惯性飞行，是弹道导弹飞行中最长的一段，占其整个弹道的80%~90%，洲际弹道导弹在中段的飞行时间可达数千秒。反导作战目标识别成功与否在一定程度上决定了反导防御系统拦截的成败。弹道导弹在中段的伴飞物较多，具体有：①弹头，在助推段结束后从母舱释放出来的真弹头，可以是多个；②诱饵，包括红外诱饵和雷达诱饵，作为一种突防措施；③碎片，包括助推火箭、废弃母舱、弹簧和各种螺栓部件；④有源假目标，可精确模仿雷达波形，是一种主动干扰手段。种类繁多的中段拦截目标以及各种先进的突防手段给反导防御系统实现真假目标识别带来了严峻的挑战。为了叙述方便，本书将不是真弹头的弹道中段的目标统称为假目标，而"来袭弹头""来袭目标""目标"及"拦截对象"均指真弹头，可以互换。

近年来，国内外学者对反导作战的目标识别问题开展了大量研究，主要技术包括红外技术、雷达成像技术、雷达散射截面（Radar Cross Section，RCS）识别技术以及微多普勒识别技术。在国外，Thomas等对几类弹头目标RCS时间序列的统计特征进行了对比分析，总结了从傅里叶变换、累计概率分布和数密度等特征中提取参数进行分类的方法；James等提出了利用目标RCS时间序列频域特征对目标进行分类的方法；Schultg等研究了弹道导弹的激光雷达特征，构建了基于弹头几何参数和运动参数的距离-多普勒特征的近似识别模型。

在国内，许小剑等首先利用目标RCS幅度信息，采用模糊判决原理对导弹和飞机目标进行识别；魏玺章等针对弹道中段目标RCS序列识别问题，在分析其电磁散射特性与运动特性的基础上，提出了一种利用目标姿态角相对于RCS幅度变化率进行目标识别方法；王涛以空间监视和弹道导弹防御为背景，研究了弹道中段目标的极化散射特性测量、有源假目标的极化鉴别以及弹道中段目标识别方法；冯德军利用宽带雷达回波技术提出了一种新的弹道目标特征提取方法；金光虎系统研究了中段弹道目标ISAR成像、几何特性反演及运动特性反演技术；刘永祥等论述了国外导弹防御系统中雷达目标识别的总体技术思路，并重点从目标轨迹特性、结构特性、进动特性以及再入特性等方面总结了导弹防御系统中雷达目标识别技术现状；高乾等分析了弹道导弹在中段的飞行特性、可能采取的突防措施，以及当前弹道中段目标的识别方法：基于一维距离像目标识别、基于微 RCS 目标识别、基于微多普勒目标识别、基于温度变化率目标识别、基于红外成像目标识别以及对有源假目标的识别，并对比分析了各种识别方法的优劣及发展前景；陈行勇等引入微 RCS 和微进动的概念，利用质阻比特征，提出了识别弹头和诱饵的方法；寇鹏等结合雷达观测弹道目标数目，归纳了基于轨迹特性的中段弹道目标综合识别策略；结合直觉模糊集理论，雷阳等提出了基于直觉模糊 c 均值聚类核匹配追踪的弹道中段目标识别方法；余晓东等汲取了粒子群优化算法的优势，对初始聚类中心进行优化，提出了基于直觉模糊核匹配追踪的的弹道中段目标识别方法。

当前，反导作战目标识别研究的难点及热点主要集中在弹道中段目标特性的精确建模以及弹道中段目标识别算法等方面。弹道中段目标识别算法既要区分相近的不同弹道目标又要在同一弹道目标发生姿态、尺度、位置变化时不致误判。此外，识别算法还要对于光照变化、噪声干扰、背景变化有一定的鲁棒性。为了确保实时性，算法还必须在足够短的时间内完成识别。这导致识别过程非常复杂，信息量和计算量都很大。目前在弹道目标识别算法中，还没有通用的算法能对不同情况下的目标实现准确识别，多是针对某一情况有效，因此急需引进新理论、新方法对其薄弱环节进行深入、系统的研究，以期开辟解决问题的新思路、新途径。

1.5.2 反导作战威胁评估研究现状

反导作战威胁评估是反导防御系统的关键技术问题，威胁评估的目的是对多个来袭弹道导弹的威胁程度进行比较排序，从而为火力分配和拦截决策提供科学合理的依据，因此对目标威胁程度进行快速准确的量化评估是实施有效拦截的必要条件。

目前，威胁评估方法大多集中在防空领域，针对弹道目标的威胁评估方法研究相对较少，已有的评估模型和算法主要包括到达时间判定法、相对距离判定法、相对时间判定法、神经网络模型、线性加权模型和多属性决策方法等，其中多属性决策方法综合考虑了目标威胁的多个因素，能够更加全面细致地反映目标威胁程度，已成为研究目标威胁评估的主要方法。对于采用多属性决策方法的目标威胁评估问题，评估结果的可靠性主要取决于以下两方面：①建立威胁评估模型时考虑的评估指标是否合理；②综合各评估指标的威胁评估方法是否科学。下面重点从威胁评估指标和方法两个方面对反导作战目标威胁评估的研究现状进行具体阐述。

1. 反导作战目标威胁评估指标研究现状

弹道目标的威胁程度主要是指来袭弹头攻击保卫目标后造成的危害程度，它不仅与保卫目标的重要程度和抗毁性等自身因素有关，还与来袭弹头的威力、突防能力和再入速度等敌方因素有关。全杰基于影响因素信息，如获取难易程度、重要程度等准则，选取保卫目标的重要性、剩余飞行时间以及目标关机点速度作为影响弹道导弹目标威胁评估的主要因素；李俊生等将目标威胁度评估因素分为空域分布、电磁和红外特性等三方面，具体包括目标位置、速度、姿态、温度、RCS、极化特性和形状等 7 种属性；杨进佩等将目标的射程、目标的关机点速率、目标的最高点高度、目标的弹道模式、目标的雷达有效散射面积、突防措施、目标的到达时间、目标距要地的距离、要地的价值、拦截剩余时间和攻击战法作为威胁评估的影响因素；倪鹏等将是否具有攻击意图、威胁要地的重要度、拦截难度(目标的雷达反射面积、目标再入速度、目标航路捷径和拦截剩余时间等)作为威胁评估的影响因素,并对各级反导指挥控制系统威胁评估所侧重因素进行了分析;宋彦学等从战术使用角度,将弹道导弹威胁排序的主要因素选定为上级是否指定、预测落点偏差和防御方对弹道导弹的剩余拦截时间,并提出了三类目标的威胁排序规则;范学渊等建立了以来袭弹道导弹发射点、预测落点、来袭弹道导弹、射程来袭弹道导弹弹头类型、政治影响因素、区域内目标的价值等为核心的威胁评估模型指标体系;罗亮等着重选取了来袭导弹接近目标剩余时间、航路捷径、射程、落点误差、要地重要程度和突防能力等6种因素作为威胁评估指标;王森等考虑的目标威胁评估指标有弹道导弹类型、弹道导弹威力等级、目标再入速度、拦截剩余时间和航路捷径等;羊彦等将导弹类型、弹头类型、攻击及突防能力、作战理念、拦截器能力作为威胁评估的主要因素。李龙跃选择目标毁伤能力与技术水平、弹头类型、要地抗毁能力、拦截剩余时间作为末段双层反导的威胁评估指标。

2. 反导作战目标威胁评估方法研究现状

在确定威胁评估指标后,反导作战目标威胁评估需要进行指标值量化处理、指标权重确定和指标综合集成等内容。文献[16]在量化和归一化各因素的基础上,采用线性加权求和方法计算目标威胁程度综合值;文献[17]采用模糊隶属函数和 G. A. Miller 9 级量化理论对弹头与诱饵的威胁属性进行量化,建立了基于离差最大化的导弹中段目标威胁度多属性评估模型;文献[18]应用相邻比较法计算各威胁评估指标的权重,并采用了模糊优选模型对来袭弹头的相对威胁程度进行排序;文献[19]应用层次分析法建立了反导指控系统威胁评估模型;文献[21]利用熵权法确定评估指标的权重,并采用 TOPSIS 方法建立威胁评估模型;文献[22]应用层次分析法确定各个评估属性的权重,进一步运用熵技术对指标权重进行修正,通过建立层次熵决策模型提高了威胁评估的可信度;文献[23]基于 AHP 主观赋权法和熵值客观赋权法确定权重,通过改进的 TOPSIS 法确定弹道导弹目标群威胁排序;文献[24]应用环比评分法确定评估因素权重,并采用了多属性决策理论中的 TOPSIS 方法建立导弹威胁评估数学模型;文献[26]构建了灰色区间关联决策模型并将其应用于反导多目标威胁排序;文献[27]针对威胁评估指标中存在实数型、区间数型以及模糊三参数区间数型等多种数据信息的情况,引入三参数区间数指标,建立了基于理想点多指标决策方法的威胁评估模型。文献[28]基于直觉模糊-区间粗糙集算法研究了末段高层反导目标威胁评估问题。

综上所述,国内外学者对反导作战目标威胁评估的指标选择和评估方法都进行了相对深入的研究。然而,随着战场环境的日益复杂化,不确定因素增多且时变特性凸显,如何利用不确定决策方法进行威胁评估,以提高决策的科学性,仍需进一步研究。

1.5.3 反导作战火力分配研究现状

作为反导作战指挥决策中的核心环节,火力分配问题是依托有限的拦截弹资源,确定由哪个火力单元去拦截哪个目标,进而对目标进行充分拦截以获得最佳的拦截效果,可归结为军事运筹领域中的武器-目标分配(Weapon Target Allocation,WTA)问题。在多类型、多波次以及多攻击目标的反导作战环境中,火力分配方案的优劣以及时效性直接影响着武器系统的作战效能。对反导作战火力分配的相关研究集中在模型构建和模型求解两个方面。

1. 反导作战火力分配模型构建研究现状

WTA 问题的模型按照发展顺序主要分成两类:静态武器-目标分配(Static Weapon Target Assignment,SWTA)和动态武器-目标分配(Dynamic Weapon Target Assignment,DWTA)。

20 世纪 70 年代以前,对 WTA 问题的研究主要是集中于一些特定领域,如导弹防空领域中武器目标分配问题的研究。20 世纪 80 年代末,美国麻省理工学院的 Hosein 和 Michael 对一般性的 WTA 问题做了较为系统的研究,建立了一般意义上的 SWTA 模型。20 世纪 90 年代,致力于 SWTA 问题研究的美国国防分析研究所提出了改进的武器优化与资源需求模型。该模型是一个线性规划模型,考虑了各个武器装备的费用与不同武器装备编组对目标的毁伤水平,并在 C^4ISR 环境下建立了作战资源分配模型。

Hosein 等虽首先提出了 DWTA 的概念,建立了一般意义上的 DWTA 模型,但上述概念的实质是用动态规划的思想解决多阶段 SWTA 问题,没有建立真正意义上的 DWTA 模型。2001 年,Khosla 指出,SWTA 模型没有考虑时间因素,无法动态表示决策意图、交战模式和战场环境等因素,因此首次提出了"时间窗"的概念,在一定的时间窗内优化分配和调度武器单元,即在考虑武器分配的同时确定武器对来袭目标的拦截时刻,构建了真正意义上的 DWTA 模型,有效避免了实际作战中武器系统因时间窗冲突而不能进行有效分配的问题。此后,Brown 分析了"宙斯盾"反导系统和"爱国者"反导系统中 WTA 模块的软件结构和设计方法;Michael 等针对导弹防御中拦截弹分配问题,构建了基于马尔可夫决策过程的 DWTA 模型;Selvi 等同样用马尔可夫过程来描述 WTA 过程,提出了一种 LVQ-RBF 学习结构并采用 Q 学习方法来优化问题;Prabhakar 等针对地空导弹 WTA 问题提出了 3 种分配策略:平均分配策略、先到先分配策略以及"射击-观测-射击"策略,并指出"射击-观测-射击"能够有效降低作战成本,拦截效率较高;Zhang 等构建了基于武器时间窗和目标时间窗的 DWTA 多目标决策模型;Li 等研究了多约束条件下,基于最小化耗弹量和最小化拦截时间的 DWTA 多目标模型。此外,冯超等以最大化杀伤概率为目标,将火力单元按组划分,在同组火力单元中考虑复合打击的情况,构建了一种具有多次拦截时机的 DWTA 模型;李龙跃等立足于拦截弹-目标-时间的对应分配关系,通过时间段分解将同时需要求解的多个问题转换为多个子时间段的问题,建立了对多波次目标直接分配到拦截弹的反导 DWTA 模型;张肃等将毁伤概率描述为梯形模糊数,在此基础上给出了资源优化分配的双层模糊机会约束混合整数规划模型,然而没有考虑到由于反导作战错综复杂,拦截点的空间分布范围较大,在不同的拦截点处毁伤概率差别较大的问题。

2. 反导作战火力分配模型求解研究现状

火力分配模型求解算法的研究经历了传统算法、智能算法和混合算法三个阶段。当前相关模型的求解算法的研究很多,表 1.2 给出了常用求解算法及其特点。

表 1.2 常用求解算法及特点

主要方法		求解特点
传统算法	分支定界法(Branch and Bound); 割平面法(Cutting Plane); 单纯形法(Simplex Method); 匈牙利法(Hungarian Method); 可行方向法(Feasible Direction); 动态规划法(Dynamic Programming); 拉格朗日乘子法(Lagrangian Multiplier); 序列算法(Sequence Algorithm); 马尔可夫决策(Markov Decision); ……	原理简单,适用于规模较小、特征明显的问题; 数学逻辑严谨,方便表达和建模; 部分算法程序实现烦琐; 计算需求随着武器和目标数量增长呈指数增长导致难以求解
智能算法	遗传算法(Genetic); 蚁群算法(Ant Colony); 粒子群算法(Particle Swarm Optimization); 人工蜂群算法(Artificial Bee Colony); 神经网络算法(Neural Network); 差分进化算法(Differential Evolution); 禁忌搜索算法(Tabu Search); 模拟退火算法(Simulated Annealing); 混沌算法(Chaos); ……	模拟自然现象,提供新求解思路和技术; 简单,易编程实现,通用性强; 不要求目标函数和约束条件连续可导; 搜索效率有差异,需要迭代到一定次数才能产生满意解; 部分算法运行后期收敛速度变慢,求解精度不高,甚至运行时间过长; 收敛结果受参数、局部和全局搜索能力平衡影响较大,容易陷入局部最优
混合算法	传统算法+传统算法(Traditional+Traditional); 传统算法+智能算法(Traditional+Intelligent); 智能算法+智能算法(Intelligent+Intelligent)	可进一步提高算法运行效率和求解精度,实现多种算法之间的优势互补; 算法时效性、收敛性、鲁棒性、灵敏度和计算复杂度等性质需要细致研究

传统求解算法是将火力分配问题抽象成一个可以由若干个解析式表示的数学模型,并对解析表达式求解的数学方法,如分枝定界法、匈牙利法、拉格朗日乘子法、动态规划法及马尔可夫决策等。传统算法虽然原理简单,但编程实现较为烦琐,当问题规模变大时,收敛速度慢,难以有效求解大规模火力分配问题。

20 世纪 80 年代以来,随着计算机技术的迅猛发展,模拟自然生物进化现象的智能优化算法得到广泛关注。智能优化算法是基于概率的随机搜索,不要求目标函数和约束条件连续、可导,在求解火力分配模型时体现出巨大的计算优势。Li 等提出了改进的非控制排序遗传算法(Genetic Algorithm,GA),用于求解多目标火力分配问题;Xin 等针对传感器-武器-目标协同规划问题,提出了基于边际收益的启发式求解算法;Liu 等针对多 Agent 协同火力分配问题,设计了基于交互式人工蜂群算法(Artificial Bee Colony,ABC)的智能求解算法。目前,反导火力分配智能求解算法正处于起步阶段。Shalumov 针对反导三体机动追逃问题,设计了一种基于价值因子的火力分配算法,提高了特定条件下的模型求解速度;Li 等针对反导拦截弹-目标协同分配问题,设计了由吸引子和逆向子进行扰动的粒子群(Particle Swarm Optimization,PSO)优化算法。

大量研究表明,传统算法和智能算法都有其独特的优势和局限性,都会面临时间性能和优化性能的双重挑战。由于反导火力分配问题的复杂性,单类求解算法难以满足复杂环境下大规模反导火力分配问题对求解时效性和精度的较高要求,为实现多种算法之间的优势互补,混合算法应运而生。Liu 等以舰载软杀伤武器协同反导为背景,提出了基于 PSO 和禁忌搜索(Tabu Search,TS)的混合群智能优化算法,在一定程度上提高了问题的求解精度;Xu 等结合量子 PSO 算法和双势阱算法,采用混合随机变异方法及两阶段领导粒子选取方法,提出了一种单/双势阱混合智能优化算法,用于求解反导火力分配模型;汪民乐等通过 GA 算法与模拟退火算法(Simulated Annealing,SA)的有机融合,提出了基于动态收敛准则的遗传模拟退火算法,对提高弹道导弹火力打击效果具有一定的参考价值。然而,现有研究主要关注算法的求解效率,由于所构模型的局限性,相应的算法无法实现动态威胁场景影响下的有效规划。黄仁全等建立了针对协同反导作战的 WTA 模型,并采用改进的微分进化算法对其进行求解。

目前,防空作战中的 WTA 优化问题已取得了丰硕的研究成果,而反导作战中的火力分配问题由于保密因素,可用于分析、参考和借鉴的国内外资料较少,并在研究的程度上明显落后于其他领域中的 WTA 问题。总体来看,目前对反导作战火力分配问题的研究存在以下的局限性。

(1)现有的大部分研究均是基于确定性 WTA 模型,较少考虑复杂战场环境下必然存在的大量不确定因素。

(2)为了研究方便,现有的反导作战火力分配模型大多是在简化或特殊假设的基础上建立的,与实际作战相差较大,特别是在约束条件方面。在实际的反导作战中,反导作战火力分配问题存在大量的复杂约束,如可拦截时间窗口、有效毁伤下界以及拦截策略等,上述约束在现有的反导作战火力分配模型中较少考虑。

(3)在求解算法方面,虽然已经从利用传统算法过渡到利用智能算法求解,但都存在由于收敛速度慢而无法满足战场时效性要求的问题,且研究的结果仍是主要解决小规模作战问题,尚未提出在实际作战条件下求解大规模反导作战火力分配问题的有效算法。

基于以上讨论,本书将反导作战火力分配问题分为静态火力分配和动态火力分配两个方面,研究不确定环境下,包含复杂约束条件的火力分配模型及其快速求解算法。

1.5.4 智能辅助决策理论及应用研究现状

辅助决策的实现通常依靠决策理论与方法,本书重点研究直觉模糊集理论、可信性理论以及深度强化学习理论,以期将不确定理论及人工智能理论引入反导作战决策问题,探索反导作战智能辅助决策新方法。

1. 直觉模糊集理论研究现状

1965 年,Zadeh 首次提出了模糊集理论,该理论在模糊控制、模式识别等领域均取得了良好的应用。然而，随着该理论的日趋成熟，其单一隶属度的局限性也逐渐显现。针对这个问题，1986年，国际著名学者Atanassov提出了直觉模糊集（Intuitionistic Fuzzy Sets，IFS）理论，该理论作为Zadeh模糊集的一种重要扩充和发展，在隶属度、非隶属度参数的基础上，增加了犹豫度属性参数，进而可以描述"非此非彼"的模糊概念。由于IFS理论在描述客观事物模糊性本质时所表现出来的优良特性，可以为大量不确定性问题的求解提供新的研究思路和解决方法，所以成为近年来新的研究热点。

在IFS基础理论研究方面，Bustince等研究了直觉模糊关系的结构，揭示了直觉模糊关系具有自反性、对称性、逆对称性、完全逆对称性及传递性等性质；Burillo首次定义了直觉模糊熵的概念，并给出满足其公理化定义的直觉模糊熵计算公式；Hung W将隶属度、非隶属度及犹豫度视为概率测度，并基于此给出了一种新的直觉模糊熵的公理化定义；Farhadinia B给出了区间直觉模糊熵计算公式；Eulalia S等对如何度量两个直觉模糊集之间的距离进行了研究，并给出了几个常用直觉模糊距离度量函数。与此同时，还有许多学者从不同角度对IFS的度量方法进行了拓展，并将其应用于直觉模糊超子群和直觉模糊粗糙集的构建。Glad D等对直觉模糊合成关系、直觉模糊关系拓展等问题进行了研究；Abbas S等对直觉模糊拓扑空间及其空间紧凑性进行了研究；Abdul M等对直觉模糊空间的不动点理论进行了研究；近几年，Atanassov又对直觉模糊蕴含式及其扩展算子进行了定义，徐泽水、申晓勇等将模糊聚类拓展到直觉领域，提出了直觉模糊聚类的概念；Chris C、路艳丽等对直觉模糊粗糙集的构建、属性约简方法进行了研究；雷英杰等对直觉模糊关系及其合成运算的若干性质进行了系统的研究，给出了直觉模糊推理的逻辑合成计算公式，并证明了直觉模糊神经网络的收敛性；高明美等给出了一种改进的直觉模糊熵公理化定义和构造公式。

在IFS理论的应用方面，IFS理论首先被应用来求解优化问题。Yan将直觉模糊规划理论与最优逼近算法相结合，提出了一种直觉模糊最优逼近理想算法；Mushrif，Dudziak，Yager等对IFS理论的应用范围做了进一步拓展；徐泽水将IFS理论引入决策领域，系统研究了直觉模糊多属性决策问题、直觉模糊偏好关系及其在群决策中的应用；李登峰将区间值直觉模糊集与非线性规划理论、最优逼近理论相结合，提出了一系列基于区间值直觉模糊集多属性决策的非线性规划方法论，并通过相似度来解决模式识别问题；Yager R.，Ludmila D.及宋亚飞等研究了基于IFS理论与证据理论的信息融合方法；Garg H.等提出了基于IFS的多目标优化方法；雷英杰等对IFS理论与时间序列分析理论的融合、IFS理论与Petri网理论的融合、IFS理论与核匹配追踪理论的融合以及其在弹道目标识别中的应用进行了深入研究，为弹道导弹目标识别等相关领域问题的合理解决提供了新的途径和思路。

综合来看，目前国内外关于直觉模糊集的研究大部分还是致力于对IFS理论进行纯数学拓展，而基于IFS理论的应用研究典型且有影响的案例还比较少，但从其初步的实践结果分析，IFS理论在研究不确定性问题所呈现出来的优势总体上是成功的。目前，在经历了20多年研究发展，IFS理论已逐渐成为一个相对成熟的理论，但作为经典模糊理论拓展的主要分支之一，IFS无论从理论拓展还是实际应用仍有许多研究工作。比如，增加犹豫度参数之后，那些适用于Zadeh模糊领域的性质、结论及运算规律在直觉模糊领域是否依然适用，如不适用，则如何对其进行直觉模糊化扩展,都需要仔细推敲。此外,IFS 理论虽然能有效表征充满高度非线性及不确定性的复杂系统,但其模型本身并不具备学习功能,且输入模型的先验信息往往由各领域专家提供,因而这些信息也通常是主观的、不完整和不精确的,这就要求模型具有较强的自适应学习能力。因此,将 IFS 理论与计算智能进行有效融合,吸取各自优势,发展混合型直觉模糊智能模型已成为国内外研究热点。

2. 可信性理论研究现状

美国控制论专家、数学家 Zadeh 于 1965 年发表了论文《模糊集合》,标志着模糊数学这门学科的诞生。为度量模糊事件,1978 年,Zadeh 建立了可能性理论,提出了模糊变量的可能性测度和必要性测度。随着可能性理论的出现,以此理论体系为基础产生了许多模糊规划模型,用于解决具有模糊性的决策问题。随后,Namias,Yager,Dubois 和 Prade 等对可能性理论的发展起到了重要作用。随着不断深入的研究,人们发现一个事件的可能性即使是 1,此事件也可能不发生,其关键的原因是可能性理论没有自对偶性。为定义自对偶的测度,Liu 于 2002 年提出了可信性测度,引出可信性分布、期望值算子、方差、乐观值和悲观值等重要概念,并进一步导出可信性的次可加定理、可信性半连续法则、乘积可信性定理以及可信性反演定理,逐步形成类似于概率论的公理体系,称为可信性公理化体系。大量研究表明,可信性理论进一步发展和完善了模糊理论,克服了模糊数学创始人 Zadeh 的可能性理论在数学优化理论上的弊端,在模糊环境下起着随机环境下概率论的作用,已成为处理模糊不确定性的有力数学工具。可信性理论的基本框架可用 Ψ 图表示,如图 1.5 所示。

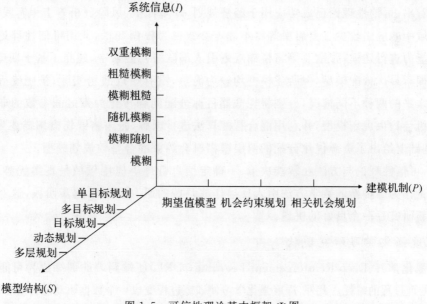

图 1.5 可信性理论基本框架 Ψ 图

从建模理念的角度来看,可信性理论有 3 种处理不确定函数的途径:期望值、机会测度、极大化事件实现的机会。目前研究较多的是期望值模型、机会约束规划、相关机会规划。Yager,Heilpern,Schneider,Liu 等对模糊期望值的不同形式以及相关运算规则进行研究。模糊机会约束规划模型的建模思想是允许所做的决策在某种程度上不满足约束条件,但模糊约束条件成立的可信性,不小于决策者预先给定的置信水平。Liu 和 Iwamura 给出了模糊机会约束规划的理论框架,分别针对决策者希望极大化目标函数的乐观值和悲观值提出了 Maximax 机会约束规划模型和 Minimax 机会约束规划模型。模糊相关机会模型的主要思想是在决策时使事件得到满足的可能性达到最大。Liu 给出了模糊相关机会规划的基本框架,并在此基础上提出模糊相关机会多目标规划以及模糊相关机会目的规划模型。刘彦奎重点研究了两阶段模糊规划模型。

从模型的求解及应用角度来看,可信性理论已成功解决设备选址、并行及排序、车辆调度和关键路等问题。此外,薛晗提出了基于群智能优化的不确定规划模型求解算法,并运用于空间机器人随机故障容错规划;李军以可信性理论为基础,对模糊随机多目标规划模型和算法进行了研究,建立了模糊随机环境下的多目标资产组合选择模型;王莉研究了严重突发事件条件下的行车组织问题,将其归结为一个突发事件触发的包含双层规划的多阶段闭环模糊随机优化过程,提出基于可信性理论的突发事件条件下铁路行车组织模糊随机方法;李丽研究了不确定环境下供应链库存管理问题,考虑了缺货风险和供需平衡下的模糊随机需求的订货量模型;Huang 针对不确定环境下的资本预算问题,提出了基于可信性理论的机会约束整数规划模型,并利用遗传算法和模糊模拟相结合的混合智能算法对模型进行求解;Yano 等针对工业污染防治问题,构建了分层递阶多目标规划模型及其模糊求解算法;Hideki 等针对风险度量问题,提出了模糊随机多目标线性规划模型及其满意妥协算法;Xu 等提出基于目标期望值和机会约束的多目标模型,并成功地应用于土石方调度问题。

可以看出,可信性理论已成功应用于经济规划、环境保护、风险分析等工程实践领域,然而在军事领域中的应用较少。吴启星等将不确定参数视为模糊变量,运用可信性理论对拦截弹末段修正能力进行建模;张欧亚等将模糊规划引入编队协同搜索中,建立了基于期望值模型的编队协同搜索最优分配模型,但所建模型均较为简单,没有贴近战场实际;杨晓凌等针对拦截概率置信水平的两种不同情况,分别将拦截器目标分配问题转化为带区间参数的非线性规划模型以及机会约束规划模型,并利用混合智能算法进行求解;张肃将毁伤概率描述为梯形模糊数,在此基础上给出了资源优化分配的双层模糊机会约束混合整数规划模型。

目前,可信性理论与方法在智能决策、不确定信息管理等应用领域呈现出优势。然而,将可信性理论作为一种新的数学方法引入反导作战领域的研究尚处于起步阶段,这对于我国开展自主创新研究是一个良好的机遇。

3. 深度强化学习研究现状

深度强化学习(Deep Reinforcement Learning, DRL)使端到端的训练成为可能,大幅节省观测数据处理过程的时耗。此外,深度强化学习使训练过程变成一个数据驱动的自监督学习问题。

为进一步提高深度 Q 网络(Deep Q Network, DQN)在训练时的搜索效率,提高训练样本质量,Guo 等提出将蒙特卡洛树搜索(Monte Carlo Tree Search, MCTS)与 DQN 相结合的方法,通过神经网络模仿 MCTS 动作选择,极大地提高了处理速度;DQN 还有另一个缺点是其训练时间较长,为了解决这一问题,Nair 等围绕 DQN 提出了大规模分布式架构,通过该架构可以将 DQN 的训练时间缩短一个量级,大大提高了训练效率。

由于传统 DQN 方法存在固有缺陷:①观测状态序列具有相关性;②动作值函数,即 Q 函数更新会显著影响策略,进而影响采样分布;③Q 函数与目标函数具有相关性,导致神经网络逼近 Q 函数往往不稳定。2015 年,Mnih 等在 Nature 发表论文,提出了新一代 DQN 算法,引入经验回放机制,在训练时随机采样,以破坏数据相关性,并通过一个独立神经网络来拟合 Q 函数,每隔 C 代将 Q 网络权重复制给目标 Q 函数,从而保证训练稳定性和采样的分布一致性。新一代 DQN 在高达 49 项 Atari 游戏中超过了人类顶级玩家水平,引起了全世界的高度关注。

在此基础上,Schaul 等提出了基于优先级经验回放机制的 DQN,通过提高重要转移过程重新采样的频次,显著改善了 DQN 网络学习效率;为解决 Q 学习在大规模数据时估计误差过大的问题,Van 等提出了双重深度 Q 网络(double-DQN),通过将两套 Q 网络运用到 DQN 框架内分别负责选取和评估动作,有效地避免了过高估计,提高了策略训练的稳定性;为解决强化学习探索与利用相互矛盾的问题,Osband 等提出了引导深度 Q 网络,其主要贡献为通过随机值函数的方式大幅提升智能体在复杂环境的探索效率;Mnih 等提出了异步优势行动者-评论家(Asynchronous Advantage Acotr-Critic, A3C)深度强化学习方法,该方法克服了在线强化学习算法与 CNN 结合所带来的训练不稳定问题,同时创建多个智能体在不同环境进行异步探索与训练,通过多核 CPU 大幅度提升了训练速度,也成为学界较为推崇的主流深度强化学习算法之一。

围棋作为经典的博弈游戏,其庞大的搜索空间,以及局面棋势的复杂程度,使得传统的剪枝搜索算法难以适用。在 Alpha Go 出现之前,MCTS 是一类比较有效的算法,通过重复地模拟两个棋手的对弈结果,给出对局面的估值,并选择估值最高的子节点作为当前的策略,MCTS 的局限性在于其估值函数或策略函数都是一些局面特征的浅层组合,很难对一个棋局有一个较为精准的判断。Silver 等在 Nature 发文阐述了 Alpha Go 的原理,通过训练两个卷积神经网络来帮助 MCTS 制定策略,即用于决策的策略网络和用于评估局面的价值网络。Alpha Go 学习分成以下阶段:①基于人类专家棋谱通过监督学习(Supervise Learning, SL)训练策略网络和快速走子策略网络;②使用监督学习网络初始化强化学习策略网络,然后通过自我博弈进行网络更新;③训练价值网络预测强化学习策略网络胜算;④结合策略网络和价值网络,根据 MCTS 进行搜索。

Alpha Go 的训练加入了大量人类棋局数据,使其仍受人类先验知识约束。2017 年 Silver 等再次在 Nature 发文介绍了结合 MCST 和深度残差网络的 Alpha Go Zero,仅通过强化学习产生的训练数据进行网络更新。棋类博弈是对战争博弈的高度抽象简化,尤其是 Alpha Go Zero 不依赖于大量人类样本数据,无需人工参与指导,而且还发现了很多人类未曾探索过的围棋定式。

Oriol 等在搜索空间比围棋大 10 个量级的《星际争霸 2》即时战略游戏当中,训练出的智能"指挥员"Alpha Star 在宏观的游戏节奏把控和战术细节处理方面已经达到专业玩家的水平。此外,Oriol 等于 2019 年 10 月在 Nature 发表最新成果,针对自我博弈存在的缺陷,提出了一种多智能体强化学习算法,将自我博弈扩展到一组智能体联盟,名为"Exploiter"的智能体用来帮助核心智能体不断暴露自身存在的问题,使得核心智能体更加强大,整个智能体联盟在端到端的体系中学到所有的复杂策略,并宣告 AlphaStar 进入大师级行列。

在国内,阿里云的研究人员将"星际争霸"作战任务设定为零和随机博弈,通过引入双向协调网络来保证多智能体的有效交流。此外,还提出了共享参数与动态分组的概念,以解决扩展性的问题。

图 1.6 为展开长度为 N 的网络(N 为受控装备的数量)。左边部分为策略网络,注意力单元从战场态势中获取局部战场信息,传输给双向协调网络,首先传播所有单装行为的奖励梯度,产生的梯度进一步反向传播更新参数,基于双向协调网络产生单装决策行为,包括攻击、移动及静默等。右边部分为 Q 值网络,注意力单元在关注战场态势的同时,接收决策网络输出的所有单装动作,通过双向循环网络产生合理预测,再由价值函数给出每个动作的 Q 值,进而输出总的评估值 Q。智能体可以自主学习各种协调的最佳策略,从无碰撞的移动到基本的战术配合,再到复杂的掩护攻击等。

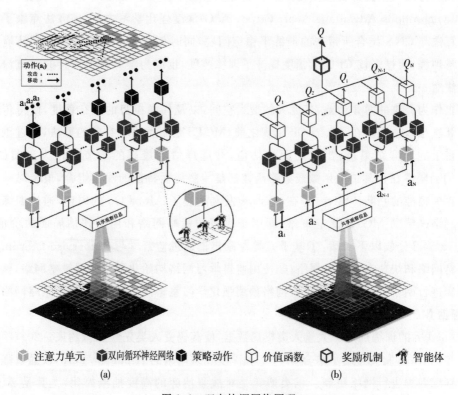

图 1.6 双向协调网络原理
(a)结合分组编队的多智能体策略网络;(b)结合奖励机制的多智能体 Q 网络

近年来,深度强化学在自动驾驶控制、用户查询推荐、网络资源优化、生物工程等多个领域也取得了较好的应用效果。随着民用领域智能化的快速发展,引发了学者们对于军事智能辅助决策的思考。

第 2 章 基于直觉模糊核聚类的中段反导目标识别方法

中段反导目标识别在目标识别的众多应用领域中占有独特而重要的一席之地,这不仅因为弹道导弹防御在国家安全中的重要地位,而且还因为弹道中段目标识别的挑战性。直觉模糊 c 均值聚类(Intuitionistic Fuzzy c-means,IFCM)算法在数据挖掘、图像处理和医疗诊断等许多领域应用广泛。由于雷达目标及其所处的环境十分复杂,目标之间的关系呈现出非线性,所以基于该方法的模式识别技术被广泛应用于雷达目标识别中。

本章汲取 IFCM 算法的动态聚类优势,引入高斯核函数,改良归一化条件,提出基于直觉模糊核 c 均值聚类(Intuitionistic Fuzzy Kernel c-means,IFKCM)算法。在此基础上,根据中段反导目标识别的特点,选取目标 RCS 时间序列特征及质阻比特征,构建基于 IFKCM 的中段反导目标综合识别方法,最后结合具体案例,对该方法的有效性进行验证。

2.1 问题分析

反导作战目标识别根据弹道导弹在助推段、中段和末段所呈现的不同特点,采用不同的识别方法。图 2.1 为反导作战不同阶段的目标识别方法。

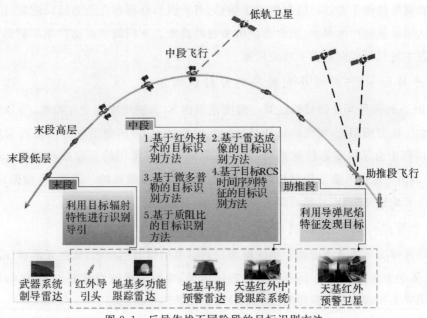

图 2.1 反导作战不同阶段的目标识别方法

中段反导目标识别已经成为弹道导弹防御系统发展的瓶颈,这也决定了大部分的弹道目标识别研究主要围绕中段识别而开展。目前,中段反导目标识别的方法分为以下5种。

1. 基于红外技术的目标识别方法

弹道中段目标的红外辐射特性满足普朗克的黑体辐射规律,利用红外传感器测量弹道中段目标的红外特性及变化规律可作为弹道目标识别依据。基于红外技术的目标识别方法主要包括以下两种:①红外成像:通过红外传感器对信号进行处理,根据目标的灰度特性及变化规律,对一系列的红外图像进行分析,从而得到各目标的运动特征;②测温度变化率:通过观测弹道中段目标的温度及变化率,推算出目标的材料、质量以及结构特征等,从而实现对弹道中段目标的识别。

2. 基于雷达成像的目标识别方法

利用雷达的高分辨能力获取中段反导目标图像,进而确定目标的尺寸、结构和材料。针对导弹中段目标特性,雷达成像目标识别方法主要包括:基于高分辨一维距离像的目标识别和基于逆合成孔径二维成像的目标识别。目前,很多学者提出了基于高分辨一维距离像的中段反导目标识别方法,概括起来主要有以下4种:①距离像匹配算法;②平移不变算法;③方位像平滑算法;④距离像特征选择算法。如何选取具有稳定特征的目标一维像以及采用何种快速有效的目标识别算法是采用基于高分辨一维距离像识别中段反导目标的主要问题。基于逆合成孔径目标二维成像的目标识别方法所得到的二维像较一维像能提供更加丰富的目标信息,但对成像雷达的性能要求较高,尤其是需要具有较高的角分辨力和距离分辨力,并且要求目标特征具备"旋转不变性"和"比例不变形"。

3. 基于微多普勒的目标识别方法

多普勒现象是源于雷达回波载频发生频移,若此时目标还存在着微运动现象,则这些微运动会对雷达回波载频产生调制,从而产生微多普勒现象。不同的微运动产生不同的微多普勒,这就为弹道中段目标识别提供了理论依据。

4. 基于目标RCS时间序列特征的目标识别方法

目标RCS时间序列反映目标在某一角度范围内RCS随角度的变化特性,与目标的结构、尺寸及运动特性密切相关,可粗略估计目标的几何特征。另外,弹道导弹为提高命中精度,在弹头释放过程中会采取姿态控制机制,其中自旋是一种最常用的姿态控制技术。然而,假目标、碎片和诱饵一般没有姿态控制机制,其旋转、翻滚运动是随机的。因此,可根据目标是否具有自旋特性来识别弹头、碎片和诱饵。

5. 基于质阻比的目标识别方法

弹道导弹弹头顶部是由密度较小的碳素材料以及引信等组成的,其主要载荷(战斗部和姿态控制器)集中于底部,相较于同样质量的锥体诱饵,弹头的横向惯量减小,而纵向惯量增大,因此可利用弹头和诱饵的横纵质阻比的差异来识别弹道中段目标。

上述5种中段反导目标识别方法是针对弹道中段目标所呈现出的不同特性所提出的,通过以上分析可得出各中段反导目标识别方法的原理、应用及优缺点,见表2.1。

表 2.1 中段反导目标识别方法分析

方 法	原 理	技 术	应 用	优 点	缺 点
基于红外技术目标识别	真假目标表现出不同的热成像图像	红外成像技术	识别轻诱饵	利用成熟的红外成像技术	难以识别具有温控系统红外诱饵
基于雷达成像目标识别	真假目标表现出不同的结构特征	雷达的高分辨技术	识别非锥体目标	技术相对较成熟	无法识别赋型设计的真目标及雷达诱饵
基于微多普勒目标识别	真假目标表现出不同的进动特性	雷达多普勒技术	识别无姿控系统的诱饵	可识别大部分轻质诱饵	难以识别非锥体真目标及模型诱饵
基于RCS时间序列目标识别	真假目标表现出不同的进动特性	雷达RCS检测技术	识别无姿控系统的诱饵	可识别大部分轻质诱饵	难以识别非锥体真目标
基于质阻比目标识别	真假目标表现出不同的纵横质阻比	雷达检测技术	识别重诱饵	受雷达测距误差影响较小	受雷达角误差影响较大

中段反导目标识别的对象主要包括弹头、碎片和各种诱饵,如何从目标群中识别真假目标是攻防对抗双方均十分关注的关键技术。RCS是反映目标对雷达信号散射能力的度量指标,根据RCS变化曲线通过参数估计方法可推算得到目标的姿态和尺寸,据此可进行分类和识别。相对于雷达目标像,RCS更容易获取,且识别周期性翻滚目标很有效,所以利用目标RCS信息进行识别是弹道目标识别的常用方法之一。进动运动是弹道导弹目标在中段飞行的重要特征,在诸多特征中,只有进动特性能够反映目标的质量分布这一内在特征,这是区分弹头和重诱饵的主要依据之一。因此本章选取动态RCS这一中段反导的常用特征属性结合目标质阻比特征综合识别弹道中段目标。

2.2 直觉模糊集基本理论

Atanassov对直觉模糊集给出如下定义。

定义 2.1 (直觉模糊集)[51] 设 X 是一个给定论域,称 $A = \{\langle x, \mu_A(x), \gamma_A(x) \rangle \mid x \in X\}$ 为 X 上的一个直觉模糊集,如果满足对于 A 上的所有 $x \in X, 0 \leqslant \mu_A(x) + \gamma_A(x) \leqslant 1$ 成立。其中 $\mu_A(x): X \to [0,1]$ 和 $\gamma_A(x): X \to [0,1]$ 分别代表 A 的隶属函数 $\mu_A(x)$ 和非隶属函数 $\gamma_A(x)$,且当 X 为连续空间时,

$$A = \int_X \langle \mu_A(x), \gamma_A(x) \rangle / x, x \in X$$

当 $X = \{x_1, x_2, \cdots, x_n\}$ 为离散空间时,有

$$A = \sum_{i=1}^{n} \langle \mu_A(x_i), \gamma_A(x_i) \rangle / x_i, x_i \in X$$

直觉模糊集 A 可以简记作 $A = \langle x, \mu_A, \gamma_A \rangle$ 或 $A = \langle \mu_A, \gamma_A \rangle / x$。显然,每个模糊子集对应于下列直觉模糊子集 $A = \{\langle x, \mu_A(x), 1 - \mu_A(x) \rangle \mid x \in X\}$。

对于 X 中的每一个直觉模糊子集,称 $\pi_A(x) = 1 - \mu_A(x) - \gamma_A(x)$ 为 A 中 x 的直觉指数(Intuitionistic Index),它是 x 对 A 的犹豫程度(Hesitancy Degree)的一种测度。显然,对于每一个 $x \in X, 0 \leqslant \pi_A(x) \leqslant 1$,对于 X 中的每一个一般模糊子集 $A, \pi_A(x) = 1 - \mu_A(x) - [1 - \mu_A(x)] = 0, \forall x \in X$。

若定义在 U 上的 Zadeh 模糊集的全体用 $F(U)$ 表示,则对于一个模糊集 $A \in F(U)$,其单一隶属度 $\mu_A(x) \in [0,1]$ 既包含了支持 x 的证据 $\mu_A(x)$,也包含了反对 x 的证据 $1 - \mu_A(x)$,但它无法表示中立状态的证据。而一个直觉模糊集 $A \in \text{IFS}(X)$,其隶属度 $\mu_A(x)$、非隶属度 $\gamma_A(x)$ 以及直觉指数 $\pi_A(x)$ 分别表示对象 x 属于直觉模糊集 A 的支持、反对、既不支持也不反对这三种证据的程度。可见,直觉模糊集是 Zadeh 模糊集表示能力的有效扩展。

定义 2.2 (直觉模糊集基本运算)[51] 设 A, B 是给定论域 X 上的直觉模糊子集,则有

(1) $A \cap B = \{\langle x, \mu_A(x) \wedge \mu_B(x), \gamma_A(x) \vee \gamma_B(x) \rangle \mid \forall x \in X\}$;

(2) $A \cup B = \{\langle x, \mu_A(x) \vee \mu_B(x), \gamma_A(x) \wedge \gamma_B(x) \rangle \mid \forall x \in X\}$;

(3) $\bar{A} = A^c = \{\langle x, \gamma_A(x), \mu_A(x) \rangle \mid x \in X\}$;

(4) $A \subseteq B \Leftrightarrow \forall x \in X, [\mu_A(x) \leqslant \mu_B(x) \wedge \gamma_A(x) \geqslant \gamma_B(x)]$;

(5) $A \subset B \Leftrightarrow \forall x \in X, [\mu_A(x) < \mu_B(x) \wedge \gamma_A(x) > \gamma_B(x)]$;

(6) $A = B \Leftrightarrow \forall x \in X, [\mu_A(x) = \mu_B(x) \wedge \gamma_A(x) = \gamma_B(x)]$。

直觉模糊集理论中,直觉模糊距离用来衡量两个直觉模糊集之间的差异程度的一个重要概念。

定义 2.3 (直觉模糊集距离)[51] 设 A, B 为论域 X 上的两个直觉模糊集,D 为一映射并满足 $D: \text{IFS}(X) \times \text{IFS}(X) \to [0,1]$。若 $D(A, B)$ 满足如下四条性质,则称之为 A, B 间的直觉模糊距离。

(1) $0 \leqslant D(A, B) \leqslant 1$;

(2) $D(A, B) = D(B, A)$;

(3) $D(A, B) = 0$,当且仅当 $A = B$ 时;

(4) $D(A, B) \leqslant D(A, C) + D(C, B)$,$C$ 为论域 X 上的直觉模糊集。

下面先对经典模糊集领域的几个常用距离函数进行介绍,然后再将其拓展到直觉模糊领域。

设 A, B 为论域 $X = \{x_1, x_2, \cdots, x_n\}$ 上的模糊集,$\mu_A(x_i), \mu_B(x_i)$ 分别表示元素 x_i 隶属于模糊集 A, B 的程度,则 A, B 间的各种模糊距离如下所示。

(1) 模糊汉明距离:

$$d_F(A, B) = \sum_{i=1}^{n} |\mu_A(x_i) - \mu_B(x_i)|$$

(2) 标准化模糊汉明距离：

$$l_F(A,B) = \frac{1}{n}\sum_{i=1}^{n}|\mu_A(x_i) - \mu_B(x_i)|$$

(3) 模糊欧式距离：

$$e_F(A,B) = \sqrt{\sum_{i=1}^{n}[\mu_A(x_i) - \mu_B(x_i)]^2}$$

(4) 标准化模糊欧式距离：

$$q_F(A,B) = \sqrt{\frac{1}{n}\sum_{i=1}^{n}[\mu_A(x_i) - \mu_B(x_i)]^2}$$

考虑到非隶属度函数以及度函数对直觉模糊距离度量的影响，Szmidt 将上述模糊距离公式拓展到直觉模糊领域，给出直觉模糊集 A,B 间的距离函数如下：

(1) 直觉模糊汉明距离：

$$d_{IF}(A,B) = \sum_{i=1}^{n}[|\mu_A(x_i) - \mu_B(x_i)| + |\gamma_A(x_i) - \gamma_B(x_i)| + |\pi_A(x_i) - \pi_B(x_i)|] \quad (2.1)$$

(2) 标准化直觉模糊汉明距离：

$$l_{IF}(A,B) = \frac{1}{2n}\sum_{i=1}^{n}[|\mu_A(x_i) - \mu_B(x_i)| + |\gamma_A(x_i) - \gamma_B(x_i)| + |\pi_A(x_i) - \pi_B(x_i)|]$$

(2.2)

(3) 直觉模糊欧式距离：

$$e_{IF}(A,B) = \sqrt{\frac{1}{2}\sum_{i=1}^{n}\{[\mu_A(x_i) - \mu_B(x_i)]^2 + [\gamma_A(x_i) - \gamma_B(x_i)]^2 + [\pi_A(x_i) - \pi_B(x_i)]^2\}}$$

(2.3)

(4) 标准化直觉模糊欧式距离：

$$q_{IF}(A,B) = \sqrt{\frac{1}{2n}\sum_{i=1}^{n}\{[\mu_A(x_i) - \mu_B(x_i)]^2 + [\gamma_A(x_i) - \gamma_B(x_i)]^2 + [\pi_A(x_i) - \pi_B(x_i)]^2\}} \quad (2.4)$$

需要说明的是，上述四种距离公式是 Szmidt 根据经典模糊距离公式拓展得到的，式(2.1)和式(2.3)并不满足定义 2.3 中的 P1 条件，因此它们不属于严格定义的直觉模糊距离。而式(2.2)、式(2.4)则满足定义 2.3 给出的所有条件，属于严格定义的直觉模糊距离。下面对标准化直觉模糊欧式距离 $q_{IF}(A,B)$ 满足直觉模糊距离公理化定义中的四个约束条件进行证明。

证明：

(P1) 显然 $[\mu_A(x_i) - \mu_B(x_i)]^2 + [\gamma_A(x_i) - \gamma_B(x_i)]^2 + [\pi_A(x_i) - \pi_B(x_i)]^2 \geqslant 0$，且

$$[\mu_A(x_i) - \mu_B(x_i)]^2 + [\gamma_A(x_i) - \gamma_B(x_i)]^2 + [\pi_A(x_i) - \pi_B(x_i)]^2 \leqslant$$
$$[\mu_A(x_i)]^2 + [\mu_B(x_i)]^2 + [\gamma_A(x_i)]^2 + [\gamma_B(x_i)]^2 + [\pi_A(x_i)]^2 + [\pi_B(x_i)]^2$$

由条件 $0 \leqslant \mu(x_i),\gamma(x_i),\pi(x_i) \leqslant 1$ 且 $\mu(x_i) + \gamma(x_i) + \pi(x_i) = 1$ 可得

$$[\mu(x_i)]^2 + [\gamma(x_i)]^2 + [\pi(x_i)]^2 \leqslant 1$$

所以

$$[\mu_A(x_i)]^2 + [\mu_B(x_i)]^2 + [\gamma_A(x_i)]^2 + [\gamma_B(x_i)]^2 + [\pi_A(x_i)]^2 + [\pi_B(x_i)]^2 \leqslant 2$$

故

$$0 \leqslant \sqrt{\frac{1}{2n}\sum_{i=1}^{n}\{[\mu_A(x_i)-\mu_B(x_i)]^2+[\gamma_A(x_i)-\gamma_B(x_i)]^2+[\pi_A(x_i)-\pi_B(x_i)]^2\}} \leqslant \sqrt{\frac{1}{2n}\sum_{i=1}^{n}2}$$

$$0 \leqslant \sqrt{\frac{1}{2n}\sum_{i=1}^{n}\{[\mu_A(x_i)-\mu_B(x_i)]^2+[\gamma_A(x_i)-\gamma_B(x_i)]^2+[\pi_A(x_i)-\pi_B(x_i)]^2\}} \leqslant 1$$

即 $0 \leqslant q_{IF}(A,B) \leqslant 1$，满足约束条件 P1。

(P2)

$$q_{IF}(B,A) = \sqrt{\frac{1}{2n}\sum_{i=1}^{n}\{[\mu_B(x_i)-\mu_A(x_i)]^2+[\gamma_B(x_i)-\gamma_A(x_i)]^2+[\pi_B(x_i)-\pi_A(x_i)]^2\}} =$$

$$\sqrt{\frac{1}{2n}\sum_{i=1}^{n}\{[\mu_A(x_i)-\mu_B(x_i)]^2+[\gamma_A(x_i)-\gamma_B(x_i)]^2+[\pi_A(x_i)-\pi_B(x_i)]^2\}} =$$

$$q_{IF}(A,B)$$

满足约束条件 P2。

(P3) 若 $q_{IF}(A,B) = 0$，根据 $q_{IF}(A,B)$ 的表达式，必有 $\mu_A(x_i) = \mu_B(x_i)$，$\gamma_A(x_i) = \gamma_B(x_i)$，$\pi_A(x_i) = \pi_B(x_i)$。根据直觉模糊集的基本运算可得，$A = B$。

满足约束条件 P3。

(P4) 设 $A,B,C \in \mathrm{IFS}(X)$，则

$$q_{IF}(A,B) = \sqrt{\frac{1}{2n}\sum_{i=1}^{n}\{[\mu_A(x_i)-\mu_B(x_i)]^2+[\gamma_A(x_i)-\gamma_B(x_i)]^2+[\pi_A(x_i)-\pi_B(x_i)]^2\}} =$$

$$\sqrt{\frac{1}{2n}\sum_{i=1}^{n}\begin{Bmatrix}[\mu_A(x_i)-\mu_C(x_i)+\mu_C(x_i)-\mu_B(x_i)]^2+\\ [\gamma_A(x_i)-\gamma_C(x_i)+\gamma_C(x_i)-\gamma_B(x_i)]^2+\\ [\pi_A(x_i)-\pi_C(x_i)+\pi_C(x_i)-\pi_B(x_i)]^2\end{Bmatrix}} \leqslant$$

$$\sqrt{\frac{1}{2n}\sum_{i=1}^{n}\begin{Bmatrix}[\mu_A(x_i)-\mu_C(x_i)]^2+\\ [\gamma_A(x_i)-\gamma_C(x_i)]^2+\\ [\pi_A(x_i)-\pi_C(x_i)]^2\end{Bmatrix}} + \sqrt{\frac{1}{2n}\sum_{i=1}^{n}\begin{Bmatrix}[\mu_C(x_i)-\mu_B(x_i)]^2+\\ [\gamma_C(x_i)-\gamma_B(x_i)]^2+\\ [\pi_C(x_i)-\pi_B(x_i)]^2\end{Bmatrix}} \leqslant$$

$$q_{IF}(A,C) + q_{IF}(C,B)$$

满足约束条件 P4，证明完毕。

2.3 基于 IFKCM 的中段反导目标综合识别方法

文献[90]针对目标识别系统需对具有不同重要性的目标类别进行不同精度识别这一问题，提出一种基于直觉模糊核匹配追踪的目标识别方法。文献[142]将核方法与模糊 c 均值聚类算法结合，提出模糊核 c 均值聚类(Fuzzy Kernel c-means，FKCM)算法，提高了聚类性能。然而 FKCM 算法没有扩展到直觉模糊领域，且核函数的引入增加了算法的计算复杂度，计算

时间较长。

中段反导目标识别处于复杂战场环境下,仅用一种传感器和一类目标特征难以实现对威胁目标群的准确识别,本节汲取 IFCM 算法的动态聚类优势,引入高斯核函数,改良归一化条件,提出基于 IFKCM 的中段反导综合识别方法。

2.3.1 直觉模糊核 c 均值聚类算法 IFKCM

IFKCM 算法的基本思想是将输入模式空间 $\mathbf{R}^s$ 内的样本集合 $X = \{x_1, x_2, \cdots, x_n\}$,聚类原型 $P = \{p_1, p_2, \cdots, p_c\}$ 通过 $\Phi(\cdot)$ 非线性映射到高维特征空间 $\mathbf{R}^q$ 上,核函数 $K(x,y) = \langle \Phi(x), \Phi(y) \rangle$,变换后的特征矢量记作 $\langle \Phi(x_j), \Phi(p_i) \rangle$。通过定义基于核的相似性度量,描述直觉模糊集合间的距离度量公式,并有效结合 FKCM 算法进行直觉模糊聚类分析。

1. 基于核的直觉模糊相似性准则

定义 2.4 (相似性度量) 用直觉模糊集合表示样本 $\Phi(x_j)$ 与聚类原型 $\Phi(p_i)$,则它们之间的相似性度量可定义为

$$D_{kw}(x_j, p_i)^2 = \frac{1}{2} \begin{Bmatrix} [\Phi(x\mu_j) - \Phi(p\mu_i)]A[\Phi(x\mu_j) - \Phi(p\mu_i)]^T + \\ [\Phi(x\gamma_j) - \Phi(p\gamma_i)]A[\Phi(x\gamma_j) - \Phi(p\gamma_i)]^T + \\ [\Phi(x\pi_j) - \Phi(p\pi_i)]A[\Phi(x\pi_j) - \Phi(p\pi_i)]^T \end{Bmatrix}$$

$$= \frac{1}{2s} \sum_{k=1}^{s} \omega(k) \begin{Bmatrix} \|\Phi(x\mu_{jk}) - \Phi(p\mu_{ik})\|^2 + \\ \|\Phi(x\gamma_{jk}) - \Phi(p\gamma_{ik})\|^2 + \\ \|\Phi(x\pi_{jk}) - \Phi(p\pi_{ik})\|^2 \end{Bmatrix} \quad (2.5)$$

式中,$x\mu_j, p\mu_i$ 表示隶属度矢量;$x\gamma_j, p\gamma_i$ 表示非隶属度矢量;$x\pi_j, p\pi_i$ 表示犹豫度矢量;$\Phi(x\mu_j), \Phi(p\mu_i)$ 为隶属度矢量在特征核空间 $\mathbf{R}^q$ 中的像;$\Phi(x\gamma_j), \Phi(p\gamma_i)$ 为非隶属度矢量在特征核空间 $\mathbf{R}^q$ 中的像;$\Phi(x\pi_j), \Phi(p\pi_i)$ 为犹豫度矢量在特征核空间 $\mathbf{R}^q$ 中的像;A 为对角加权矩阵。

通过核变化:

$$\|\Phi(x\mu_{jk}) - \Phi(p\mu_{ik})\|^2 = K(x\mu_{jk} \cdot x\mu_{jk}) - 2K(x\mu_{jk} \cdot p\mu_{ik}) + K(p\mu_{ik} \cdot p\mu_{ik})$$

可得到:

$$D_{kw}(x_j, p_i)^2 = \frac{1}{2s} \sum_{k=1}^{s} \left\{ \omega(k) \begin{bmatrix} K(x\mu_{jk}, x\mu_{jk}) + K(x\gamma_{jk}, x\gamma_{jk}) + K(x\pi_{jk}, x\pi_{jk}) + \\ K(p\mu_{ik}, p\mu_{ik}) + K(p\gamma_{ik}, p\gamma_{ik}) + K(p\pi_{ik}, p\pi_{ik}) - \\ 2K(x\mu_{jk}, p\mu_{ik}) - 2K(x\gamma_{jk}, p\gamma_{ik}) - 2K(x\pi_{jk}, p\pi_{ik}) \end{bmatrix} \right\} \quad (2.6)$$

代入高斯核函数,$K_G(x, y) = \exp(-\|x - y\|^2/\sigma^2)$,可得

$$D_{kw}(x_j, p_i)^2 = \frac{1}{s} \sum_{k=1}^{s} \omega(k) [3 - K_G(x\mu_{jk}, p\mu_{ik}) - K_G(x\gamma_{jk}, p\gamma_{ik}) - K_G(x\pi_{jk}, p\pi_{ik})] \quad (2.7)$$

显然,在给定高斯核函数时,式(2.7)降低了计算复杂度。

2. 模型优化求解

基于核的直觉模糊聚类目标函数描述如下:

$$J_{km}(\boldsymbol{U}_{k\mu},\boldsymbol{U}_{k\gamma},\boldsymbol{P}) = \sum_{i=1}^{c}\sum_{j=1}^{n}((\mu_{ij})^m/2 + (1-\gamma_{ij})^m/2)D_{kw}(\boldsymbol{x}_j,\boldsymbol{p}_i)^2 \left.\right\} \quad (2.8)$$
$$m \in [1,\infty), \mu_{ij} \in [0,1], \gamma_{ij} \in [0,1], \forall i, \forall j$$

其中，m 称为加权指数；$\boldsymbol{U}_{k\mu}$ 为基于核的模糊划分隶属矩阵、$\boldsymbol{U}_{k\gamma}$ 为基于核的模糊划分非隶属矩阵。

该目标函数的约束条件为

$$\left.\begin{aligned}\sum_{i=1}^{c}\sum_{j=1}^{n}\mu_{ij} &= n \\ \mu_{ij} + \gamma_{ij} + \pi_{ij} &= 1\end{aligned}\right\} \quad (2.9)$$

由拉格朗日乘数法求解可得目标函数为

$$F = \sum_{i=1}^{c}\{[(\mu_{ij})^m/2 + (1-\gamma_{ij})^m/2]D_{kw}(x_j,p_i)^2\} - \lambda(\sum_{i=1}^{c}\sum_{j=1}^{n}\mu_{ij} - n) - \beta(\mu_{ij} + \gamma_{ij} + \pi_{ij} - 1) \quad (2.10)$$

在优化过程中，假定犹豫度 $\pi_{ij} = \psi(x_i,p_j)$ 为已知函数，最优化的一阶必要条件为

$$\left.\begin{aligned}\frac{\partial F}{\partial \lambda} &= \sum_{i=1}^{c}\sum_{j=1}^{n}\mu_{ij} - n = 0 \\ \frac{\partial F}{\partial \beta} &= \mu_{ij} + \gamma_{ij} + \pi_{ij} - 1 = 0 \\ \frac{\partial F}{\partial \mu_{kt}} &= \frac{m}{2}(\mu_{kt})^{m-1}D_{kw}(x_t,p_k)^2 - \lambda - \beta = 0 \\ \frac{\partial F}{\partial \gamma_{kt}} &= -\frac{m}{2}(1-\gamma_{kt})^{m-1}D_{kw}(x_t,p_k)^2 - \beta = 0\end{aligned}\right\} \quad (2.11)$$

考虑到 $D_{kw}(\boldsymbol{x}_t,\boldsymbol{p}_k)$ 可能为 0，通过求解上面的方程，分两种情况讨论，可得：

$$\left.\begin{aligned}\mu_{ij} &= \frac{n}{\sum_{k=1}^{c}\sum_{t=1}^{n}\left[\frac{D_{kw}(\boldsymbol{x}_j,\boldsymbol{p}_i)}{D_{kw}(\boldsymbol{x}_t,\boldsymbol{p}_k)}\right]^{\frac{2}{m-1}}}, \quad \forall k,t, D_{kw}(\boldsymbol{x}_t,\boldsymbol{p}_k) \neq 0 \\ \gamma_{ij} &= 1 - \pi_{ij} - \frac{1}{\sum_{k=1}^{c}\sum_{t=1}^{n}\left[\frac{D_{kw}(\boldsymbol{x}_j,\boldsymbol{p}_i)}{D_{kw}(\boldsymbol{x}_t,\boldsymbol{p}_k)}\right]^{\frac{2}{m-1}}}, \quad \forall k,t, D_{kw}(\boldsymbol{x}_t,\boldsymbol{p}_k) \neq 0 \\ \mu_{ij} &= 1, \quad \gamma_{ij} = 0 \quad \exists k, D_{kw}(x_t,p_k) = 0, \text{且} i = k \\ \mu_{ij} &= 0, \quad \gamma_{ij} = 1 \quad \exists k, D_{kw}(x_t,p_k) = 0, \text{且} i \neq k\end{aligned}\right\} \quad (2.12)$$

用类似的方法可以获得聚类原型的迭代公式。

由 $\frac{\partial}{\partial p\mu_i}J_{km}(\boldsymbol{U}_{k\mu},\boldsymbol{U}_{k\gamma},\boldsymbol{P}) = 0$，得到

$$\sum_{j=1}^{n}((\mu_{ij})^m/2 + (1-\gamma_{ij})^m/2)\frac{\partial}{\partial \boldsymbol{p\mu}_i}\begin{Bmatrix}(3 - K_G(\boldsymbol{x}\mu_{jk},\boldsymbol{p}\mu_{ik}) \\ -K_G(\boldsymbol{x}\gamma_{jk},\boldsymbol{p}\gamma_{ik}) \\ -K_G(\boldsymbol{x}\pi_{jk},\boldsymbol{p}\pi_{ik}))\end{Bmatrix} = 0$$

由此可知：

$$p\boldsymbol{\mu}_i = \frac{\sum_{j=1}^{n}((\mu_{ij})^m/2 + (1-\gamma_{ij})^m/2)K_G(x\mu_{jk},p\mu_{ik})x\mu_j}{\sum_{j=1}^{n}((\mu_{ij})^m/2 + (1-\gamma_{ij})^m/2)K_G(x\mu_{jk},p\mu_{ik})} \qquad (2.13)$$

同样由 $\dfrac{\partial}{\partial p\boldsymbol{\gamma}_i}J_{km}(\boldsymbol{U}_{k\mu},\boldsymbol{U}_{k\gamma},\boldsymbol{P}) = 0$，可得

$$p\boldsymbol{\gamma}_i = \frac{\sum_{j=1}^{n}[(\mu_{ij})^m/2 + (1-\gamma_{ij})^m/2]K_G(x\gamma_{jk},p\gamma_{ik})x\gamma_j}{\sum_{j=1}^{n}((\mu_{ij})^m/2 + (1-\gamma_{ij})^m/2)K_G(x\gamma_{jk},p\gamma_{ik})} \qquad (2.14)$$

根据 $p\boldsymbol{\mu}_i + p\boldsymbol{\gamma}_i + p\boldsymbol{\pi}_i = I$，可知

$$p\boldsymbol{\pi}_i = I - p\boldsymbol{\mu}_i - p\boldsymbol{\gamma}_i \qquad (2.15)$$

3. IFKCM 算法描述

下面给出 IFKCM 算法的详细步骤：

输入：聚类类别数 c，初始化聚类原型模式 $\boldsymbol{P}^{(0)}$，迭代停止阈值 ε，样本个数 n，设置迭代计数器 $b = 0$，核函数 $K_G(x,y)$ 中的参数 σ；

输出：划分隶属矩阵 $\boldsymbol{U}_\mu$，划分非隶属矩阵 $\boldsymbol{U}_\gamma$ 和聚类原型 $\boldsymbol{P}$。

工作流程：

步骤 1   用式(2.12)更新 $\boldsymbol{U}_{k\mu}$，$\boldsymbol{U}_{k\gamma}$，计算 $\mu_{ij}^{(b)}$，$\gamma_{ij}^{(b)}$；

步骤 2   用式(2.13)～式(2.15)更新聚类原型模式矩阵 $\boldsymbol{P}_i^{(b+1)}$，分别求得 $p\boldsymbol{\mu}_i^{b+1}$，$p\boldsymbol{\gamma}_i^{b+1}$ 和 $p\boldsymbol{\pi}_i^{b+1}$；

步骤 3   若 $\|\boldsymbol{P}^{(b)} - \boldsymbol{P}^{(b+1)}\| < \varepsilon$，则算法停止，并输出 $\boldsymbol{U}_{k\mu}$，$\boldsymbol{U}_{k\gamma}$ 以及聚类原型 $\boldsymbol{P}$，否则，令 $b = b+1$，转向步骤1。

由算法的时间复杂度及空间复杂度分析理论可知，该算法的时间复杂度为 $O(n^2)$，空间复杂度为 $O(c \cdot n)$，通常情况下聚类个数 c 是远小于样本数 n 的，因此该算法适用于大数据集。

4. 实验与结果分析

测试实验选取 UCI 数据库中的一组实际样本数据 Iris，该数据集常用来验证无监督聚类方法的性能。Iris 数据是由 4 维空间的 150 个样本组成，共有 3 种类型，每种类型有 50 个样本点，其数据分布特点为第一种类和其他类完全分离，第二个种类与第三个种类有部分重叠。首先对 Iris 数据集进行直觉化处理。令直觉指数为 0，取各维元素最大值为 1，隶属度为其余元素与该维元素最大值的比值。令 $m = 2, c = 3, \sigma = 6, \varepsilon = 10^{-5}$，选用高斯核函数 $K_G(x,y) = \exp(-\|x-y\|^2/\sigma^2)$。由于 Iris 为四维样本数据集，其聚类结果在四维空间不易观测，因此采用 IFKCM 算法进行测试时，将数据样本映射到 2 维空间对算法的聚类效果进行展示，产生 Fuzzy Sammon 图。3 种不同类别的样本分别用"·""+"和"×"符号表示，如图 2.2 所示。由图 2.2 可以看出，通过 IFKCM 算法对 Iris 数据集进行划分得到的的三类样本点几乎不存在重叠

分布,被清晰地区分。

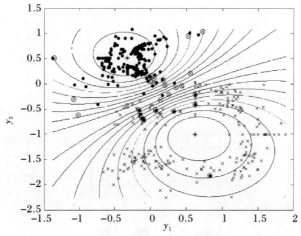

图 2.2　Iris 数据的 2 维空间 Fuzzy Sammon 映射图

将 IFKCM 算法与 FCM 算法、FKCM 算法、IFCM 算法进行比较,算法性能指标比较结果见表 2.2。

表 2.2　Iris 数据集的 4 种算法聚类性能比较

聚类算法	错分点数			聚类精度/%	迭代次数	平均计算时间/s
	类一	类二	类三			
FCM	0	3	13	89.33	23	10.5
FKCM	0	7	1	94.67	68	20.3
IFCM	0	3	6	94.00	27	5.24
IFKCM	0	1	3	97.33	8	3.04

实验结果分析:由表 2.2 可以看出,IFKCM 算法具有最优的聚类效果。FKCM 算法通过引入核函数,样本点被非线性变换映射到高维特征空间进行聚类,虽然提高了聚类精度,但迭代次数和平均计算时间较高。而 IFKCM 算法将研究领域扩展到直觉模糊,得到基于核的划分非隶属矩阵,获取了更多关于样本分类的信息,得到了更好的聚类识别效果;并汲取了 IFCM 算法的动态聚类优势,通过多次修正聚类中心、直觉模糊划分隶属矩阵和直觉模糊划分非隶属矩阵进行动态迭代,从而克服了 FKCM 算法计算时间较长的问题,具有更好的鲁棒性。

2.3.2　综合识别

中段是弹道导弹飞行中最长的一段,此阶段的显著特点是威胁目标不再单一。为了提高弹头的生存能力,导弹会在弹道上升过程中投放多个弹头、轻重诱饵以及碎片,形成威胁目标群,以相同的速度在大气层外作惯性飞行。中段反导目标识别方法虽种类繁多,但都存在不同程度的局限性,为提高中段反导目标识别的准确率,可利用多传感器进行综合识别,逐步排除假目标和碎片,以实现真假目标的区分。多传感器综合识别如图 2.3 所示。

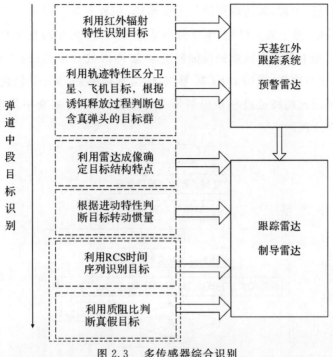

图 2.3 多传感器综合识别

弹头在飞行过程中具有自旋特性,而碎片和诱饵则没有,因而可运用基于目标 RCS 时间序列特征的识别方法来实现弹头、碎片和诱饵的粗分类。另外,由于弹头顶部是由密度较小的碳素材料以及引信等组成的,其主要载荷集中于底部,可用锥体圆台来近似弹头(锥体圆台可以看成是一个截去顶部的圆锥),而重诱饵则大多是外形和材质都类似弹头的均质锥体,故可用圆锥近似重诱饵。图 2.4 为锥体圆台纵横质阻比随截去高度的变化曲线。可以看出,质阻比可以直接反映目标的质量分布特征,弹头的质阻比总是大于诱饵的质阻比,故可利用弹头和重诱饵的纵横质阻比差异来进一步实现真假目标的识别。

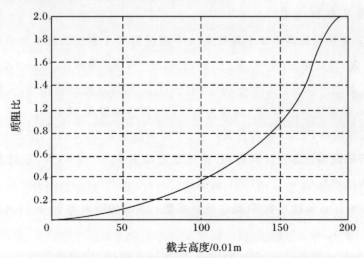

图 2.4 锥体圆台纵横质阻比随截去高度的变化曲线

目前针对弹道导弹中段,雷达识别仍是主要途径。相较于基于雷达成像的目标识别方法,目标 RCS 更容易获取,基于以上讨论,本章提出基于 IFKCM 的中段反导目标综合识别方法,其总体思路是,首先提取弹道中段威胁目标群的动态 RCS 统计信息(极大值、极小值、均值和方差),将其作为测试数据集,调用 IFKCM 算法,以实现真弹头、碎片及轻诱饵的粗分类;在此基础上,利用目标质阻比的特征进一步识别弹头和重诱饵,最终实现中段反导真假目标的区分,具体流程如图 2.5 所示。

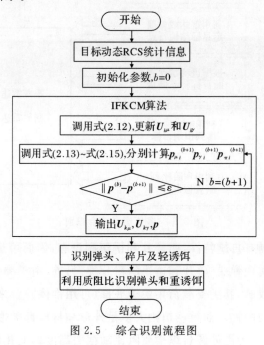

图 2.5 综合识别流程图

2.3.3 仿真实验及结果分析

1. 战局假设及参数设置

假定弹道中段威胁目标群由 4 个真弹头、4 个重诱饵、6 个轻诱饵和 6 个碎片共 20 个目标构成,其中 $X_1 \sim X_4$ 为真弹头,$X_5 \sim X_{10}$ 为轻诱饵,$X_{11} \sim X_{16}$ 为碎片,$X_{17} \sim X_{20}$ 为重诱饵。仿真参数设置如下:弹道导弹发射点为 $-10.3°$N、$-11.5°$E,落点为 $-45.3°$N、$-12.1°$E,关机点速度为 5.2 km/s,弹道倾角为 37.1°,高度为 100 km;雷达部署在 35.7°N、$-10.8°$E。仿真过程中弹头 RCS 时间序列由 FEKO 软件仿真产生,方位角范围为 0°～360°,平均方位角采样间隔为 0.1°;系统噪声则由雷达方程计算得到,雷达发射功率 $P_t = 975$ kW,发射天线增益 $G_t = 18.04$ dB,接收天线增益 $G_r = 17.97$ dB,信噪比 $(S/N)_o = P_t G_t G_r \lambda^2 \theta / (4\pi)^3 k T_s L_s R_{max}^4$,其中 θ 为目标的 RCS,$k = 1.38 \times 10^{-23}$ J/K(玻尔兹曼常数),系统的噪声为 $T_s = 14.47$ dB,接收机的噪声为 $L_s = 9.91$ dB。

实验选用高斯核函数 $K_G(x,y) = \exp(-\|x-y\|^2/\sigma^2)$,设定核参数 $\sigma = 7$,样本数 $n = 20$,聚类类别数 $c = 4$,加权指数 $m = 2$,迭代停止阈值 $\varepsilon = 10^{-5}$,$\pi_{ij} = 0$,由于各维特征的权重

相同故令 $\omega(k) = 1$。

2. 仿真与结果分析

图 2.6(a)为 STK 软件仿真得到的弹道三维示意图,图中弹道导弹的轨迹曲线及雷达站分布都能在图中清晰显现出来。图 2.6(b)为弹道导弹在中段飞行过程中的速度曲线图。

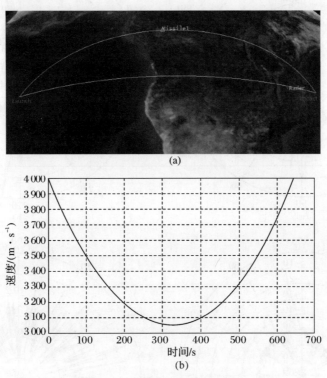

图 2.6 弹道导弹飞行轨迹图

(a)弹道三维示意图;(b)弹道中段速度曲线图

本节以锥球体所代表的弹头目标为例,图 2.7(a)(b)分别给出了利用 FEKO 软件仿真得到的弹头的测量模型图和三维模型图。

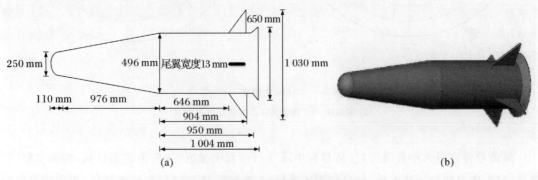

图 2.7 弹头仿真图

(a)弹头测量模型图;(b)弹头三维模型图

在此基础上,设入射波频率为 10GHz,剖分单元取入射波长的 1/3,不考虑目标表面涂覆材料对其电磁散射特性的影响,利用 FKEO 计算的锥球体弹头、重诱饵、轻诱饵和碎片的全角度 RCS 图,如图 2.8 所示。

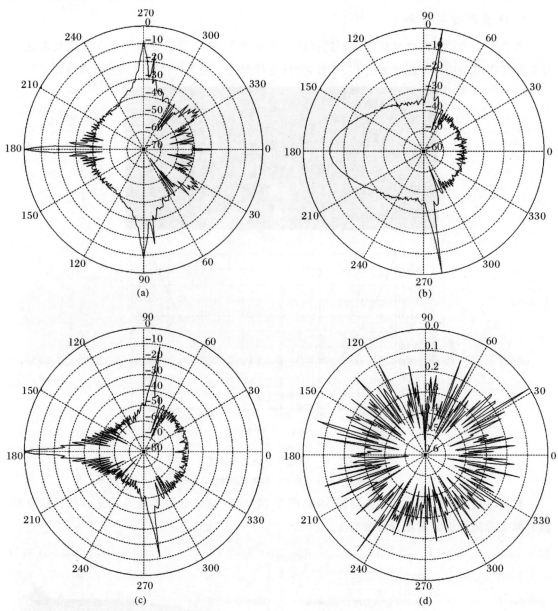

图 2.8　目标全角度 RCS 图
(a) 锥球体;(b) 重诱饵;(c) 轻诱饵;(d) 碎片

弹道导弹在进入中段飞行后,从目标中段飞行过程中抽取 8 s 作为观测时间,根据文献[8]雷达-目标姿态角的计算方法,对目标 0°～360°下的静态 RCS 进行高精度插值,可得到对应姿态角的 RCS 数据,即目标的动态 RCS 信息。图 2.9～图 2.12 为观测时间内真弹头、重诱饵、轻诱饵以及碎片的 RCS 幅度变化及其起伏频谱。由图中可看出,飞行中段的目标 RCS 有明显的周期性。

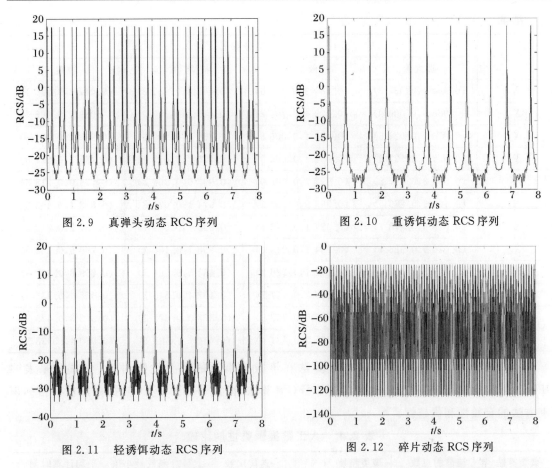

图 2.9 真弹头动态 RCS 序列　　　　图 2.10 重诱饵动态 RCS 序列

图 2.11 轻诱饵动态 RCS 序列　　　　图 2.12 碎片动态 RCS 序列

令观测时间为 8 s，采样频率为 1 000 Hz，得到 8 000 个数据点，提取 20 个中段反导威胁目标的动态 RCS 统计特征作为聚类指标，并采用文献[143]提出的基于三分法的 IFS 非隶属度函数确定方法确定非隶属度。表 2.3 为弹道中段威胁目标群针对其极大值、极小值、均值及方差的隶属度及非隶属度。

表 2.3　中段目标 RCS 统计特征表

目标	错分点数			
	极大值	极小值	均值	方差
X_1	(0.998 2, 0.001 1)	(0.189 1, 0.814 5)	(0.213 3, 0.783 6)	(0.074 7, 0.924 1)
X_2	(0.999 2, 0.000 5)	(0.212 8, 0.786 4)	(0.314 9, 0.682 4)	(0.078 1, 0.920 3)
X_3	(0.998 5, 0.001 0)	(0.220 2, 0.776 9)	(0.342 0, 0.656 8)	(0.070 0, 0.925 3)
X_4	(0.999 3, 0.000 4)	(0.217 3, 0.781 3)	(0.323 8, 0.673 5)	(0.078 7, 0.920 1)
X_5	(0.979 1, 0.020 5)	(0.333 0, 0.664 7)	(0.425 5, 0.573 1)	(0.091 5, 0.903 9)
X_6	(0.996 2, 0.003 0)	(0.332 2, 0.665 3)	(0.436 0, 0.562 4)	(0.085 6, 0.911 7)
X_7	(0.964 1, 0.035 3)	(0.272 1, 0.726 3)	(0.447 9, 0.548 9)	(0.088 8, 0.901 2)
X_8	(0.9942, 0.004 6)	(0.291 6, 0.795 8)	(0.449 1, 0.548 6)	(0.090 1, 0.904 6)

续 表

目标	错分点数			
	极大值	极小值	均值	方差
X_9	(0.964 1,0.034 5)	(0.280 0,0.713 6)	(0.447 8,0.551 3)	(0.087 8,0.910 1)
X_{10}	(0.988 9,0.000 9)	(0.290 4,0.794 2)	(0.449 8,0.547 9)	(0.089 1,0.908 7)
X_{11}	(0.070 9,0.924 5)	(0.992 1,0.006 8)	(0.889 1,0.107 3)	(0.998 1,0.001 4)
X_{12}	(0.069 4,0.927 3)	(0.992 5,0.006 3)	(0.925 7,0.072 1)	(0.766 7,0.231 8)
X_{13}	(0.068 2,0.927 8)	(0.992 9,0.006 0)	(0.997 9,0.001 3)	(0.779 0,0.218 3)
X_{14}	(0.100 9,0.879 6)	(0.998 9,0.000 3)	(0.974 1,0.023 8)	(0.803 4,0.193 2)
X_{15}	(0.079 5,0.918 7)	(0.984 1,0.015 4)	(0.998 1,0.001 1)	(0.787 2,0.212 0)
X_{16}	(0.070 9,0.926 4)	(0.984 1,0.015 4)	(0.898 1,0.100 3)	(0.796 5,0.201 9)
X_{17}	(0.999 8,0.000 1)	(0.272 1,0.726 2)	(0.434 6,0.561 5)	(0.059 8,0.937 5)
X_{18}	(0.999 7,0.000 2)	(0.280 8,0.717 2)	(0.452 4,0.545 7)	(0.058 4,0.938 9)
X_{19}	(0.999 5,0.000 3)	(0.235 6,0.762 5)	(0.373 3,0.625 3)	(0.373 3,0.625 3)
X_{20}	(0.999 8,0.000 2)	(0.265 0,0.731 4)	(0.416 6,0.581 1)	(0.060 4,.0938 5)

表2.4给出了IFCM和IFKCM算法在该数据集上的聚类性能对比。仿真结果表明IFKCM算法的求解精度及时效性均优于IFCM算法,证实了基于IFKCM的中段反导目标识别方法的有效性和优越性。

表2.4 人工数据聚类性能比较

聚类算法	错分的点数	聚类精度/(%)	迭代次数	目标函数最小值	平均计算时间/s
IFCM	7	65	6	0.150 9	0.273 9
IFKCM	5	75	4	0.003 5	0.112 6

表2.5为以20个目标的动态RCS统计特征为测试数据集,调用IFKCM算法进行粗分类的结果。结果表明:弹头、碎片及轻诱饵的RCS统计特征有较为明显的差别,即碎片的RCS均值很小,方差很大,而轻诱饵的RCS均值较大,方差很小,故此方法对轻诱饵和碎片的识别取得了较好的结果,尤其对碎片的识别结果无一错分。弹头和重诱饵的RCS统计特征十分相似,因此,在上述粗分类的基础上,利用弹头的质阻比大于重诱饵的质阻比这一特性对弹头和重诱饵进一步区分。

表2.5 基于IFKCM的识别结果

识别对象	划分类别	聚类结果
真弹头	类一	{X_2, X_3, X_4, X_{17}, X_{18}, X_{20}}
轻诱饵	类二	{X_5, X_6, X_8, X_9, X_{10}}
碎片	类三	{X_{11}, X_{12}, X_{13}, X_{14}, X_{15}, X_{16}}
重诱饵	类四	{X_1, X_7, X_{19}}

进动锥体质阻比为

$$\xi = \frac{f_c}{f_s}\cos\varphi$$

式中,f_s 为自旋频率;f_c 为锥旋频率;φ 为进动角。弹头和诱饵的自旋频率 f_s 一般为 3 Hz,根据文献[3]通过目标 RCS 序列估计出进动周期和进动角 φ,提取质阻比作为特征识别弹头和重诱饵,如表 2.6 所示。

表 2.6 真弹头和重诱饵质阻比

目 标	f_c/Hz	$\varphi/(°)$	质阻比
真弹头 1	2.03	9.04	0.668 2
真弹头 2	2.10	17.66	0.607 0
真弹头 3	2.15	21.70	0.665 9
真弹头 4	2.07	15.83	0.663 8
重诱饵 1	0.84	47.00	0.190 9
重诱饵 2	1.36	65.00	0.191 6
重诱饵 3	0.65	28.18	0.191 0
重诱饵 4	0.83	42.69	0.203 3

由以上分析可知,基于 IFKCM 中段反导目标综合识别方法,首先选取目标 RCS 时间序列特征并调用 IFKCM 算法实现真弹头、碎片及轻诱饵的粗分类;再进一步利用目标质阻比特征识别真弹头和重诱饵,从而最终实现中段反导真假目标的区分。该方法提高了中段反导目标识别的准确率,具有较好的应用价值。

2.4 本章小结

中段反导目标识别是导弹防御系统的关键技术问题,本章将直觉模糊核聚类理论引入中段反导目标识别领域。首先,针对现有的模糊核聚类算法性能的问题,汲取 IFCM 算法的动态聚类特性优势,提出了 IFKCM 算法。测试结果表明,IFKCM 算法的性能优于传统的模糊核 c 均值算法。其次,根据中段反导目标识别的特点,选取目标 RCS 时间序列特征及质阻比特征,构建了基于 IFKCM 的中段反导目标综合识别方法。最后,仿真结果证明了该方法的有效性和优越性,为中段反导目标识别提出了一种新的参考和尝试。选取不同参数对目标识别结果的影响,以及在复杂反导作战环境下采用该算法对真弹头进行目标识别的分类效果均是下一步亟待探究的问题。

第 3 章　基于动态多时刻融合的反导作战目标威胁评估方法

反导作战目标威胁评估是反导指挥决策的核心问题,快速精确评估来袭目标的威胁程度是制约反导武器系统作战效能提升的技术难题,可为高效火力协同规划奠定基础。由于弹道目标的特征属性众多,且反导作战是一个持续、动态的过程,对目标进行威胁评估需全面考虑多种因素,其实质是一类不确定动态多属性群决策问题。

本章针对现有反导作战目标威胁评估方法忽略目标时序和战场态势变化而造成评估准精度不高的问题,提出基于余弦函数的区间直觉模糊熵-区间直觉模糊加权平均算子-理想解耦合的动态多时刻目标威胁评价方法。仿真实验验证了所提方法的优越性,提高了反导作战威胁评估辅助决策的可靠性和精确度。

3.1　问题分析

目标威胁评估是 JDL 信息融合模型的第三级,属于决策级信息融合。当前常用的目标威胁评估方法有贝叶斯网络、粗糙集理论、D-S证据理论、模糊推理和多属性决策等。然而,贝叶斯网络虽能有效处理不确定信息,但转移概率的选取依赖于专家经验,可靠性较差,且仅适用于存在大量样本数据的情况,对于小样本数据求解精度较差,不适用于作战样本数据缺少的反导作战。粗糙集理论虽无需数据集以外的先验信息,但需要建立庞大的知识库来支持相关规则的构建,难以适应反导作战对决策时效性的较高要求。D-S证据理论对于冲突信息处理能力较弱,问题空间较大时会出现组合爆炸问题。考虑到弹道导弹威胁巨大,一旦漏截将对面防御资产造成极大的破坏,对威胁评估精度要求较高,因此需要全面考虑多种因素,将模糊集理论和动态多属性群决策理论相结合对弹道目标进行威胁评估。

模糊集自 Zadeh 提出以来,就被广泛用于模糊不确定决策信息的描述与处理。Atanassov 通过去除隶属度和非隶属度和为 1 的约束条件,将模糊集扩展到直觉模糊集。直觉模糊集可以更加细致地刻画决策信息的不确定性,因而在智能推理、决策等领域得到了广泛应用。近年来,大量基于直觉模糊集的多属性群决策方法被相继提出。文献[151]考虑了备选方案各属性间的相互影响,在决策理论的框架下构建了新的直觉模糊多属性决策模型。文献[152]提出了扩展的直觉模糊 TOPSIS 方法。文献[153]基于一致性方法,构建了直觉模糊多属性群决策模型。文献[154]基于三角直觉模糊数相关关系的多准则决策模型。基于此,文献[155]针对地面作战目标威胁评估指标类型多样和难以量化的问题，提出了多属性威胁指标的量化方法，并统一将指标量化结果转化为直觉模糊集形式。文献[156]考虑了决策者的偏好，研究了目标属性权重未知的威胁评估方法。文献[157]为克服威胁评估方法过分依赖于专家知识的问题，提出了基于直觉模糊层次分析法的空中目标威胁评估方法。文献[158]利用直觉模糊熵计算属性权重，构建了目标威胁评估模型。文献[159]在直觉模糊多属性决策环境下，提出了基于三方决策的目标威胁评估方法。

以上方法均是模糊集理论与多属性决策理论相结合的有益尝试，但对于具有动态、时敏和强对抗性反导作战，现有威胁评估方法仍存在以下不足：一是反导作战环境的高复杂性以及传感器探测性能的局限性，使得战场信息的获取呈现不完备、不确定的特性。基于直觉模糊集的多属性群决策方法用确定的"点值"来表示评估数据，会导致评估结果和客观实际偏差过大。因此，在对弹道目标进行威胁评估时，需将点值数据扩展为区间直觉模糊数，通过探测数据参数平滑化，将误差控制在一定的范围内，以提高威胁评估的准确度和可靠性；二是近年来虽大量区间直觉模糊算子被相继提出，且大多定义在传统的区间直觉模糊运算规则上，忽略了聚合数据间的相互关系，在进行信息融合时，会出现有悖于直观分析结果的现象，无法细致、灵活地反映复杂战场的模糊性本质；三是大部分文献在进行威胁评估时，仅针对当前时刻的信息，忽略了目标信息的时序性，难以得到客观、综合的威胁评估结果；四是尽管现有区间直觉模糊熵形式多样，但在隶属度和非隶属度偏差相等时，存在与直觉事实不相符的情况。

基于以上分析，本章基于代数运算定义新的区间直觉模糊运算规则，提出新型区间直觉模糊算术加权平均(Interval-valued Intuitionistic Fuzzy Weighted Arithmetic Averaging, IVIFWAA)算子和几何加权平均((Interval-valued Intuitionistic Fuzzy Weighted Geometric Averaging, IVIFWGA)算子，并证明其性质。在此基础上，构建基于余弦函数的区间直觉模糊熵-区间直觉模糊加权平均算子-理想解耦合(Interval Valued Intuitionistic Fuzzy Entropy Based on Cosine function-interval Valued Intuitionistic fuzzy Weighted Averaging-technique for Order Preference by Similarity to Ideal Solution，IVIFECF-IVIFWA-TOPSIS)评价模型。该模型综合考虑主观和客观权重，利用新型区间直觉模糊加权融合多目标属性、多时刻和多专家决策信息，得到加权多时刻融合的目标威胁评估结果。仿真实验表明，所提方法可提高反导作战目标威胁估计的可靠性和精确度。

3.2　区间直觉模糊集理论

定义 3.1[164]　设非空集合 $X=\{x_1,x_2,\cdots,x_n\}$，则 X 上的区间直觉模糊集 $\widetilde{A}$ 可表示为

$$\widetilde{A}=\{\langle x,\tilde{\mu}_{\widetilde{A}}(x),\tilde{v}_{\widetilde{A}}(x)\rangle\,|\,x\in X\}$$

式中，$\tilde{\mu}_{\widetilde{A}}(x)\subset[0,1]$ 和 $\tilde{v}_{\widetilde{A}}(x)\subset[0,1]$ 分别是 X 中元素 x 属于 $\widetilde{A}$ 隶属区间和非隶属区间，且对任意 $x\in X$，满足条件 $0\leqslant\sup\tilde{\mu}_{\widetilde{A}}(x)+\sup\tilde{v}_{\widetilde{A}}(x)\leqslant 1$。为便于阐述，可将区间直觉模糊集记为

$$\widetilde{A}=\{\langle x,[\mu_{\widetilde{A}}^{L}(x),\mu_{\widetilde{A}}^{U}(x)],[v_{\widetilde{A}}^{L}(x),v_{\widetilde{A}}^{U}(x)]\rangle\,|\,x\in X\}$$

式中，$\mu_{\tilde{A}}^U(x) + v_{\tilde{A}}^U(x) \leqslant 1, \mu_{\tilde{A}}^L(x) \geqslant 0, v_{\tilde{A}}^L(x) \geqslant 0$。

直觉模糊区间 $\pi_{\tilde{A}}(x)$ 可以表示为

$$\pi_{\tilde{A}}(x) = 1 - \tilde{\mu}_{\tilde{A}}(x) - \tilde{v}_{\tilde{A}}(x) = [1 - \mu_{\tilde{A}}^U(x) - v_{\tilde{A}}^U(x), 1 - \mu_{\tilde{A}}^L(x) - v_{\tilde{A}}^L(x)]$$

通常将 X 中的元素 x 对于 $\tilde{A}$ 的隶属度区间 $[\mu_{\tilde{A}}^L(x), \mu_{\tilde{A}}^U(x)]$ 和非隶属度区间 $[v_{\tilde{A}}^L(x), v_{\tilde{A}}^U(x)]$ 所构成的有序对称 $([\mu_{\tilde{A}}^L(x), \mu_{\tilde{A}}^U(x)], [v_{\tilde{A}}^L(x), v_{\tilde{A}}^U(x)])$ 为区间直觉模糊数。为便于阐述，记 IVIFS(X) 为论域 X 上的区间直觉模糊集；$([a,b],[c,d])$ 为区间直觉模糊数，其中，$[a,b] \subset [0,1], [c,d] \subset [0,1], b+d \leqslant 1$。

定义 3.2[165]　设 $\tilde{A}, \tilde{B} \in$ IVIFS(X)，则

(1) $\tilde{A} \subseteq \tilde{B}$ 当且仅当 $\mu_{\tilde{A}}^L(x) \leqslant \mu_{\tilde{B}}^L(x), \mu_{\tilde{A}}^U(x) \leqslant \mu_{\tilde{B}}^U(x), v_{\tilde{A}}^L(x) \geqslant v_{\tilde{B}}^L(x), v_{\tilde{A}}^U(x) \geqslant v_{\tilde{B}}^U(x)$，$\forall x \in X$；

(2) $\tilde{A} = \tilde{B}$ 当且仅当 $\tilde{A} \subseteq \tilde{B}$ 且 $\tilde{B} \subseteq \tilde{A}$，$\forall x \in X$；

(3) $\tilde{A}^C = \{<x, [v_{\tilde{A}}^L(x), v_{\tilde{A}}^U(x)], [\mu_{\tilde{A}}^L(x), \mu_{\tilde{A}}^U(x)]> | x \in X\}$。

定义 3.3[165]　设 $\tilde{\alpha}_i = ([a_i, b_i], [c_i, d_i])(i = 1, 2, \cdots n)$ 为一组区间直觉模糊数，ω_i 为 $\tilde{\alpha}_i$ 的权重，且 $\omega_i \in [0,1], \sum_{i=1}^{n} \omega_i = 1$。则区间直觉模糊加权平均算子 IFWAA：$\tilde{\Theta}^n \to \tilde{\Theta}$ 和区间直觉模糊加权几何算子 IIFWG：$\tilde{\Theta}^n \to \tilde{\Theta}$ 分别为

$$\text{IIFWA}(\tilde{\alpha}_1, \tilde{\alpha}_2, \cdots, \tilde{\alpha}_n) = \left(\left[1 - \prod_{i=1}^{n}(1-a_i)^{\omega_i}, 1 - \prod_{i=1}^{n}(1-b_i)^{\omega_i} \right], \left[\prod_{i=1}^{n} c_i^{\omega_i}, \prod_{i=1}^{n} d_i^{\omega_i} \right] \right)$$

$$\text{IIFWG}(\tilde{\alpha}_1, \tilde{\alpha}_2, \cdots, \tilde{\alpha}_n) = \left(\left[\prod_{i=1}^{n} a_i^{\omega_i}, \prod_{i=1}^{n} b_i^{\omega_i} \right], \left[1 - \prod_{i=1}^{n}(1-c_i)^{\omega_i}, 1 - \prod_{i=1}^{n}(1-d_i)^{\omega_i} \right] \right)$$

区间直觉模糊信息的聚合结果仍是区间直觉模糊数，因此区间直觉模糊数的排序对模糊决策具有重要意义。得分函数和精确函数是实现区间直觉模糊数排序的经典方法。

定义 3.4[165]　设 $\tilde{\alpha}_1 = ([a_1, b_1], [c_1, d_1])$ 和 $\tilde{\alpha}_2 = ([a_2, b_2], [c_2, d_2])$ 为任意两个区间直觉模糊数。$\tilde{\alpha}_1$ 和 $\tilde{\alpha}_2$ 的得分函数分别为 $s(\tilde{\alpha}_1) = (a_1 - c_1 + b_1 - d_1)/2$ 和 $s(\tilde{\alpha}_2) = (a_2 - c_2 + b_2 - d_2)/2$，$\tilde{\alpha}_1$ 和 $\tilde{\alpha}_2$ 精确函数分别为 $h(\tilde{\alpha}_1) = (a_1 + c_1 + b_1 + d_1)/2$ 和 $h(\tilde{\alpha}_2) = (a_2 + c_2 + b_2 + d_2)/2$，则有

(1) 若 $s(\tilde{\alpha}_1) < s(\tilde{\alpha}_2)$，则 $\tilde{\alpha}_1 < \tilde{\alpha}_2$；

(2) 若 $s(\tilde{\alpha}_1) = s(\tilde{\alpha}_2)$，则 ① 若 $h(\tilde{\alpha}_1) < h(\tilde{\alpha}_2)$，则 $\tilde{\alpha}_1 < \tilde{\alpha}_2$；② 若 $h(\tilde{\alpha}_1) = h(\tilde{\alpha}_2)$，则 $\tilde{\alpha}_1 \sim \tilde{\alpha}_2$。

3.3　新的区间直觉模糊运算规则

定义 3.5[164]　设 $\tilde{\alpha} = ([a,b],[c,d])$，$\tilde{\alpha}_1 = ([a_1, b_1], [c_1, d_1])$ 和 $\tilde{\alpha}_2 = ([a_2, b_2], [c_2, d_2])$ 为区间直觉模糊数，则有

(1) $\tilde{\alpha}_1 + \tilde{\alpha}_2 = ([a_1 + a_2 - a_1 a_2, b_1 + b_2 - b_1 b_2], [c_1 c_2, d_1 d_2])$；

(2) $\tilde{\alpha}_1 \tilde{\alpha}_2 = ([a_1 a_2, b_1 b_2], [c_1 + c_2 - c_1 c_2, d_1 + d_2 - d_1 d_2])$；

(3) $\lambda \tilde{\alpha} = ([1 - (1-a)^{\lambda}, 1 - (1-b)^{\lambda}], [c^{\lambda}, d^{\lambda}])$；

(4) $\tilde{\alpha}^{\lambda} = ([a^{\lambda}, b^{\lambda}], [1 - (1-c)^{\lambda}, 1 - (1-d)^{\lambda}])$。

定义 3.5 给出了区间直觉模糊运算的基本规则。基于这些基本运算规则,可定义大量区间直觉模糊聚合运算,但聚合区间直觉模糊信息的规则并不是唯一的。目前,基于 Einstein 三角模的运算规则和基于隶属度、非隶属度的交互运算规则被相继提出,并用于解决区间直觉模糊多属性决策问题。然而,新的运算与经典运算的关系并不明确,一些交互运算缺失了经典运算所具备的代数性质,对决策分析产生影响。因此,本节基于代数运算提出新的区间直觉模糊运算规则,并深入分析其运算特性。

定义 3.6 设 $\tilde{\alpha}_1 = ([a_1, b_1], [c_1, d_1])$ 和 $\tilde{\alpha}_2 = ([a_2, b_2], [c_2, d_2])$ 为任意两个区间直觉模糊数,加法运算"$\oplus$"和乘法运算"$\otimes$"分别定义为

$$\tilde{\alpha}_1 \oplus \tilde{\alpha}_2 = \left(\left[\frac{a_1 + a_2 - 2a_1 a_2}{1 - a_1 a_2}, \frac{b_1 + b_2 - 2b_1 b_2}{1 - b_1 b_2} \right], \left[\frac{c_1 c_2}{c_1 + c_2 - c_1 c_2}, \frac{d_1 d_2}{d_1 + d_2 - d_1 d_2} \right] \right)$$

$$\tilde{\alpha}_1 \otimes \tilde{\alpha}_2 = \left(\left[\frac{a_1 a_2}{a_1 + a_2 - a_1 a_2}, \frac{b_1 b_2}{b_1 + b_2 - b_1 b_2} \right], \left[\frac{c_1 + c_2 - 2c_1 c_2}{1 - c_1 c_2}, \frac{d_1 + d_2 - 2d_1 d_2}{1 - d_1 d_2} \right] \right)$$

说明 3.1 对于函数 $f(x,y) = \dfrac{x+y-2xy}{1-xy}$ 和函数 $g(x,y) = \dfrac{xy}{x+y-xy}$,可以得到

$$\begin{cases} g(x,y) = 1 - f(1-x, 1-y) \\ f(x,y) = 1 - g(1-x, 1-y) \end{cases}$$

因此,定义 3.6 可以表示为

$$\tilde{\alpha}_1 \oplus \tilde{\alpha}_2 = ([f(a_1, a_2), f(b_1, b_2)], [1 - f(1-c_1, 1-c_2), 1 - f(1-d_1, 1-d_2)])$$

$$\tilde{\alpha}_1 \otimes \tilde{\alpha}_2 = ([g(a_1, a_2), g(b_1, b_2)], [1 - g(1-c_1, 1-c_2), 1 - g(1-d_1, 1-d_2)])$$

说明 3.2 $f(x,y) = \dfrac{x+y-2xy}{1-xy}, g(x,y) = \dfrac{xy}{x+y-xy}$ 分别在 $x=y=1$ 和 $x=y=0$ 的情况下无意义。由于 $\lim\limits_{(x,y) \to (1,1)} f(x,y) = 1$,$\lim\limits_{(x,y) \to (0,0)} g(x,y) = 0$,可以定义:

$$\begin{cases} ([0,0],[1,1]) \oplus ([0,0],[1,1]) = ([0,0],[1,1]) \\ ([1,1],[0,0]) \oplus ([1,1],[0,0]) = ([1,1],[0,0]) \end{cases}$$

图 3.1 和图 3.2 分别给出了函数 f 和 g 的值域。可以看出当 $(x,y) \to (1,1)$ 时,$f(x,y)$ 趋向于 1,当 $(x,y) \to (0,0)$ 时,$g(x,y)$ 趋于 0,表明以上定义是合理的。

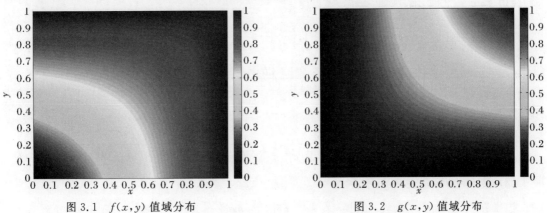

图 3.1 $f(x,y)$ 值域分布   图 3.2 $g(x,y)$ 值域分布

定理 3.1 对于区间直觉模糊数 $\tilde{\alpha}_1 = ([a_1,b_1],[c_1,d_1])$ 和 $\tilde{\alpha}_2 = ([a_2,b_2],[c_2,d_2])$，根据定义 3.6 计算的 $\tilde{\alpha}_1 \oplus \tilde{\alpha}_2$ 和 $\tilde{\alpha}_1 \otimes \tilde{\alpha}_2$ 仍是区间直觉模糊数。

定理 3.2 对于区间直觉模糊数 $\tilde{\alpha}_1 = ([a_1,b_1],[c_1,d_1])$ 和 $\tilde{\alpha}_2 = ([a_2,b_2],[c_2,d_2])$，可以得到

$$\tilde{\alpha}_1 \otimes \tilde{\alpha}_2 = (\tilde{\alpha}_1^c \oplus \tilde{\alpha}_2^c)^c, \quad \tilde{\alpha}_1 \oplus \tilde{\alpha}_2 = (\tilde{\alpha}_1^c \otimes \tilde{\alpha}_2^c)^c$$

式中，$\tilde{\alpha}_1^c = ([c_1,d_1],[a_1,b_1])$，$\tilde{\alpha}_2^c = ([c_2,d_2],[a_2,b_2])$。

证明：由定义 3.6 可得

$$\tilde{\alpha}_1^c \oplus \tilde{\alpha}_2^c = \left(\left[\frac{c_1+c_2-2c_1c_2}{1-c_1c_2}, \frac{d_1+d_2-2d_1d_2}{1-d_1d_2}\right], \left[\frac{a_1a_2}{a_1+a_2-a_1a_2}, \frac{b_1b_2}{b_1+b_2-b_1b_2}\right]\right)$$

$$(\tilde{\alpha}_1^c \oplus \tilde{\alpha}_2^c)^c = \left(\left[\frac{a_1a_2}{a_1+a_2-a_1a_2}, \frac{b_1b_2}{b_1+b_2-b_1b_2}\right], \left[\frac{c_1+c_2-2c_1c_2}{1-c_1c_2}, \frac{d_1+d_2-2d_1d_2}{1-d_1d_2}\right]\right) = \tilde{\alpha}_1 \otimes \tilde{\alpha}_2$$

因此

$$\tilde{\alpha}_1 \otimes \tilde{\alpha}_2 = (\tilde{\alpha}_1^c \oplus \tilde{\alpha}_2^c)^c$$

同理可证

$$\tilde{\alpha}_1 \oplus \tilde{\alpha}_2 = (\tilde{\alpha}_1^c \otimes \tilde{\alpha}_2^c)^c$$

证毕。

定理 3.3 对于区间直觉模糊数 $\tilde{\alpha} = ([a,b],[c,d])$，根据定义 3.6 中的加法运算，可以得到

$$n \odot \tilde{\alpha} = \underbrace{\tilde{\alpha} \oplus \tilde{\alpha} \oplus \cdots \oplus \tilde{\alpha}}_{n} = \left(\left[\frac{na}{1+(n-1)a}, \frac{nb}{1+(n-1)b}\right], \left[\frac{c}{n-(n-1)c}, \frac{d}{n-(n-1)d}\right]\right)$$

证明：运用数学归纳法证明如下：

(1) 当 $n=2$ 时，有

$$\tilde{\alpha} \oplus \tilde{\alpha} = \left(\left[\frac{2a(1-a)}{1-a^2}, \frac{2b(1-b)}{1-b^2}\right], \left[\frac{c^2}{c(2-c)}, \frac{d^2}{d(2-d)}\right]\right) = \left(\left[\frac{2a}{1+a}, \frac{2b}{1+b}\right], \left[\frac{c}{2-c}, \frac{d}{2-d}\right]\right) = \left(\left[\frac{2a}{1+(2-1)a}, \frac{2b}{1+(2-1)b}\right], \left[\frac{c}{2-(2-1)c}, \frac{d}{2-(2-1)d}\right]\right)$$

于是，当 $n=2$ 时，有

$$n \odot \tilde{\alpha} = \underbrace{\tilde{\alpha} \oplus \tilde{\alpha} \oplus \cdots \oplus \tilde{\alpha}}_{n} = \left(\left[\frac{na}{1+(n-1)a}, \frac{nb}{1+(n-1)b}\right], \left[\frac{c}{n-(n-1)c}, \frac{d}{n-(n-1)d}\right]\right)$$

(2) 设 $n=m$，有

$$m \odot \tilde{\alpha} = \underbrace{\tilde{\alpha} \oplus \tilde{\alpha} \oplus \cdots \oplus \tilde{\alpha}}_{m} = \left(\left[\frac{ma}{1+(m-1)a}, \frac{mb}{1+(m-1)b}\right],\right.$$

$$\left[\frac{c}{m-(m-1)c}, \frac{d}{m-(m-1)d}\right]\right)$$

那么

$$(m+1)\odot \tilde{\alpha} = m\tilde{\alpha} \oplus \tilde{\alpha} = \left(\left[\frac{(m+1)a}{1+ma}, \frac{(m+1)b}{1+mb}\right], \left[\frac{c}{m+1-mc}, \frac{d}{m+1-md}\right]\right)=$$
$$\left(\left[\frac{(m+1)a}{1+(m+1-1)a}, \frac{(m+1)b}{1+(m+1-1)b}\right], \left[\frac{c}{m+1-(m+1-1)c}, \frac{d}{m+1-(m+1-1)}\right]\right)$$

即当 $n=m+1$ 时也成立。

因此可以得到：

$$n\odot\tilde{\alpha} = \underbrace{\tilde{\alpha}\oplus\tilde{\alpha}\oplus\cdots\oplus\tilde{\alpha}}_{n} = \left(\left[\frac{na}{1+(n-1)a}, \frac{nb}{1+(n-1)b}\right], \left[\frac{c}{n-(n-1)c}, \frac{d}{n-(n-1)d}\right]\right)$$

证毕。

定理 3.4 对于区间直觉模糊数 $\tilde{\alpha}=([a,b],[c,d])$，根据定义 3.6 中的乘法运算可以得到：

$$\tilde{\alpha}^{\odot n} = \underbrace{\tilde{\alpha}\otimes\tilde{\alpha}\otimes\cdots\otimes\tilde{\alpha}}_{n} = \left(\left[\frac{a}{n-(n-1)a}, \frac{b}{n-(n-1)b}\right], \left[\frac{nc}{1+(n-1)c}, \frac{nd}{1+(n-1)d}\right]\right)$$

证明：由定理 3.2 和定理 3.3 可得：

$$\tilde{\alpha}^{\odot n} = \underbrace{\tilde{\alpha}\otimes\tilde{\alpha}\otimes\cdots\otimes\tilde{\alpha}}_{n} = (\underbrace{\tilde{\alpha}^c\otimes\tilde{\alpha}^c\otimes\cdots\otimes\tilde{\alpha}^c}_{n})^c =$$
$$\left(\left[\frac{nc}{1+(n-1)c}, \frac{nd}{1+(n-1)d}\right], \left[\frac{a}{n-(n-1)a}, \frac{b}{n-(n-1)b}\right]\right)^c =$$
$$\left(\left[\frac{a}{n-(n-1)a}, \frac{b}{n-(n-1)b}\right], \left[\frac{nc}{1+(n-1)c}, \frac{nd}{1+(n-1)d}\right]\right)$$

证毕。

将定理 3.3 和定理 3.4 扩展至任意非负实数 $\lambda\geqslant 0$，可得新的区间直觉模糊运算规则，如定义 3.7。

定义 3.7 对于区间直觉模糊数 $\tilde{\alpha}=([a,b],[c,d])$ 和实数 $\lambda\geqslant 0$，可定义以下运算：

$$\lambda\odot\tilde{\alpha} = \left(\left[\frac{\lambda a}{1+(\lambda-1)a}, \frac{\lambda b}{1+(\lambda-1)b}\right], \left[\frac{c}{\lambda-(\lambda-1)c}, \frac{d}{\lambda-(\lambda-1)d}\right]\right)$$

$$\tilde{\alpha}^{\odot\lambda} = \left(\left[\frac{a}{\lambda-(\lambda-1)a}, \frac{a}{\lambda-(\lambda-1)a}\right], \left[\frac{\lambda c}{1+(\lambda-1)c}, \frac{\lambda d}{1+(\lambda-1)d}\right]\right)$$

说明 3.3 当 $\lambda>1$ 时，分母均不等于 0，因此需重点关注 $0\leqslant\lambda\leqslant 1$ 的情况。设两个函数 $p(x,y)=\frac{xy}{1+(x-1)y}$，$q(x,y)=\frac{y}{x-(x-1)y}$，其中 $0\leqslant x\leqslant 1, 0\leqslant y\leqslant 1$。不难发现 $p(x,y)$ 在 $(0,1)$ 处没有意义，$q(x,y)$ 在 $(0,0)$ 处没有意义。$p(x,y)$ 和 $q(x,y)$ 的取值分布如图 3.3 和图 3.4 所示。可以看到 $\lim_{(x,y)\to(0,1)}p(x,y)$ 和 $\lim_{(x,y)\to(0,0)}q(x,y)$ 不存在。在应用实际中，权值通常很少设为 0，因此这种极端情况可以忽略不计。为了在数学上保持一致，可以设 $0\odot\tilde{\alpha}=([0,0],[1,1])$，$\tilde{\alpha}^{\odot 0}=([1,1],[0,0])$。

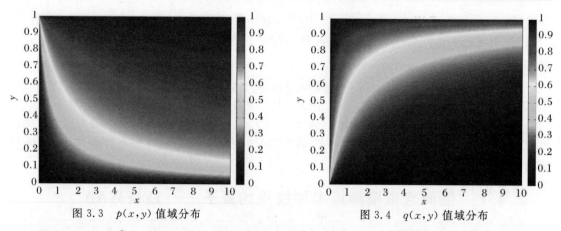

图 3.3 $p(x,y)$ 值域分布　　图 3.4 $q(x,y)$ 值域分布

定理 3.5　设 $\tilde{\alpha}=([a,b],[c,d])$ 为区间直觉模糊数，λ 为非负实数，根据定义 3.7 计算的 $\lambda \odot \tilde{\alpha}$ 和 $\tilde{\alpha}^{\odot \lambda}$ 仍是区间直觉模糊数。

定理 3.6　设 $\tilde{\alpha}=([a,b],[c,d])$ 为区间直觉模糊数，λ 为非负实数，可以得到：
$$\tilde{\alpha}^{\odot \lambda} = (\lambda \odot \tilde{\alpha}^C)^C, \quad \lambda \odot \tilde{\alpha} = ((\tilde{\alpha}^C)^{\odot \lambda})^C$$

证明：由 $\tilde{\alpha}^C = ([c,d],[a,b])$ 可得：
$$(\lambda \odot \tilde{\alpha}^C)^C = \left(\left[\frac{\lambda c}{1+(\lambda-1)c}, \frac{\lambda d}{1+(\lambda-1)d} \right], \left[\frac{a}{\lambda-(\lambda-1)a}, \frac{b}{\lambda-(\lambda-1)b} \right] \right)^C =$$
$$\left(\left[\frac{a}{\lambda-(\lambda-1)a}, \frac{b}{\lambda-(\lambda-1)b}\right], \left[\frac{\lambda c}{1+(\lambda-1)c}, \frac{\lambda d}{1+(\lambda-1)d}\right] \right) = \tilde{\alpha}^{\odot \lambda}$$

因此
$$\tilde{\alpha}^{\odot \lambda} = (\lambda \odot \tilde{\alpha}^C)^C$$

同理可证
$$\lambda \odot \tilde{\alpha} = ((\tilde{\alpha}^C)^{\odot \lambda})^C$$

证毕。

定理 3.7　设 $\tilde{\alpha}_1 = ([a_1,b_1],[c_1,d_1])$ 和 $\tilde{\alpha}_2 = ([a_2,b_2],[c_1,d_1])$ 为区间直觉模糊数，λ，λ_1 和 λ_2 为非负实数，可以得到以下性质：

(1) $(\lambda_1 \odot \tilde{\alpha}_1) \oplus (\lambda_2 \odot \tilde{\alpha}_1) = (\lambda_1 + \lambda_2) \odot \tilde{\alpha}_1$；

(2) $(\lambda \odot \tilde{\alpha}_1) \oplus (\lambda \odot \tilde{\alpha}_2) = \lambda \odot (\tilde{\alpha}_1 \oplus \tilde{\alpha}_2)$；

(3) $\tilde{\alpha}_1^{\odot \lambda_1} \otimes \tilde{\alpha}_1^{\odot \lambda_2} = \tilde{\alpha}_1^{\odot (\lambda_1 + \lambda_2)}$；

(4) $\tilde{\alpha}_1^{\odot \lambda} \otimes \tilde{\alpha}_2^{\odot \lambda} = (\tilde{\alpha}_1 \otimes \tilde{\alpha}_2)^{\odot \lambda}$；

(5) $\lambda_1 \odot (\lambda_2 \odot \tilde{\alpha}_1) = (\lambda_1 \lambda_2) \odot \tilde{\alpha}_1$；

(6) $(\tilde{\alpha}_1^{\odot \lambda_1})^{\odot \lambda_2} = \tilde{\alpha}_1^{\odot (\lambda_1 \lambda_2)}$。

基于定理 3.7，可以得到
$$(\lambda_1 \odot \tilde{\alpha}_1) \oplus \cdots \oplus (\lambda_n \odot \tilde{\alpha}_1) = \bigoplus_{i=1}^{n} (\lambda_i \tilde{\alpha}_1) = \sum_{i=1}^{n} \lambda_i \odot \tilde{\alpha}_1$$
$$(\tilde{\alpha}_1^{\odot \lambda_1}) \otimes \cdots \otimes (\tilde{\alpha}_1^{\odot \lambda_n}) = \bigotimes_{i=1}^{n} (\tilde{\alpha}_1^{\odot \lambda_i}) = \tilde{\alpha}_1^{\odot \sum_{i=1}^{n} \lambda_i}$$

特别地，若 $\sum_{i=1}^{n} \lambda_i = 1$，可得

$$(\lambda_1 \odot \tilde{\alpha}_1) \oplus (\lambda_2 \odot \tilde{\alpha}_1) \oplus \cdots \oplus (\lambda_n \odot \tilde{\alpha}_1) = \tilde{\alpha}_1$$
$$(\tilde{\alpha}_1^{\odot \lambda_1}) \otimes (\tilde{\alpha}_1^{\odot \lambda_2}) \otimes \cdots \otimes (\tilde{\alpha}_1^{\odot \lambda_n}) = \tilde{\alpha}_1$$

3.4 新型区间直觉模糊加权平均算子

从定理 3.1～定理 3.7 可以看出，新的区间直觉模糊运算满足幂等性，这对区间直觉模糊信息的融合至关重要。在此基础上可定义新的区间直觉模糊聚合运算，提出新型 IVIFWAA 算子和 IVIFWGA 算子。

3.4.1 区间直觉模糊算术加权平均算子——IVIFWAA

定义 3.8 设 $\tilde{\alpha}_i = ([a_i, b_i], [c_i, d_i])(i = 1, 2, \cdots, n)$ 为一组区间直觉模糊数，ω_i 为 $\tilde{\alpha}_i$ 的权重，且 $\omega_i \in [0, 1]$，$\sum_{i=1}^{n} \omega_i = 1$。若映射 IVIFWAA：$\tilde{\Theta}^n \to \tilde{\Theta}$ 满足

$$\text{IVIFWAA}(\tilde{\alpha}_1, \tilde{\alpha}_2, \cdots, \tilde{\alpha}_n) = (\omega_1 \odot \tilde{\alpha}_1) \oplus (\omega_2 \odot \tilde{\alpha}_2) \oplus \cdots \oplus (\omega_n \odot \tilde{\alpha}_n)$$

则 IVIFWAA 为区间直觉模糊算术加权平均算子。

特别地，当 $\boldsymbol{\omega} = (1/n, 1/n, \cdots, 1/n)^\mathrm{T}$ 时，可得

$$\text{IVIFWAA}(\tilde{\alpha}_1, \tilde{\alpha}_2, \cdots, \tilde{\alpha}_n) = \left(\frac{1}{n} \odot \tilde{\alpha}_1\right) \oplus \left(\frac{1}{n} \odot \tilde{\alpha}_2\right) \oplus \cdots \oplus \left(\frac{1}{n} \odot \tilde{\alpha}_n\right)$$

由定理 3.7 可得

$$\text{IVIFWAA}(\tilde{\alpha}_1, \tilde{\alpha}_2, \cdots, \tilde{\alpha}_n) = \frac{1}{n} \odot (\tilde{\alpha}_1 \oplus \tilde{\alpha}_2 \oplus \cdots \oplus \tilde{\alpha}_n)$$

定理 3.8 设 $\tilde{\alpha}_i = ([a_i, b_i], [c_i, d_i])(i = 1, 2, \cdots n)$ 为一组区间直觉模糊数，ω_i 为 $\tilde{\alpha}_i$ 的权重，且 $\omega_i \in [0, 1]$，$\sum_{i=1}^{n} \omega_i = 1$，则 $\text{IVIFWAA}(\tilde{\alpha}_1, \tilde{\alpha}_2, \cdots, \tilde{\alpha}_n) = ([a_A^n, b_A^n], [c_A^n, d_A^n])$ 为区间直觉模糊数，其中

$$a_A^n = 1 - \frac{\prod_{i=1}^{n}(1 - a_i)}{\sum_{j=1}^{n}\left(\omega_j \prod_{i=1, i \neq j}^{n}(1 - a_i)\right) - \left(\sum_{j=1}^{n} \omega_j - 1\right)\prod_{i=1}^{n}(1 - a_i)} \quad (3.1)$$

$$b_A^n = 1 - \frac{\prod_{i=1}^{n}(1 - b_i)}{\sum_{j=1}^{n}\left(\omega_j \prod_{i=1, i \neq j}^{n}(1 - b_i)\right) - \left(\sum_{j=1}^{n} \omega_j - 1\right)\prod_{i=1}^{n}(1 - b_i)} \quad (3.2)$$

$$c_A^n = \frac{\prod_{i=1}^{n} c_i}{\sum_{j=1}^{n}\left(\omega_j \prod_{i=1, i \neq j}^{n} c_i\right) - \left(\sum_{j=1}^{n} \omega_j - 1\right)\prod_{i=1}^{n} c_i} \quad (3.3)$$

$$d_A^n = \frac{\prod_{i=1}^{n} d_i}{\sum_{j=1}^{n}\left(\omega_j \prod_{i=1, i \neq j}^{n} d_i\right) - \left(\sum_{j=1}^{n} \omega_j - 1\right)\prod_{i=1}^{n} d_i} \quad (3.4)$$

3.4.2 区间直觉模糊几何加权平均算子——IVIFWGA

定义 3.9 设 $\tilde{\alpha}_i = ([a_i,b_i],[c_i,d_i])(i=1,2,\cdots,n)$ 为一组区间直觉模糊数,ω_i 为 $\tilde{\alpha}_i$ 的权重,且 $\omega_i \in [0,1]$,$\sum\limits_{i=1}^{n}\omega_i = 1$。若映射 IVIFWGA:$\tilde{\Theta}^n \to \tilde{\Theta}$ 满足

$$\text{IVIFWGA}(\tilde{\alpha}_1,\tilde{\alpha}_2,\cdots,\tilde{\alpha}_n) = \tilde{\alpha}_1^{\odot \omega_1} \otimes \tilde{\alpha}_2^{\odot \omega_2} \otimes \cdots \otimes \tilde{\alpha}_n^{\odot \omega_n}$$

则 IVIFWGA 为区间直觉模糊几何加权平均算子。

特别地,当 $\omega = (1/n, 1/n, \cdots, 1/n)^{\text{T}}$ 时,可以得到

$$\text{IVIFWGA}(\tilde{\alpha}_1,\tilde{\alpha}_2,\cdots,\tilde{\alpha}_n) = \tilde{\alpha}_1^{\odot \frac{1}{n}} \otimes \tilde{\alpha}_2^{\odot \frac{1}{n}} \otimes \cdots \otimes \tilde{\alpha}_n^{\odot \frac{1}{n}}$$

由定理 3.7 可得

$$\text{IVIFWGA}(\tilde{\alpha}_1,\tilde{\alpha}_2,\cdots,\tilde{\alpha}_n) = (\tilde{\alpha}_1 \otimes \tilde{\alpha}_2 \otimes \cdots \otimes \tilde{\alpha}_n)^{\odot \frac{1}{n}}$$

定理 3.9 设 $\tilde{\alpha}_i = ([a_i,b_i],[c_i,d_i])(i=1,2,\cdots n)$ 为一组区间直觉模糊数,ω_i 为 $\tilde{\alpha}_i$ 的权重,且 $\omega_i \in [0,1]$,$\sum\limits_{i=1}^{n}\omega_i = 1$,则 $\text{IVIFWGA}(\tilde{\alpha}_1,\tilde{\alpha}_2,\cdots,\tilde{\alpha}_n) = ([a_G^n, b_G^n],[c_G^n, d_G^n])$ 为区间直觉模糊数,式中

$$a_G^n = \frac{\prod\limits_{i=1}^{n} a_i}{\sum\limits_{j=1}^{n}(\omega_j \prod\limits_{i=1,i\neq j}^{n} a_i) - (\sum\limits_{j=1}^{n}\omega_j - 1)\prod\limits_{i=1}^{n} a_i} \tag{3.5}$$

$$b_G^n = \frac{\prod\limits_{i=1}^{n} b_i}{\sum\limits_{j=1}^{n}(\omega_j \prod\limits_{i=1,i\neq j}^{n} b_i) - (\sum\limits_{j=1}^{n}\omega_j - 1)\prod\limits_{i=1}^{n} b_i} \tag{3.6}$$

$$c_G^n = 1 - \frac{\prod\limits_{i=1}^{n}(1-c_i)}{\sum\limits_{j=1}^{n}(\omega_j \prod\limits_{i=1,i\neq j}^{n}(1-c_i)) - (\sum\limits_{j=1}^{n}\omega_j - 1)\prod\limits_{i=1}^{n}(1-c_i)} \tag{3.7}$$

$$d_G^n = 1 - \frac{\prod\limits_{i=1}^{n}(1-d_i)}{\sum\limits_{j=1}^{n}(\omega_j \prod\limits_{i=1,i\neq j}^{n}(1-d_i)) - (\sum\limits_{j=1}^{n}\omega_j - 1)\prod\limits_{i=1}^{n}(1-d_i)} \tag{3.8}$$

基于本节定义的新的区间直觉模糊运算性质,可以推导出 IVIFWAA 和 IVIFWGA 算子具有以下性质:

(1) 幂等性。若区间直觉模糊数均为 $\tilde{\alpha} = ([a,b],[c,d])$,则

$$\text{IVIFWAA}(\tilde{\alpha},\tilde{\alpha},\cdots,\tilde{\alpha}) = (\omega_1 \odot \tilde{\alpha}) \oplus (\omega_2 \odot \tilde{\alpha}) \oplus \cdots \oplus (\omega_n \odot \tilde{\alpha}) = \left(\sum\limits_{i=1}^{n}\omega_i\right) \odot \tilde{\alpha} = \tilde{\alpha}$$

$$\text{IVIFWGA}(\tilde{\alpha},\tilde{\alpha},\cdots,\tilde{\alpha}) = (\tilde{\alpha}^{\odot \omega_1}) \oplus (\tilde{\alpha}^{\odot \omega_2}) \oplus \cdots \oplus (\tilde{\alpha}^{\odot \omega_n}) = \tilde{\alpha}^{\odot \sum_{i=1}^{n} \omega_i} = \tilde{\alpha}$$

(2) 有界性。设

$$\tilde{\alpha}_{\min} = ([\min_{i=1,2,\cdots,n}\{a\}, \min_{i=1,2,\cdots,n}\{b\}], [\max_{i=1,2,\cdots,n}\{c\}, \max_{i=1,2,\cdots,n}\{d\}])$$

$$\tilde{\alpha}_{\max} = ([\max_{i=1,2,\cdots,n}\{a\}, \max_{i=1,2,\cdots,n}\{b\}], [\min_{i=1,2,\cdots,n}\{c\}, \min_{i=1,2,\cdots,n}\{d\}])$$

基于基本运算的单调性可得

$$\tilde{\alpha}_{\min} \leqslant \text{IVIFWAA}(\tilde{\alpha},\tilde{\alpha},\cdots,\tilde{\alpha}) \leqslant \tilde{\alpha}_{\max}$$

$$\tilde{\alpha}_{\min} \leqslant \text{IVIFWGA}(\tilde{\alpha},\tilde{\alpha},\cdots,\tilde{\alpha}_n) \leqslant \tilde{\alpha}_{\max}$$

(3) 单调性。对于两组区间直觉模糊数 $\tilde{\alpha}_1,\tilde{\alpha}_2,\cdots,\tilde{\alpha}_n$ 和 $\tilde{\beta}_1,\tilde{\beta}_2,\cdots,\tilde{\beta}_n$，若 $\tilde{\alpha}_i \leqslant \tilde{\beta}_i, \forall i \in \{1,2,\cdots,n\}$，则由基本运算的单调性可得

$$\text{IVIFWAA}(\tilde{\alpha}_1,\tilde{\alpha}_2,\cdots,\tilde{\alpha}_n) \leqslant \text{IVIFWAA}(\tilde{\beta}_1,\tilde{\beta}_2,\cdots,\tilde{\beta}_n)$$

$$\text{IVIFWGA}(\tilde{\alpha}_1,\tilde{\alpha}_2,\cdots,\tilde{\alpha}_n) \leqslant \text{IVIFWGA}(\tilde{\beta}_1,\tilde{\beta}_2,\cdots,\tilde{\beta}_n)$$

(4) 可交换性。由于本节定义的新的区间直觉模糊运算满足交换率和结合率，因此，IVIFWAA 和 IVIFWGA 也满足交换率，组合结果与组合次序无关。

3.5 基于 IVIFECF-IVIFWA-TOPSIS 的多时刻融合目标威胁评估方法

3.5.1 IVIFECF-IVIFWA-TOPSIS 评价模型

IVIFEC-IVIFWA-TOPSIS 评价模型是区间直觉模糊集理论和动态多属性群决策理论的有效结合。首先，对影响反导目标威胁评估的因素进行多层次分解，建立威胁评估指标体系。其次，综合考虑主、客观权重，提出基于 IVIFECF 的目标属性综合权重模型，并采用泊松分布法求解时间序列权重以处理多时刻态势信息。进一步，为细致反映复杂决策问题的模糊性，以区间直觉模糊数描述决策信息，构建加权区间直觉模糊（Weighted Interval-valued Intuitionistic Fuzzy，WIVIF）决策矩阵，并利用 IVIFWAA/IVIFWGA 算子对多时刻、多决策者的决策信息进行聚合，结合时间序列权重，确定动态多时刻融合 WIVIF 决策矩阵。最后，基于改进 TOPSIS 法对区间直觉模糊数进行排序，得到威胁评估结果。IVIFECF-IVIFWA-TOPSIS 评价模型流程图如图 3.5 所示。

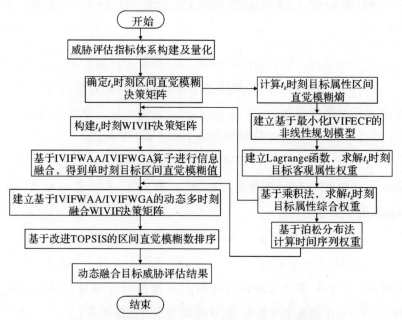

图 3.5　IVIFECF-IVIFWA-TOPSIS 评价模型流程图

3.5.2　反导动态融合目标威胁评估问题描述

反导动态融合目标威胁评估根据多名专家对多个时刻各来袭目标的属性值进行量化、评估和排序，为火力分配提供依据，是典型的动态多属性群决策问题。每个威胁目标可看作一个备选方案，设有 m 个来袭目标构成方案集 $X=\{x_i\mid,\mid i=1,2,\cdots,m\}$；目标信息选择 p 个时间点采集数据，时间序列为 $T=\{t_k\mid k=1,2,\cdots,p\}$；每个目标有 n 个属性，记属性集为 $C=\{c_j\mid j=1,2,\cdots,n\}$；决策者集为 $D=\{D_s\mid s=1,2,\cdots,q\}$，每个决策者的权重为 λ_s，$\sum_{s=1}^{q}\lambda_s=1$。决策者 D_s 在 t_k 时刻的 IVIF 决策矩阵记为 $\boldsymbol{F}^s(t_k)=(f_{ij}^s(t_k))_{m\times n}$。

$$\boldsymbol{F}^s(t_k)=(f_{ij}^s(t_k))_{m\times n}=\begin{array}{c}\\x_1\\x_2\\\vdots\\x_m\end{array}\begin{array}{c}c_1\quad\quad c_2\quad\quad\cdots\quad\quad c_n\\\left[\begin{array}{cccc}f_{11}^s(t_k) & f_{12}^s(t_k) & \cdots & f_{1n}^s(t_k)\\f_{21}^s(t_k) & f_{22}^s(t_k) & \cdots & f_{1n}^s(t_k)\\\vdots & \vdots & & \vdots\\f_{m1}^s(t_k) & f_{m2}^s(t_k) & \cdots & f_{mn}^s(t_k)\end{array}\right]\end{array}$$

式中，$f_{ij}^s(t_k)=([\mu_{ij}^{L(s)}(t_k),\mu_{ij}^{U(s)}(t_k)],[v_{ij}^{L(s)}(t_k),v_{ij}^{U(s)}(t_k)])$ 为决策者 D_s 在 t_k 时刻依据属性 c_j 对目标 x_i 的评估信息。$[\mu_{ij}^{L(s)}(t_k),\mu_{ij}^{U(s)}(t_k)]\subset[0,1]$ 表示决策者 D_s 判断目标 x_i 在 t_k 时刻满足属性 c_j 的隶属度区间；$[v_{ij}^{L(s)}(t_k),v_{ij}^{U(s)}(t_k)]\subset[0,1]$ 表示决策者 D_s 判断目标 x_i 在 t_k 时刻不满足属性 c_j 的非隶属度区间，且 $\mu_{ij}^U(t_k)+v_{ij}^U(t_k)\leqslant 1$。

3.5.3 反导作战目标威胁评估指标体系

1. 威胁评估指标体系构建

弹道导弹的目标特征可以采用多种指标进行描述。本节根据反导防御系统传感器对来袭弹道目标的探测信息,从目标状态、目标特性和要地特性三方面入手,考虑目标速度、距离、雷达截面积(Radar Cross Section,RCS)、干扰强度、要地防御能力等 5 个属性作为二级指标威胁因子,以此构建反导作战目标威胁评估指标体系,如图 3.6 所示。

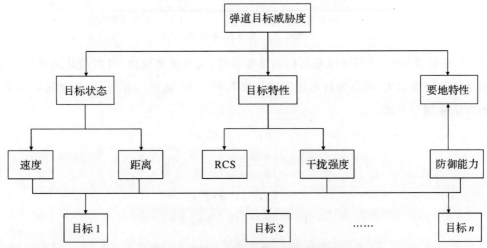

图 3.6 反导作战目标威胁评估指标体系

2. 威胁评估指标量化

本节根据弹道导弹目标群的属性特点以及评价指标的类型,采用半 S 形分布、半 Z 形分布及 G. A. Miller 9 级理论对各威胁评估指标进行量化。

(1) 目标距离、RCS 属性。目标与我保卫要地的距离越近,到达我阵地航路捷径轴线的时间越短,则目标的威胁程度就越大;RCS 作为隐身性能的衡量指标,目标 RCS 越小,雷达发现目标的概率越低,目标威胁程度越大。因此,可认为目标距离、RCS 属性服从半 S 形分布,如图 3.7 所示。其隶属度和非隶属度求解方法分别见下式:

$$\mu(x) = \begin{cases} 1, & x \leqslant a \\ \dfrac{b-x}{b-a}, & a < x \leqslant b \\ 0, & b < x \end{cases} \tag{3.9}$$

$$v(x) = \begin{cases} 0, & x \leqslant a \\ 2\left[\dfrac{x-a}{b-a}\right]^2, & a < x \leqslant \dfrac{a+b}{2} \\ 1-2\left[\dfrac{x-a}{b-a}\right]^2, & \dfrac{a+b}{2} < x \leqslant b \\ 1, & b < x \end{cases} \tag{3.10}$$

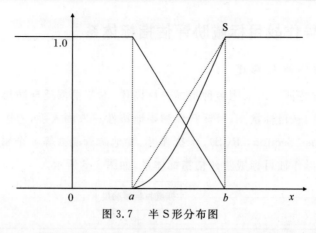

图 3.7 半 S 形分布图

(2) 目标速度属性。飞行速度是目标的重要属性,飞行速度越快,可拦截时间窗口越小,对我方要地威胁程度越大,可认为目标速度服从半 Z 形分布,如图 3.8 所示。其隶属度和非隶属度求解方法分别见下式。

$$\mu(x) = \begin{cases} 0, & x \leqslant a \\ \dfrac{x-a}{b-a}, & a < x \leqslant b \\ 1, & b < x \end{cases} \tag{3.11}$$

$$v(x) = \begin{cases} 1, & x \leqslant a \\ 1 - 2\left[\dfrac{x-a}{b-a}\right]^2, & a < x \leqslant \dfrac{a+b}{2} \\ 2\left[\dfrac{x-a}{b-a}\right]^2, & \dfrac{a+b}{2} < x \leqslant b \\ 0, & b < x \end{cases} \tag{3.12}$$

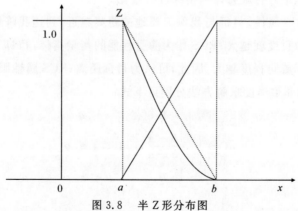

图 3.8 半 Z 形分布图

(3) 目标干扰强度、要地防御能力属性。目标干扰强度越强,其突防能力越强,反导防御系统拦截难度越大,目标威胁度越大;要地防御能力与我方的武器系统作战能力、作战部署密切相关,要地防护能力越强,目标威胁度越小。以上两个指标为定性指标,可采用 G. A. Miller 9 级量化理论进行量化描述,量化结果与区间直觉模糊数对应关系见表 3.1。

表 3.1　9 级量化结果与区间直觉模糊数对应关系

威胁程度	标记形式	区间直觉模糊数
极大	EB	([0.9,0.9],[0.1,0.1])
非常大	VB	([0.8,0.9],[0.1,0.1])
大	B	([0.7,0.8],[0.2,0.2])
较大	MB	([0.6,0.7],[0.2,0.3])
一般	M	([0.5,0.5],[0.3,0.4])
比较小	MS	([0.4,0.5],[0.3,0.4])
小	S	([0.3,0.4],[0.1,0.1])
非常小	VS	([0.2,0.3],[0.5,0.6])
极小	ES	([0.1,0.2],[0.6,0.7])

3.5.4　基于 IVIFECF 的目标属性综合权重模型

在多名决策者参与的动态多时刻融合目标威胁评估多属性群决策过程中，需综合考虑目标各属性差异导致的客观权重和由决策者主观经验、知识结构所造成的主观权重，求解计算出目标属性综合权重。

决策熵值法是典型的客观权重确定方法，可表示目标属性的相对重要程度。区间直觉模糊熵越小表示信息的不确定性越大，对应方案的权值应越大。现有关于区间直觉模糊熵的测量方法，在隶属度和非隶属度偏差相等时，存在与直觉事实不相符的情况。为克服该问题，本节提出基于 IVIFECF 的目标属性综合权重模型。首先定义 IVIFECF 并验证其有效性。

定义 3.10　设 $\widetilde{A} \in \mathrm{IVIFS}(X)$，则基于余弦函数的区间直觉模糊熵 $E(\widetilde{A})$ 可定义为

$$E(\widetilde{A}) = \frac{1}{m}\sum_{i=1}^{m}\cos\left[\frac{\frac{1}{2}|\mu_{\widetilde{A}}^{L}(x_i) - v_{\widetilde{A}}^{L}(x_i) + \mu_{\widetilde{A}}^{U}(x_i) - v_{\widetilde{A}}^{U}(x_i)|}{2\left\{1 + \frac{1}{2}[\pi_{\widetilde{A}}^{L}(x_i) + \pi_{\widetilde{A}}^{U}(x_i)]\right\}}\pi\right] \tag{3.13}$$

定理 3.10　基于余弦函数的区间直觉模糊熵 $E(\widetilde{A})$ 具有如下性质：

(1) $E(\widetilde{A}) = 0$，当且仅当 $\widetilde{A}$ 为经典集；

(2) 当 $\forall x_i \in X, \widetilde{\mu}_A(x_i) = \widetilde{v}_A(x_i)$ 时，$E(\widetilde{A}) = 1$；

(3) 对 $\forall x_i \in \mathrm{IVIFS}(X), E(\widetilde{A}) = E(\widetilde{A}^C)$。

证明：(1) 若 $\widetilde{A}$ 为经典集，则 $\mu_{\widetilde{A}}^{L}(x_i) = \mu_{\widetilde{A}}^{U}(x_i) = 1$，$v_{\widetilde{A}}^{L}(x_i) = v_{\widetilde{A}}^{U}(x_i) = 0$ 且 $\pi_{\widetilde{A}}^{L}(x_i) = \pi_{\widetilde{A}}^{U}(x_i) = 0$；或者 $\mu_{\widetilde{A}}^{L}(x_i) = \mu_{\widetilde{A}}^{U}(x_i) = 0$，$v_{\widetilde{A}}^{L}(x_i) = v_{\widetilde{A}}^{U}(x_i) = 1$ 且 $\pi_{\widetilde{A}}^{L}(x_i) = \pi_{\widetilde{A}}^{U}(x_i) = 0$。因此，$E(\widetilde{A}) = 0$。

(2) 当 $\mu_{\widetilde{A}}^{L}(x_i) = v_{\widetilde{A}}^{L}(x_i)$ 且 $\mu_{\widetilde{A}}^{U}(x_i) = v_{\widetilde{A}}^{U}(x_i)$ 时，$E(\widetilde{A}) = \frac{1}{n}\sum_{i=1}^{n}\cos 0° = 1$。

(3) $\widetilde{A}^C = ([v_{\widetilde{A}}^L(x_i), v_{\widetilde{A}}^U(x_i)], [\mu_{\widetilde{A}}^L(x_i), \mu_{\widetilde{A}}^U(x_i)])$,显然有 $E(\widetilde{A}) = E(\widetilde{A}^C)$。

例 3.1 $\widetilde{A} = ([0.5, 0.5], [0.3, 0.3])$,$\widetilde{B} = ([0.6, 0.6], [0.4, 0.4])$ 是论域 X 上的两个区间直觉模糊集。显然,$\widetilde{A}$ 的模糊程度大于 $\widetilde{B}$,由式(3.13)可得:

$$E(\widetilde{A}) = \cos\left\{\frac{|0.5 - 0.3 + 0.5 - 0.3|}{4 \times \left[1 + \frac{1}{2} \times (1 - 0.5 - 0.3 + 1 - 0.5 - 0.3)\right]}\pi\right\} = 0.966$$

$$E(\widetilde{B}) = \cos\left\{\frac{|0.6 - 0.4 + 0.6 - 0.4|}{4 \times \left[1 + \frac{1}{2}(1 - 0.6 - 0.4 + 1 - 0.6 - 0.4)\right]}\pi\right\} = 0.951$$

$E(\widetilde{A}) > E(\widetilde{B})$,结果与直觉相符。

表 3.2 给出了不同熵权法对例 3.1 的计算结果。可以看出,本节提出的基于余弦函数的区间直觉模糊熵能够有效刻画模糊集的不确定程度,克服了现有熵值法在隶属度和非隶属度偏差相等时出现与直觉不符的问题。

表 3.2 不同熵权法对例 3.1 的计算结果

方 法	熵 值	比较结果
文献[161]方法	$E_1(\widetilde{A}) = 0.800, E_1(\widetilde{B}) = 0.800$	$E(\widetilde{A}) = E(\widetilde{B})$
文献[162]方法	$E_2(\widetilde{A}) = 0.958, E_2(\widetilde{B}) = 0.958$	$E(\widetilde{A}) = E(\widetilde{B})$
本节方法	$E_2(\widetilde{A}) = 0.966, E_2(\widetilde{B}) = 0.951$	$E(\widetilde{A}) > E(\widetilde{B})$

在此基础上,建立基于最小化 IVIFECF 的非线性规划模型,以求解出目标属性客观权重,步骤如下:

步骤 1 确定 t_k 时刻的区间直觉模糊决策矩阵:

$$\boldsymbol{R}(t_k) = ([\mu_{ij}^L(t_k), \mu_{ij}^U(t_k)], [v_{ij}^L(t_k), v_{ij}^U(t_k)])_{m \times n}$$

步骤 2 根据式(3.13)计算 t_k 时刻的目标属性区间直觉模糊熵:

$$E^j(t_k) = \frac{1}{n}\sum_{i=1}^m \cos\left\{\frac{\frac{1}{2}|\mu_{ij}^L(t_k) - v_{ij}^L(t_k) + \mu_{ij}^U(t_k) - v_{ij}^U(t_k)|}{2\left\{1 + \frac{1}{2}[\pi_{ij}^L(t_k) + \pi_{ij}^U(t_k)]\right\}}\pi\right\}$$

步骤 3 建立基于最小化 IVIFECF 的非线性规划模型,即

$$\min \sum_{j=1}^n [\omega_j^{(1)}(t_k)]^2 E^j(t_k)$$

即

$$\left.\begin{aligned}\sum_{j=1}^n \omega_j^{(1)}(t_k) &= 1 \\ \omega_j^{(1)}(t_k) &\geqslant 0\end{aligned}\right\} \quad (3.14)$$

式中,$\omega_j^{(1)}(t_k)$ 是 t_k 时刻的目标客观属性权重值。

步骤 4 求解目标客观属性权重 $\boldsymbol{\omega}^{(1)}(t_k) = (\omega_1^{(1)}(t_k), \omega_2^{(1)}(t_k), \cdots, \omega_n^{(1)}(t_k))$。

对式(3.14)建立拉格朗日函数

$$L(\boldsymbol{\omega},\lambda) = \sum_{j=1}^{n}(\omega_j^{(1)}(t_k))^2 E_j(t_k) + 2\lambda(\sum_{j=1}^{n}\omega_j^{(1)}(t_k) - 1)$$

分别对 $\omega_j^{(1)}(t_k)$ 和 λ 求导,并等于 0,得

$$\left. \begin{array}{l} \dfrac{\partial L(\boldsymbol{\omega},\lambda)}{\partial \omega_j^{(1)}(t_k)} = 2\omega_j^{(1)}(t_k) \cdot E^j(t_k) + 2\lambda = 0 \\ \dfrac{\partial L(\boldsymbol{\omega},\lambda)}{\partial \lambda} = 2\Big[\sum_{j=1}^{n}\omega_j^{(1)}(t_k) - 1\Big] = 0 \end{array} \right\} \quad (3.15)$$

求解式(3.15)得到 t_k 时刻的目标客观属性权重为

$$\omega_j^{(1)}(t_k) = \frac{[E_j(t_k)]^{-1}}{\sum_{j=1}^{n}[E_j(t_k)]^{-1}} \quad (3.16)$$

步骤 5 设决策者 D_s 的主观权重向量为 $\boldsymbol{\Omega} = \{\omega_j^{s(2)} \mid j=1,2,\cdots,n, s=1,2,\cdots,q\}$,其中 $\omega_j^{s(2)} \in [0,1]$,$\sum_{j=1}^{n}\omega_j^{s(2)} = 1$,利用乘积法求得决策者 D_s 在 t_k 时刻的目标属性综合权重,即

$$\omega_j^s(t_k) = \frac{\omega_j^{(1)}(t_k)\omega_j^{s(2)}(t_k)}{\sum_{j=1}^{m}\omega_j^{(1)}(t_k)\omega_j^{s(2)}(t_k)} \quad (3.17)$$

3.5.5 基于泊松分布法的时间序列权重模型

在反导作战中,目标的威胁程度会随着时间和战场态势的变化动态改变。为提高目标威胁评估的准确度,不仅需要考虑当前时刻的目标信息,而且还需要兼顾时间序列的不同时间点。在实际反导作战中,越接近当前时刻,目标信息的获取对威胁评估的结果影响越大。因此,选取当前 p 时刻和之前 $p-1$ 个时刻所采集的目标信息,利用泊松分布法逆形式求解时间序列权重 $\boldsymbol{\eta} = (\eta_1, \eta_2, \cdots, \eta_p)$,即

$$\eta_k = \frac{k!/\varphi^k}{\sum_{j=1}^{m}(k!/\varphi^k)} \quad (3.18)$$

式中,$\eta_k \geqslant 0$,且满足 $\sum_{k=1}^{p}\eta_k = 0$;$0 < \varphi < 2$。

3.5.6 基于 IVIFWAA/IVIFWGA 算子的多源信息聚合

不确定环境下的反导动态目标威胁评估,需根据目标属性综合权重计算结果,在确定决策者 D_s 在 t_k 时刻的 WIVIF 决策矩阵 $\boldsymbol{R}_s(t_k)$ 的基础上,分别针对多目标属性、多时刻、多专家的决策信息进行三次区间直觉模糊信息聚合。本节提出的 IVIFWAA 和 IVIFWGA 算子具有幂等性、有界性、单调性和可交换性等代数特性,在信息融合中具有重要优势。因此,本节采用 IVIFWAA/IVIFWGA 算子对多源信息进行聚合。

设决策者 D_s 在 t_k 时刻的 WIVIF 决策矩阵记为 $\boldsymbol{R}^s(t_k) = (r_{ij}^s(t_k))_{m \times n}$,即

$$\boldsymbol{R}^s(t_k) = (r_{ij}^s(t_k))_{m \times n} = \begin{matrix} & c_1 & c_2 & \cdots & c_n \\ x_1 \\ x_2 \\ \vdots \\ x_m \end{matrix} \begin{bmatrix} r_{11}^s(t_k) & r_{12}^s(t_k) & \cdots & r_{1n}^s(t_k) \\ r_{21}^s(t_k) & r_{22}^s(t_k) & \cdots & r_{1n}^s(t_k) \\ \vdots & \vdots & & \vdots \\ r_{m1}^s(t_k) & r_{m2}^s(t_k) & \cdots & r_{mn}^s(t_k) \end{bmatrix}$$

式中

$$r_{ij}^s(t_k) = ([1-(1-\mu_{ij}^{L(s)}(t_k))^{\omega_j^s(t_k)}, 1-(1-\mu_{ij}^{U(s)}(t_k))^{\omega_j^s(t_k)}], [v_{ij}^{L(s)}(t_k)^{\omega_j^s(t_k)}, v_{ij}^{U(s)}(t_k)^{\omega_j^s(t_k)}])$$
(3.19)

在确定 WIVIF 决策矩阵后,对各决策者使用 IVIFWAA/IVIFWGA 算子对各目标在所有属性下的评估结果进行聚合,可以得到各决策者 t_k 时刻对所有目标的评估结果:

$$\boldsymbol{R}(t_k) = (r_{ij}^s(t_k))_{m \times n} = \begin{matrix} & D_1 & D_2 & \cdots & D_q \\ x_1 \\ x_2 \\ \vdots \\ x_m \end{matrix} \begin{bmatrix} r_1^1(t_k) & r_1^2(t_k) & \cdots & r_1^q(t_k) \\ r_2^1(t_k) & r_2^2(t_k) & \cdots & r_2^q(t_k) \\ \vdots & \vdots & & \vdots \\ r_m^1(t_k) & r_m^2(t_k) & \cdots & r_m^q(t_k) \end{bmatrix}$$

若运用 IVIFWAA 算子进行聚合,可得

$$r_i^s(t_k) = ([\mu_i^{L(s)}(t_k), \mu_i^{U(s)}(t_k)], [v_i^{L(s)}(t_k), v_i^{U(s)}(t_k)]) = \text{IVIFWAA}(r_{i1}^s(t_k), r_{i2}^s(t_k), \cdots, r_{in}^s(t_k))$$

式中

$$\mu_i^{L(s)}(t_k) = 1 - \frac{\prod_{j=1}^n (1-\mu_{ij}^{L(s)}(t_k))}{\sum_{i=1}^n \{\omega_i^s(t_k) \prod_{i=1,i \neq j}^n [1-\mu_{ij}^{L(s)}(t_k)]\} - [\sum_{i=1}^n \omega_i^s(t_k) - 1] \prod_{j=1}^n [1-\mu_{ij}^{L(s)}(t_k)]} \quad (3.20)$$

$$\mu_i^{U(s)}(t_k) = 1 - \frac{\prod_{j=1}^n [1-\mu_{ij}^{U(s)}(t_k)]}{\sum_{i=1}^n \{\omega_i^s(t_k) \prod_{i=1,i \neq j}^n [1-\mu_{ij}^{U(s)}(t_k)]\} - [\sum_{i=1}^n \omega_i^s(t_k) - 1] \prod_{j=1}^n \{1-[1-\mu_{ij}^{U(s)}(t_k)]\}}$$
(3.21)

$$v_i^{L(s)}(t_k) = \frac{\prod_{j=1}^n v_{ij}^{L(s)}(t_k)}{\sum_{i=1}^n [\omega_i^s(t_k) \prod_{i=1,i \neq j}^n v_{ij}^{L(s)}(t_k)] - [\sum_{i=1}^n \omega_i^s(t_k) - 1] \prod_{j=1}^n v_{ij}^{L(s)}(t_k)} \quad (3.22)$$

$$v_i^{U(s)}(t_k) = \frac{\prod_{j=1}^n v_{ij}^{U(s)}(t_k)}{\sum_{i=1}^n [\omega_i^s(t_k) \prod_{i=1,i \neq j}^n v_{ij}^{U(s)}(t_k)] - [\sum_{i=1}^n \omega_i^s(t_k) - 1] \prod_{j=1}^n v_{ij}^{U(s)}(t_k)} \quad (3.23)$$

若使用 IVIFWGA 算子进行集成,可得

$$r_i^s(t_k) = ([\mu_i^{L(s)}(t_k), \mu_i^{U(s)}(t_k)], [v_i^{L(s)}(t_k), v_i^{U(s)}(t_k)]) = \text{IVIFWGA}(r_{i1}^s(t_k), r_{i2}^s(t_k), \cdots, r_{in}^s(t_k))$$

式中,

$$\mu_i^{L(s)}(t_k) = \frac{\prod\limits_{j=1}^{n}\mu_{ij}^{L(s)}(t_k)}{\sum\limits_{i=1}^{n}\left[\omega_i^s(t_k)\prod\limits_{i=1,i\neq j}^{n}\mu_{ij}^{L(s)}(t_k)\right]-\left[\sum\limits_{i=1}^{n}\omega_i^s(t_k)-1\right]\prod\limits_{j=1}^{n}\mu_{ij}^{L(s)}(t_k)} \quad (3.24)$$

$$\mu_i^{U(s)}(t_k) = \frac{\prod\limits_{j=1}^{n}\mu_{ij}^{U(s)}(t_k)}{\sum\limits_{i=1}^{n}\left[\omega_i^s(t_k)\prod\limits_{i=1,i\neq j}^{n}\mu_{ij}^{U(s)}(t_k)\right]-\left[\sum\limits_{i=1}^{n}\omega_i^s(t_k)-1\right]\prod\limits_{j=1}^{n}\mu_{ij}^{U(s)}(t_k)} \quad (3.25)$$

$$v_i^{L(s)}(t_k) = 1 - \frac{\prod\limits_{j=1}^{n}[1-v_{ij}^{L(s)}(t_k)]}{\sum\limits_{i=1}^{n}\left\{\omega_i^s(t_k)\prod\limits_{i=1,i\neq j}^{n}[1-v_{ij}^{L(s)}(t_k)]\right\}-\left[\sum\limits_{i=1}^{n}\omega_i^s(t_k)-1\right]\prod\limits_{j=1}^{n}[1-v_{ij}^{L(s)}(t_k)]} \quad (3.26)$$

$$v_i^{U(s)}(t_k) = 1 - \frac{\prod\limits_{j=1}^{n}[1-v_{ij}^{U(s)}(t_k)]}{\sum\limits_{i=1}^{n}\left\{\omega_i^s(t_k)\prod\limits_{i=1,i\neq j}^{n}[1-v_{ij}^{U(s)}(t_k)]\right\}-\left[\sum\limits_{i=1}^{n}\omega_i^s(t_k)-1\right]\prod\limits_{j=1}^{n}[1-v_{ij}^{U(s)}(t_k)]} \quad (3.27)$$

进一步,使用IVIFWAA/IVIFWGA算子对所有决策者对同一目标的评估结果进行聚合,得到t_k时刻目标x_i的评估结果$Z_i(t_k)(i=1,2,\cdots,m)$。

若运用IVIFWAA算子进行聚合,可得

$$Z_i(t_k) = ([\mu_i^L(t_k),\mu_i^U(t_k)],[v_i^L(t_k),v_i^U(t_k)]) = \text{IVIFWAA}(r_i^1(t_k),r_i^2(t_k),\cdots,r_i^q(t_k))$$

式中

$$\mu_i^L(t_k) = 1 - \frac{\prod\limits_{s=1}^{q}[1-\mu_i^{L(s)}(t_k)]}{\sum\limits_{j=1}^{q}\left\{\lambda_j\prod\limits_{s=1,s\neq j}^{q}[1-\mu_i^{L(s)}(t_k)]\right\}-\left[\sum\limits_{s=1}^{q}\lambda_s-1\right]\prod\limits_{s=1}^{q}[1-\mu_i^{L(s)}(t_k)]} \quad (3.28)$$

$$\mu_i^U(t_k) = 1 - \frac{\prod\limits_{s=1}^{q}[1-\mu_i^{U(s)}(t_k)]}{\sum\limits_{j=1}^{q}\left\{\lambda_j\prod\limits_{s=1,s\neq j}^{q}[1-\mu_i^{U(s)}(t_k)]\right\}-\left[\sum\limits_{s=1}^{q}\lambda_s-1\right]\prod\limits_{s=1}^{q}[1-\mu_i^{U(s)}(t_k)]} \quad (3.29)$$

$$v_i^L(t_k) = \frac{\prod\limits_{s=1}^{q}v_i^{L(s)}(t_k)}{\sum\limits_{j=1}^{q}\left[\lambda_j\prod\limits_{s=1,s\neq j}^{q}v_i^{L(s)}(t_k)\right]-\left[\sum\limits_{s=1}^{q}\lambda_s-1\right]\prod\limits_{s=1}^{q}v_i^{L(s)}(t_k)} \quad (3.30)$$

$$v_i^U(t_k) = \frac{\prod\limits_{s=1}^{q}v_i^{U(s)}(t_k)}{\sum\limits_{j=1}^{q}\left[\lambda_j\prod\limits_{s=1,s\neq j}^{q}v_i^{U(s)}(t_k)\right]-\left[\sum\limits_{s=1}^{q}\lambda_s-1\right]\prod\limits_{s=1}^{q}v_i^{U(s)}(t_k)} \quad (3.31)$$

若运用IVIFWGA算子进行聚合,可得

$$Z_i(t_k) = ([\mu_i^L(t_k),\mu_i^U(t_k)],[v_i^L(t_k),v_i^U(t_k)]) = \text{IVIFWGA}(r_i^1(t_k),r_i^2(t_k),\cdots,r_i^q(t_k))$$

式中

$$\mu_i^L(t_k) = \frac{\prod\limits_{s=1}^{q} \mu_i^{L(s)}(t_k)}{\sum\limits_{j=1}^{q}\left[\lambda_j \prod\limits_{s=1,s\neq j}^{q} \mu_i^{L(s)}(t_k)\right] - \left[\sum\limits_{s=1}^{q}\lambda_s - 1\right]\prod\limits_{s=1}^{q} \mu_i^{L(s)}(t_k)} \tag{3.32}$$

$$\mu_i^U(t_k) = \frac{\prod\limits_{s=1}^{q} \mu_i^{U(s)}(t_k)}{\sum\limits_{j=1}^{q}\left[\lambda_j \prod\limits_{s=1,s\neq j}^{q} \mu_i^{U(s)}(t_k)\right] - \left[\sum\limits_{s=1}^{q}\lambda_s - 1\right]\prod\limits_{s=1}^{q} \mu_i^{U(s)}(t_k)} \tag{3.33}$$

$$v_i^L(t_k) = 1 - \frac{\prod\limits_{s=1}^{q}[1 - v_i^{L(s)}(t_k)]}{\sum\limits_{j=1}^{q}\left\{\lambda_j \prod\limits_{s=1,s\neq j}^{q}[1 - v_i^{L(s)}(t_k)]\right\} - \left[\sum\limits_{s=1}^{q}\lambda_s - 1\right]\prod\limits_{s=1}^{q}[1 - v_i^{L(s)}(t_k)]} \tag{3.34}$$

$$v_i^U(t_k) = 1 - \frac{\prod\limits_{s=1}^{q}(1 - v_i^{U(s)}(t_k))}{\sum\limits_{j=1}^{q}\left\{\lambda_j \prod\limits_{s=1,s\neq j}^{q}[1 - v_i^{U(s)}(t_k)]\right\} - \left[\sum\limits_{s=1}^{q}\lambda_s - 1\right]\prod\limits_{s=1}^{q}[1 - v_i^{U(s)}(t_k)]} \tag{3.35}$$

根据式(3.20)～式(3.35)，可实现多目标属性、多时刻、多决策者的区间直觉模糊信息聚合，为动态融合目标威胁评估奠定基础。

3.5.7 基于改进 TOPSIS 的区间直觉模糊数排序

由于使用 IVIFWAA/IVIFWGA 算子聚合后得到的数据仍是区间直觉模糊数，要得到来袭目标的威胁排序，需比较区间直觉模糊数的大小。文献[169]验证了基于 TOPSIS 的区间直觉模糊数排序法具有较高的区分能力。为提高决策结果的区分度和辨别能力，本节在文献[169]的基础上，考虑犹豫度对距离度量的影响，提出改进的区间直觉模糊数距离度量模型。

定义 3.11 设 $\tilde{\alpha} = ([a_1,b_1],[c_1,d_1])$，$\tilde{\beta} = ([a_2,b_2],[c_2,d_2])$ 为两个区间直觉模糊数，则改进的区间直觉模糊数距离度量模型可定义为

$$d(\tilde{\alpha},\tilde{\beta}) = \sqrt{\frac{1}{4}\left[(a_1-a_2)^2 + (b_1-b_2)^2 + (c_1-c_2)^2 + (d_1-d_2)^2 + (a_1+c_1-a_2-c_2)^2 + (b_1+d_1-b_2-d_2)^2\right]}$$

在动态多时刻融合 WIVIF 决策矩阵 $H = ([\mu_{ik}^L,\mu_{ik}^U],[v_{ik}^L,v_{ik}^U])_{m\times p}$ 中，正理想解为所有目标中各属性威胁度最大的解，负理想解为威胁度最小的解。

H 的正理想解为

$$h^+ = (([\mu_1^{L+},\mu_1^{U+}],[v_1^{L+},v_1^{U+}]),([\mu_2^{L+},\mu_2^{U+}],[v_2^{L+},v_2^{U+}]),\cdots,([\mu_p^{L+},\mu_p^{U+}],[v_p^{L+},v_p^{U+}]))$$

式中

$$\begin{cases}\mu_k^{L+} = \max\limits_{1\leqslant i\leqslant m}\{\mu_{ik}^L\}, \mu_k^{U+} = \max\limits_{1\leqslant i\leqslant m}\{\mu_{ik}^U\} \\ v_k^{L+} = \min\limits_{1\leqslant i\leqslant m}\{v_{ik}^L\}, v_k^{U+} = \min\limits_{1\leqslant i\leqslant m}\{v_{ik}^U\}\end{cases}$$

H 的负理想解为

$$h^- = (([\mu_1^{L-},\mu_1^{U-}],[v_1^{L-},v_1^{U-}]),([\mu_2^{L-},\mu_2^{U-}],[v_2^{L-},v_2^{U-}]),\cdots,([\mu_p^{L-},\mu_p^{U-}],[v_p^{L-},v_p^{U-}]))$$

式中

$$\begin{cases} \mu_k^{L-} = \min_{1\leqslant i\leqslant m}\{\mu_{ik}^L\}, \mu_k^{U-} = \min_{1\leqslant i\leqslant m}\{\mu_{ik}^U\} \\ v_k^{L-} = \max_{1\leqslant i\leqslant m}\{v_{ik}^L\}, v_k^{U-} = \max_{1\leqslant i\leqslant m}\{v_{ik}^U\} \end{cases}$$

按照定义(3.11),各目标 x_i 与动态多时刻融合 WIVIF 决策矩阵的正、负理想解的距离分别为 $d_i^+ = d(\tilde{h}_i, h^+)$ 和 $d_i^- = d(\tilde{h}_i, h^-)$,即

$$d_i^+ = \sqrt{\sum_{k=1}^p \left[\frac{1}{4}[(\mu_{ik}^L - \mu_k^{L+})^2 + (\mu_{ik}^U - \mu_k^{U+})^2 + (v_{ik}^L - v_k^{L+})^2 + (v_{ik}^U - v_k^{U+})^2 + (\mu_{ik}^L + v_{ik}^L - \mu_k^{L+} - v_k^{L+})^2 + (\mu_{ik}^U + v_{ik}^U - \mu_k^{U+} - v_k^{U+})^2]\right]} \quad (3.36)$$

$$d_i^- = \sqrt{\sum_{k=1}^p \left[\frac{1}{4}[(\mu_{ik}^L - \mu_k^{L-})^2 + (\mu_{ik}^U - \mu_k^{U-})^2 + (v_{ik}^L - v_k^{L-})^2 + (v_{ik}^U - v_k^{U-})^2 + (\mu_{ik}^L + v_{ik}^L - \mu_k^{L-} - v_k^{L-})^2 + (\mu_{ik}^U + v_{ik}^U - \mu_k^{U-} - v_k^{U-})^2]\right]} \quad (3.37)$$

基于 TOPSIS 原理,目标 x_i 的相对贴近度 ζ_i,即为目标的威胁度,即

$$\zeta_i = \frac{d_i^-}{d_i^- + d_i^+} \quad (3.38)$$

3.5.8 算法流程

基于 IVIFECF-IVIFWA-TOPSIS 的反导动态融合目标威胁评估方法的步骤如下:

步骤 1 构建威胁评估指标体系,利用式(3.9)～式(3.12)量化各威胁评估指标;

步骤 2 根据式(3.13)～式(3.17)计算决策者 D_s 在 t_k 时刻的目标属性综合权重 $\boldsymbol{\omega}^s(t_k) = (\omega_1^s(t_k), \omega_2^s(t_k), \cdots, \omega_n^s(t_k))$;

步骤 3 根据式(3.19)计算决策者 D_s 在 t_k 时刻的 WIVIF 决策矩阵 $\boldsymbol{R}^s(t_k) = (r_{ij}^s(t_k))_{m\times n}$;

步骤 4 利用 IVIFWAA/IVIFWGA 算子对各方案在各属性下的评估结果进行聚合,根据式(3.20)～式(3.27)计算所有决策者在 t_k 时刻的 WIVIF 决策矩阵 $\boldsymbol{R}(t_k) = (r_i^s(t_k))_{m\times q}$;

步骤 5 利用 IVIFWAA/IVIFWGA 算子聚合 q 个决策者的决策信息,根据式(3.28)～式(3.35)得到单个时刻目标区间直觉模糊值 $Z_i(t_k)$;

步骤 6 根据式(3.18)确定时间序列权重 $\boldsymbol{\eta} = (\eta_1, \eta_2, \cdots, \eta_p)$,构造 t_1 到 t_p 时刻的动态多时刻融合 WIVIF 矩阵 $\boldsymbol{H} = [h_{ik}]_{m\times p}$,其中 $h_{ik} = \eta_k \odot Z_i(t_k)$;

步骤 7 求得 $\boldsymbol{H} = [h_{ik}]_{m\times p}$ 的正、负理想解,并根据式(3.36)至式(3.38)分别计算目标 x_i 与 $\boldsymbol{H}$ 正、负理想解的距离 d_i^+, d_i^-,以及威胁度 ζ_i,得到反导动态融合目标威胁评估结果。

3.6 仿真及结果分析

假定某次反导演习中,反导防御系统传感器共观测到 4 批来袭目标 $x_i(i=1,2,3,4)$,在获得连续 3 个时刻 $t_k(k=1,2,3)$ 目标的区间值形式的属性数据后,由 3 名专家 $D_s(s=1,2,3)$ 从速度、距离、RCS、干扰强度、防御能力 5 个属性 $c_j(j=1,2,3,4,5)$ 对目标威胁度进行评估。

3.6.1 算法可行性测试与分析

步骤1 利用式(3.9)～式(3.12)量化各威胁评估指标,并应用文献[170]提出的方法,将区间值转换为区间直觉模糊值,见表3.3。

表 3.3 $t_1 \sim t_3$ 时刻的目标属性数据

时刻	目标	速度	距离	RCS	干扰强度	防御能力
t_1	x_1	([0.52,0.55], [0.37,0.41])	([0.65,0.69], [0.24,0.28])	([0.70,0.72], [0.24,0.27])	([0.7,0.8], [0.2,0.2])	([0.4,0.5], [0.3,0.4])
	x_2	([0.44,0.49], [0.48,0.50])	([0.61,0.66], [0.30,0.32])	([0.71,0.74], [0.20,0.25])	([0.5,0.5], [0.3,0.4])	([0.6,0.7], [0.2,0.3])
	x_3	([0.47,0.53], [0.36,0.42])	([0.59,0.63], [0.34,0.37])	([0.74,0.78], [0.18,0.21])	([0.6,0.7], [0.2,0.3])	([0.2,0.3], [0.5,0.6])
	x_4	([0.56,0.62], [0.27,0.38])	([0.64,0.68], [0.27,0.31])	([0.73,0.79], [0.16,0.19])	([0.4,0.5], [0.3,0.4])	([0.3,0.4], [0.4,0.5])
t_2	x_1	([0.53,0.56], [0.39,0.43])	([0.66,0.70], [0.28,0.30])	([0.72,0.74], [0.22,0.25])	([0.8,0.9], [0.1,0.1])	([0.5,0.5], [0.3,0.4])
	x_2	([0.47,0.51], [0.45,0.48])	([0.65,0.67], [0.26,0.29])	([0.75,0.79], [0.17,0.20])	([0.5,0.5], [0.3,0.4])	([0.7,0.8], [0.2,0.2])
	x_3	([0.45,0.54], [0.39,0.44])	([0.62,0.68], [0.27,0.29])	([0.81,0.83], [0.14,0.16])	([0.7,0.8], [0.2,0.2])	([0.3,0.4], [0.4,0.5])
	x_4	([0.53,0.57], [0.31,0.36])	([0.63,0.66], [0.25,0.32])	([0.79,0.82], [0.12,0.15])	([0.5,0.5], [0.3,0.4])	([0.4,0.5], [0.3,0.4])
t_3	x_1	([0.55,0.59], [0.38,0.40])	([0.70,0.74], [0.20,0.24])	([0.78,0.81], [0.15,0.18])	([0.9,0.9], [0.1,0.1])	([0.6,0.7], [0.2,0.3])
	x_2	([0.46,0.50], [0.42,0.47])	([0.71,0.73], [0.23,0.25])	([0.77,0.79], [0.17,0.20])	([0.4,0.5], [0.3,0.4])	([0.8,0.9], [0.1,0.1])
	x_3	([0.49,0.53], [0.43,0.46])	([0.73,0.76], [0.20,0.23])	([0.76,0.82], [0.13,0.17])	([0.8,0.9], [0.1,0.1])	([0.4,0.5], [0.3,0.4])
	x_4	([0.57,0.61], [0.35,0.38])	([0.71,0.75], [0.22,0.24])	([0.80,0.83], [0.12,0.16])	([0.6,0.7], [0.2,0.3])	([0.5,0.5], [0.3,0.4])

步骤2 基于IVIFECF求解目标属性综合权重。首先根据式(3.13)计算 $t_1 \sim t_3$ 时刻目标各属性基于余弦函数的区间直觉模糊熵,见表3.4。

表 3.4 不同时刻目标各属性的区间直觉模糊熵

时刻	IVIFECF 值				
	速度	距离	RCS	干扰强度	防御能力
t_1	0.973 0	0.871 6	0.703 7	0.910 1	0.937 0
t_2	0.981 7	0.847 8	0.609 2	0.780 7	0.923 2
t_3	0.975 2	0.727 7	0.577 6	0.643 9	0.811 4

根据式(3.16)求解 $t_1 \sim t_3$ 时刻目标属性客观权重公式分别为

$$\boldsymbol{\omega}^{(1)}(t_1) = (0.178\,4,\ 0.199\,1,\ 0.246\,6,\ 0.190\,7,\ 0.185\,2)$$

$$\boldsymbol{\omega}^{(1)}(t_2) = (0.164\,2,\ 0.190\,1,\ 0.264\,6,\ 0.206\,5,\ 0.174\,6)$$

$$\boldsymbol{\omega}^{(1)}(t_3) = (0.148\,3,\ 0.198\,7,\ 0.250\,3,\ 0.224\,5,\ 0.178\,2)$$

设参与决策的3名专家 D_1, D_2, D_3 的权重分别为 $\lambda = (0.33, 0.34, 0.33)$，专家 D_1, D_2, D_3 给出的目标属性主观权重公式分别为

$$\boldsymbol{\omega}_1^{(2)} = (0.26,\ 0.28,\ 0.16,\ 0.20,\ 0.10)$$

$$\boldsymbol{\omega}_2^{(2)} = (0.23,\ 0.30,\ 0.12,\ 0.17,\ 0.08)$$

$$\boldsymbol{\omega}_3^{(2)} = (0.31,\ 0.20,\ 0.17,\ 0.18,\ 0.14)$$

在得到 $t_1 \sim t_3$ 时刻目标属性客观权重和主观权重后，利用式(3.17)求得专家 D_1, D_2, D_3 在 $t_1 \sim t_3$ 时刻的目标属性综合权重公式为

$$\boldsymbol{\omega}_1(t_1) = (0.234\,0,\ 0.281\,2,\ 0.199\,0,\ 0.192\,4,\ 0.093\,4)$$

$$\boldsymbol{\omega}_2(t_1) = (0.231\,1,\ 0.336\,3,\ 0.166\,6,\ 0.182\,6,\ 0.083\,4)$$

$$\boldsymbol{\omega}_3(t_1) = (0.280\,3,\ 0.201\,8,\ 0.212\,5,\ 0.174\,0,\ 0.131\,4)$$

$$\boldsymbol{\omega}_1(t_2) = (0.216\,7,\ 0.270\,2,\ 0.214\,9,\ 0.209\,6,\ 0.088\,6)$$

$$\boldsymbol{\omega}_2(t_2) = (0.215\,1,\ 0.324\,7,\ 0.180\,8,\ 0.199\,9,\ 0.079\,5)$$

$$\boldsymbol{\omega}_3(t_2) = (0.260\,3,\ 0.194\,5,\ 0.230\,1,\ 0.190\,1,\ 0.125\,0)$$

$$\boldsymbol{\omega}_1(t_3) = (0.195\,8,\ 0.282\,5,\ 0.203\,3,\ 0.228\,0,\ 0.090\,4)$$

$$\boldsymbol{\omega}_2(t_3) = (0.193\,6,\ 0.338\,4,\ 0.170\,5,\ 0.216\,6,\ 0.080\,9)$$

$$\boldsymbol{\omega}_3(t_3) = (0.237\,5,\ 0.205\,2,\ 0.219\,8,\ 0.208\,7,\ 0.128\,8)$$

步骤3 根据式(3.19)求得专家 D_1, D_2, D_3 在 $t_1 \sim t_3$ 时刻的 WIVIF 决策矩阵为

$$R^1(t_1) = \begin{matrix} & c_1 & c_2 & c_3 & c_4 & c_5 \\ x_1 & ([0.16, 0.17], [0.79, 0.81]) & ([0.26, 0.28], [0.67, 0.70]) & ([0.21, 0.22], [0.75, 0.77]) & ([0.21, 0.27], [0.73, 0.73]) & ([0.05, 0.06], [0.89, 0.92]) \\ x_2 & ([0.13, 0.15], [0.84, 0.85]) & ([0.23, 0.26], [0.71, 0.73]) & ([0.22, 0.24], [0.73, 0.76]) & ([0.12, 0.12], [0.79, 0.84]) & ([0.08, 0.11], [0.86, 0.89]) \\ x_3 & ([0.14, 0.16], [0.79, 0.82]) & ([0.22, 0.24], [0.74, 0.76]) & ([0.24, 0.26], [0.71, 0.73]) & ([0.16, 0.21], [0.73, 0.79]) & ([0.02, 0.03], [0.94, 0.95]) \\ x_4 & ([0.17, 0.20], [0.74, 0.80]) & ([0.25, 0.27], [0.69, 0.72]) & ([0.23, 0.27], [0.69, 0.72]) & ([0.09, 0.12], [0.79, 0.84]) & ([0.03, 0.05], [0.92, 0.94]) \end{matrix}$$

$$R^2(t_1) = \begin{matrix} & c_1 & c_2 & c_3 & c_4 & c_5 \\ x_1 & ([0.16, 0.17], [0.79, 0.81]) & ([0.30, 0.33], [0.62, 0.65]) & ([0.18, 0.19], [0.79, 0.80]) & ([0.20, 0.25], [0.75, 0.75]) & ([0.04, 0.06], [0.90, 0.93]) \\ x_2 & ([0.13, 0.14], [0.84, 0.85]) & ([0.27, 0.30], [0.67, 0.68]) & ([0.19, 0.20], [0.76, 0.79]) & ([0.12, 0.12], [0.80, 0.85]) & ([0.07, 0.10], [0.87, 0.90]) \\ x_3 & ([0.14, 0.16], [0.79, 0.82]) & ([0.26, 0.28], [0.70, 0.72]) & ([0.20, 0.22], [0.75, 0.77]) & ([0.15, 0.20], [0.75, 0.80]) & ([0.02, 0.03], [0.94, 0.96]) \\ x_4 & ([0.17, 0.20], [0.74, 0.80]) & ([0.29, 0.32], [0.64, 0.67]) & ([0.20, 0.23], [0.74, 0.76]) & ([0.09, 0.12], [0.80, 0.85]) & ([0.03, 0.04], [0.93, 0.94]) \end{matrix}$$

$$\boldsymbol{R}^3(t_1) = \begin{matrix} & c_1 & c_2 & c_3 & c_4 & c_5 \\ x_1 \\ x_2 \\ x_3 \\ x_4 \end{matrix} \begin{pmatrix} ([0.19,0.20],[0.76,0.78]) & ([0.19,0.21],[0.75,0.77]) & ([0.23,0.24],[0.74,0.76]) & ([0.19,0.24],[0.76,0.76]) & ([0.06,0.09],[0.85,0.87]) \\ ([0.15,0.17],[0.81,0.82]) & ([0.17,0.20],[0.78,0.79]) & ([0.23,0.25],[0.71,0.74]) & ([0.11,0.11],[0.81,0.85]) & ([0.11,0.15],[0.81,0.85]) \\ ([0.16,0.19],[0.75,0.78]) & ([0.16,0.18],[0.80,0.82]) & ([0.25,0.28],[0.69,0.72]) & ([0.15,0.19],[0.76,0.81]) & ([0.03,0.05],[0.91,0.94]) \\ ([0.21,0.24],[0.69,0.76]) & ([0.19,0.21],[0.77,0.79]) & ([0.24,0.28],[0.68,0.70]) & ([0.09,0.11],[0.81,0.85]) & ([0.05,0.09],[0.89,0.91]) \end{pmatrix}$$

$$\boldsymbol{R}^1(t_2) = \begin{matrix} & c_1 & c_2 & c_3 & c_4 & c_5 \\ x_1 \\ x_2 \\ x_3 \\ x_4 \end{matrix} \begin{pmatrix} ([0.15,0.16],[0.82,0.83]) & ([0.25,0.28],[0.71,0.72]) & ([0.24,0.25],[0.72,0.74]) & ([0.29,0.38],[0.62,0.62]) & ([0.06,0.06],[0.90,0.92]) \\ ([0.13,0.14],[0.84,0.85]) & ([0.25,0.26],[0.69,0.72]) & ([0.26,0.28],[0.68,0.71]) & ([0.14,0.14],[0.78,0.83]) & ([0.10,0.13],[0.87,0.87]) \\ ([0.12,0.15],[0.82,0.84]) & ([0.23,0.26],[0.70,0.72]) & ([0.30,0.32],[0.66,0.77]) & ([0.22,0.29],[0.71,0.71]) & ([0.03,0.04],[0.92,0.94]) \\ ([0.15,0.17],[0.78,0.80]) & ([0.24,0.25],[0.69,0.74]) & ([0.28,0.31],[0.63,0.67]) & ([0.14,0.14],[0.77,0.83]) & ([0.04,0.06],[0.90,0.92]) \end{pmatrix}$$

$$\boldsymbol{R}^2(t_2) = \begin{matrix} & c_1 & c_2 & c_3 & c_4 & c_5 \\ x_1 \\ x_2 \\ x_3 \\ x_4 \end{matrix} \begin{pmatrix} ([0.15,0.16],[0.82,0.83]) & ([0.30,0.32],[0.66,0.68]) & ([0.21,0.22],[0.76,0.78]) & ([0.28,0.31],[0.63,0.63]) & ([0.05,0.05],[0.91,0.93]) \\ ([0.13,0.14],[0.77,0.79]) & ([0.29,0.30],[0.65,0.67]) & ([0.22,0.25],[0.73,0.75]) & ([0.13,0.13],[0.79,0.83]) & ([0.09,0.12],[0.88,0.88]) \\ ([0.12,0.15],[0.82,0.84]) & ([0.27,0.31],[0.65,0.67]) & ([0.26,0.27],[0.70,0.72]) & ([0.21,0.28],[0.72,0.72]) & ([0.03,0.04],[0.93,0.95]) \\ ([0.15,0.17],[0.78,0.80]) & ([0.28,0.30],[0.64,0.69]) & ([0.25,0.27],[0.68,0.71]) & ([0.13,0.13],[0.79,0.83]) & ([0.04,0.06],[0.91,0.93]) \end{pmatrix}$$

$$\boldsymbol{R}^3(t_2) = \begin{matrix} & c_1 & c_2 & c_3 & c_4 & c_5 \\ x_1 \\ x_2 \\ x_3 \\ x_4 \end{matrix} \begin{pmatrix} ([0.18,0.19],[0.78,0.80]) & ([0.19,0.21],[0.78,0.79]) & ([0.25,0.27],[0.71,0.73]) & ([0.26,0.35],[0.65,0.65]) & ([0.08,0.08],[0.86,0.89]) \\ ([0.15,0.17],[0.81,0.83]) & ([0.18,0.19],[0.73,0.79]) & ([0.27,0.30],[0.67,0.69]) & ([0.12,0.12],[0.80,0.84]) & ([0.14,0.18],[0.82,0.82]) \\ ([0.14,0.18],[0.78,0.81]) & ([0.17,0.20],[0.78,0.79]) & ([0.32,0.33],[0.64,0.66]) & ([0.20,0.26],[0.74,0.74]) & ([0.04,0.06],[0.89,0.92]) \\ ([0.18,0.20],[0.74,0.77]) & ([0.18,0.19],[0.76,0.80]) & ([0.30,0.33],[0.61,0.65]) & ([0.12,0.12],[0.80,0.84]) & ([0.06,0.06],[0.86,0.89]) \end{pmatrix}$$

$$\boldsymbol{R}^1(t_3) = \begin{matrix} & c_1 & c_2 & c_3 & c_4 & c_5 \\ x_1 \\ x_2 \\ x_3 \\ x_4 \end{matrix} \begin{pmatrix} ([0.14,0.16],[0.83,0.84]) & ([0.29,0.32],[0.63,0.67]) & ([0.26,0.29],[0.68,0.71]) & ([0.41,0.41],[0.59,0.59]) & ([0.08,0.09],[0.86,0.90]) \\ ([0.11,0.13],[0.84,0.86]) & ([0.30,0.31],[0.66,0.68]) & ([0.26,0.27],[0.70,0.72]) & ([0.11,0.15],[0.76,0.81]) & ([0.14,0.19],[0.81,0.81]) \\ ([0.12,0.14],[0.85,0.86]) & ([0.31,0.33],[0.63,0.66]) & ([0.25,0.29],[0.66,0.70]) & ([0.31,0.41],[0.59,0.59]) & ([0.05,0.06],[0.90,0.92]) \\ ([0.15,0.17],[0.81,0.83]) & ([0.30,0.32],[0.65,0.67]) & ([0.28,0.30],[0.65,0.69]) & ([0.19,0.24],[0.69,0.76]) & ([0.06,0.06],[0.90,0.92]) \end{pmatrix}$$

$$\boldsymbol{R}^2(t_3) = \begin{matrix} & c_1 & c_2 & c_3 & c_4 & c_5 \\ x_1 \\ x_2 \\ x_3 \\ x_4 \end{matrix} \begin{pmatrix} ([0.14,0.16],[0.83,0.84]) & ([0.33,0.37],[0.58,0.62]) & ([0.23,0.25],[0.72,0.75]) & ([0.39,0.39],[0.61,0.61]) & ([0.07,0.09],[0.88,0.91]) \\ ([0.11,0.13],[0.85,0.86]) & ([0.34,0.36],[0.61,0.63]) & ([0.22,0.23],[0.74,0.76]) & ([0.10,0.14],[0.77,0.82]) & ([0.12,0.17],[0.83,0.83]) \\ ([0.12,0.14],[0.85,0.86]) & ([0.36,0.38],[0.58,0.61]) & ([0.17,0.25],[0.71,0.74]) & ([0.29,0.39],[0.61,0.61]) & ([0.04,0.05],[0.91,0.93]) \\ ([0.15,0.17],[0.82,0.83]) & ([0.34,0.37],[0.60,0.62]) & ([0.23,0.26],[0.70,0.73]) & ([0.18,0.23],[0.71,0.77]) & ([0.05,0.05],[0.91,0.93]) \end{pmatrix}$$

$$\boldsymbol{R}^3(t_3) = \begin{matrix} & c_1 & c_2 & c_3 & c_4 & c_5 \\ x_1 \\ x_2 \\ x_3 \\ x_4 \end{matrix} \begin{pmatrix} ([0.17,0.19],[0.79,0.80]) & ([0.22,0.24],[0.72,0.75]) & ([0.28,0.31],[0.66,0.69]) & ([0.38,0.38],[0.62,0.62]) & ([0.11,0.14],[0.81,0.86]) \\ ([0.14,0.15],[0.81,0.84]) & ([0.22,0.24],[0.74,0.75]) & ([0.28,0.29],[0.68,0.70]) & ([0.10,0.13],[0.78,0.83]) & ([0.19,0.26],[0.74,0.74]) \\ ([0.15,0.16],[0.82,0.83]) & ([0.24,0.28],[0.72,0.74]) & ([0.27,0.31],[0.64,0.68]) & ([0.29,0.38],[0.62,0.62]) & ([0.06,0.09],[0.86,0.89]) \\ ([0.18,0.20],[0.78,0.79]) & ([0.22,0.25],[0.73,0.75]) & ([0.30,0.32],[0.63,0.67]) & ([0.17,0.22],[0.71,0.78]) & ([0.09,0.09],[0.86,0.89]) \end{pmatrix}$$

步骤 4 根据 $\boldsymbol{R}^s(t_k)$，运用 IVIFWAA 算子对各方案在各属性下的评估结果进行聚合，根据式(3.20)～(3.23)计算 3 名专家在 $t_1 \sim t_3$ 时刻的融合 WIVIF 决策矩阵 $\boldsymbol{R}(t_k)$。

$$\boldsymbol{R}(t_1) = \begin{matrix} & D_1 & D_2 & D_3 \\ x_1 \\ x_2 \\ x_3 \\ x_4 \end{matrix} \begin{pmatrix} ([0.2015,0.2250],[0.7409,0.7610]) & ([0.2150,0.2413],[0.7237,0.7440]) & ([0.1843,0.2057],[0.7642,0.7807]) \\ ([0.1732,0.1988],[0.7697,0.7960]) & ([0.1865,0.2049],[0.7573,0.7783]) & ([0.1610,0.1827],[0.7806,0.8039]) \\ ([0.1795,0.2045],[0.7579,0.7874]) & ([0.1879,0.2126],[0.7536,0.7788]) & ([0.1650,0.1939],[0.7649,0.7966]) \\ ([0.1824,0.2110],[0.7407,0.7765]) & ([0.1980,0.2274],[0.7243,0.7614]) & ([0.1757,0.2059],[0.7442,0.7832]) \end{pmatrix}$$

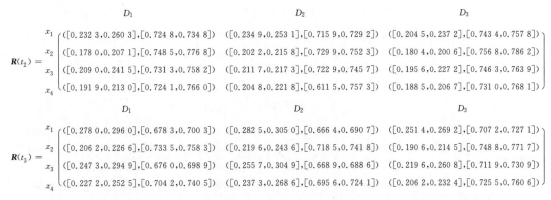

步骤 5 分别利用 IVIFWAA 算子和 IVIFWGA 算子对 3 名专家的评估结果进行聚合,得到 $t_1 \sim t_3$ 单个时刻的目标区间直觉模糊值,见表 3.5 和表 3.6。

表 3.5　IVIFWAA 算子聚合所有决策者的评估结果

目标	IVIFWAA 算子聚合		
	t_1	t_2	t_3
x_1	([0.200 6, 0.224 4], [0.742 3, 0.761 4])	([0.224 2, 0.250 4], [0.727 7, 0.740 3])	([0.271 1, 0.290 5], [0.683 3, 0.705 5])
x_2	([0.1738, 0.195 7], [0.7690, 0.792 4])	([0.1872, 0.208 0], [0.7447, 0.771 3])	([0.2058, 0.228 6], [0.7332, 0.756 9])
x_3	([0.1777, 0.203 8], [0.7587, 0.787 4])	([0.2056, 0.228 7], [0.7332, 0.755 7])	([0.2414, 0.287 5], [0.6923, 0.705 5])
x_4	([0.1856, 0.214 9], [0.7362, 0.773 4])	([0.1953, 0.214 0], [0.6834, 0.763 7])	([0.2240, 0.251 7], [0.7081, 0.741 2])

表 3.6　IVIFWGA 算子聚合所有决策者的评估结果

目标	IVIFWAA 算子聚合		
	t_1	t_2	t_3
x_1	([0.199 6, 0.223 4], [0.743 8, 0.762 5])	([0.223 2, 0.250 0], [0.728 5, 0.741 2])	([0.270 1, 0.289 3], [0.684 8, 0.706 9])
x_2	([0.173 4, 0.195 3], [0.769 5, 0.793 3])	([0.186 6, 0.207 5], [0.745 4, 0.772 2])	([0.205 0, 0.227 7], [0.734 2, 0.757 7])
x_3	([0.177 2, 0.203 6], [0.759 0, 0.787 9])	([0.205 1, 0.228 0], [0.733 6, 0.756 0])	([0.239 8, 0.285 6], [0.686 5, 0.707 0])
x_4	([0.185 0, 0.214 3], [0.736 5, 0.773 8])	([0.195 0, 0.213 7], [0.696 8, 0.764 0])	([0.222 8, 0.250 6], [0.708 9, 0.742 3])

步骤 6 根据式(3.18),取 $\varphi = 1.5$,求得时间序列权重 $\eta_k = (0.200\ 0, 0.266\ 7, 0.533\ 3)$。进一步依据新的区间直觉模糊预算规则,构造基于 IVIFWAA 算子和 IVIFWGA 算子的动态多时刻融合 WIVIF 决策矩阵 H_{IVIFWAA} 和 H_{IVIFWGA}。

$$H_{\text{IVIFWAA}} = \begin{matrix} x_1 \\ x_2 \\ x_3 \\ x_4 \end{matrix} \begin{bmatrix} \overset{t_1}{([0.047\,8,0.054\,7],[0.935\,1,0.941\,0])} & \overset{t_2}{([0.071\,6,0.081\,8],[0.909\,3,0.914\,4])} & \overset{t_3}{([0.165\,5,0.179\,2],[0.801\,8,0.817\,9])} \\ ([0.040\,4,0.046\,4],[0.943\,3,0.950\,2]) & ([0.057\,9,0.065\,5],[0.916\,2,0.920\,7]) & ([0.121\,4,0.136\,5],[0.837\,5,0.853\,8]) \\ ([0.041\,4,0.048\,7],[0.940\,2,0.948\,8]) & ([0.064\,6,0.073\,3],[0.911\,5,0.926\,6]) & ([0.145\,1,0.177\,1],[0.808\,4,0.817\,9]) \\ ([0.043\,6,0.051\,9],[0.933\,1,0.944\,6]) & ([0.060\,8,0.067\,7],[0.890\,1,0.923\,8]) & ([0.133\,4,0.152\,1],[0.819\,7,0.843\,8]) \end{bmatrix}$$

$$H_{\text{IVIFWGA}} = \begin{matrix} x_1 \\ x_2 \\ x_3 \\ x_4 \end{matrix} \begin{bmatrix} \overset{t_1}{([0.047\,5,0.054\,4],[0.935\,6,0.944\,4])} & \overset{t_2}{([0.071\,2,0.081\,6],[0.909\,6,0.914\,8])} & \overset{t_3}{([0.164\,8,0.178\,4],[0.802\,9,0.818\,9])} \\ ([0.041\,3,0.046\,3],[0.943\,5,0.950\,5]) & ([0.057\,7,0.065\,3],[0.916\,5,0.927\,1]) & ([0.120\,9,0.135\,9],[0.838\,2,0.854\,3]) \\ ([0.040\,3,0.048\,6],[0.940\,3,0.948\,9]) & ([0.064\,4,0.073\,0],[0.911\,7,0.920\,7]) & ([0.144\,9,0.175\,7],[0.804\,2,0.819\,0]) \\ ([0.043\,4,0.051\,7],[0.933\,2,0.944\,8]) & ([0.060\,7,0.067\,6],[0.896\,0,0.923\,9]) & ([0.132\,6,0.151\,3],[0.820\,5,0.843\,8]) \end{bmatrix}$$

步骤7 H_{IVIFWAA} 和 H_{IVIFWGA} 的正负理想解见表 3.7。在此基础上，根据式(3.36)至式(3.38)分别计算各目标 x_i 与 H_{IVIFWAA}，H_{IVIFWGA} 的正、负理想解距离 d_i^+,d_i^- 及目标威胁度 ζ_i。计算结果见表 3.8。

表 3.7 H_{NIIFWA} 和 H_{NIIFGA} 的正负理想解

H_{IVIFWAA}	正理想解	([0.047 8,0.054 7], [0.933 1,0.941 0])	([0.071 6,0.081 8], [0.890 1,0.914 4])	([0.165 5,0.179 2], [0.801 8,0.817 9])
	负理想解	([0.040 4,0.046 4], [0.943 3,0.950 2])	([0.057 9,0.065 5], [0.916 2,0.926 6])	([0.121 4,0.136 5], [0.837 5,0.853 8])
H_{IVIFWGA}	正理想解	([0.047 5,0.054 4], [0.933 2,0.944 4])	([0.071 2,0.081 6], [0.896 0,0.914 8])	([0.164 8,0.178 4], [0.802 9,0.818 9])
	负理想解	([0.040 3,0.046 3], [0.943 5,0.950 5])	([0.057 7,0.065 3], [0.916 5,0.927 1])	([0.120 9,0.135 9], [0.838 2,0.854 3])

表 3.8 H_{IVIFWAA} 和 H_{IVIFWGA} 的正负理想解距离及威胁度

结果	H_{IVIFWAA}				H_{IVIFWGA}			
	x_1	x_2	x_3	x_4	x_1	x_2	x_3	x_4
D_i^+	0.013 6	0.045 3	0.022 7	0.029 7	0.009 8	0.043 9	0.019 2	0.029 5
D_i^-	0.043 1	0.004 2	0.039 3	0.024 2	0.042 7	0.000 7	0.034 9	0.021 5
ζ_i	0.760 1	0.084 8	0.633 9	0.449 0	0.813 3	0.015 7	0.645 1	0.421 6

由表 3.8 可以看出，利用 IVIFWAA 算子和 IVIFWGA 算子求得的目标多时刻融合威胁排序均为：目标 1＞目标 3＞目标 4＞目标 2，验证了本章算法的可行性。

3.6.2 算法优越性测试与分析

在反导动态融合目标威胁评估中，时间是影响决策结果的重要因素，表 3.9 和图 3.9 给出了 $t_1 \sim t_3$ 单时刻及动态多时刻融合的目标威胁度及排序结果。在表 3.9 和图 3.9 中，不同时刻的目标威胁排序结果大致相同，威胁度最大和最小的目标保持一致。但即使目标威胁度排序相同，在不同时刻各目标的威胁度大小也不同，且目标 4 和目标 3 对时间因素变化较为敏感。在 t_1 和 t_2 时刻，目标 4 的威胁度高于目标 3；而在 t_3 时刻，目标 4 的威胁度低于目标 3。可以看出，单一时刻的静态威胁评估方法无法体现目标的时序性和战场态势的动态变化。而本章所提方法既考虑了目标 4 在整个评估过程中在速度、距离、RCS 威胁度上减少的趋势,又考虑到 t_3 时刻,目标 3 在速度、RCS、干扰强度、防御能力威胁度上的突增,因此可得到更加可靠的威胁评估结果。

表 3.9 不同时刻的目标威胁度及排序结果

时 刻	目标 1	目标 2	目标 3	目标 4	排序结果
t_1	0.854 9	0.078 7	0.300 6	0.690 9	目标 1＞目标 4＞目标 3＞目标 2
t_2	0.580 4	0.000 0	0.375 0	0.545 8	目标 1＞目标 4＞目标 3＞目标 2
t_3	1.000 0	0.000 0	0.703 1	0.352 5	目标 1＞目标 3＞目标 4＞目标 2
本章算法（基于 IVIFWAA）	0.760 1	0.084 8	0.633 9	0.449 0	目标 1＞目标 3＞目标 4＞目标 2
本章算法（基于 IVIFWGA）	0.813 3	0.015 7	0.645 1	0.421 6	目标 1＞目标 3＞目标 4＞目标 2

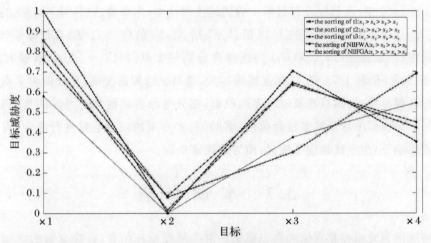

图 3.9 $t_1 \sim t_3$ 单时刻及动态多时刻聚的目标排序结果对比

此外,在战场态势瞬息万变的反导作战中,动态融合目标威胁评估方法的精准性主要取决于不同目标威胁度在同一评价方法中的差异性,差异性越明显,越有利于最优方案的选取,即方法优越性越强,因此目标 i 较目标 j 的优越度(Superior Degree,SD)可定义为

$$SD_{ij}(\%) = \left(\frac{\zeta_i - \zeta_j}{\zeta_i}\right) \times 100\%$$

式中,ζ_i 和 ζ_j 为不同目标的威胁度 $\{i = 1,2,\cdots,m;j = 1,2,\cdots,m;i \neq j\}$。

为验证本章所提方法的有效性,将本章方法与文献[171]～[175]所提出的方法进行对比,不同方法的目标威胁度排序结果及优越度见表 3.10。可以看出,利用 IVIFWAA 算子和 IVIFWGA 算子求得的目标多时刻融合威胁排序结果与文献[171]～[174]相同,说明本章所提方法的有效性。与文献[175]排序结果略有不同,但最终确定的最佳方案是一致的。

表 3.10　不同方法的目标威胁排序及优越度

方法	目标 1	目标 2	目标 3	目标 4	排序结果	$SD_{ij}(\%)$		
文献[171]	0.801 4	0.172 9	0.702 6	0.545 1	1>3>4>2	$SD_{13}=0.123\ 3$	$SD_{34}=0.227\ 0$	$SD_{42}=0.682\ 8$
文献[172]	0.645 2	0.198 2	0.565 9	0.443 8	1>3>4>2	$SD_{13}=0.122\ 9$	$SD_{34}=0.215\ 8$	$SD_{42}=0.553\ 4$
文献[173]	0.920 3	0.248 9	0.821 5	0.673 4	1>3>4>2	$SD_{13}=0.107\ 4$	$SD_{34}=0.180\ 3$	$SD_{42}=0.630\ 4$
文献[174]	0.732 9	0.240 6	0.643 7	0.551 3	1>3>4>2	$SD_{13}=0.121\ 7$	$SD_{34}=0.143\ 5$	$SD_{42}=0.563\ 6$
文献[175]	0.904 7	0.313 8	0.649 2	0.802 0	1>4>3>2	$SD_{14}=0.113\ 5$	$SD_{43}=0.190\ 5$	$SD_{32}=0.516\ 6$
本章算法(IVIFWAA)	0.760 1	0.084 8	0.633 9	0.449 0	1>3>4>2	$SD_{13}=0.166\ 0$	$SD_{34}=0.291\ 7$	$SD_{42}=0.811\ 1$
本章算法(IVIFWGA)	0.813 3	0.015 7	0.645 1	0.421 6	1>3>4>2	$SD_{13}=0.206\ 8$	$SD_{34}=0.346\ 5$	$SD_{42}=0.962\ 7$

注意到,本章所提的方法中,各目标之间的优越度差距最大。在目标 1 和目标 3 的优越度对比中,本章算法(IVIFWGA)的优越度分别是文献[171]~[174]所提方法的 1.67 倍、1.68 倍、1.92 倍和 1.69 倍;在目标 3 和目标 4 的优越度对比中,本章算法(IVIFWGA)的优越度分别是文献[72]~[75]所提方法的 1.53 倍、1.61 倍、1.92 倍和 2.41 倍;在目标 4 和目标 2 的优越度对比中,本章算法(IVIFWGA)的优越度分别是文献[171]~[174]所提方法的 1.41 倍、1.74 倍、1.53 倍和 1.71 倍。优越度差距越大,越易于指挥员决策,充分说明了本章方法通过综合目标各属性主、客观权重及时间序列权重,充分考虑各属性相对差异的变化程度,利用 IVIFWAA/IVIFWGA 算子将多目标属性、多时刻、多专家的决策信息进行聚合,有效避免了在主观因素影响下,由于优越性不明显,而导致决策失误。

3.7　本章小结

本章将区间直觉模糊集理论和动态多属性群决策理论相结合,在定义新的区间直觉模糊运算规则的基础上提出新型区间直觉模糊算子,并将其应用于反导动态融合目标威胁评估中。为提高反导目标威胁估计的可靠性和精确度,构建了基于 IVIFEC-IVIFWA-TOPSIS 评价模型,得到了考虑多目标属性、多时刻、多专家决策信息的动态融合目标威胁评估结果。通过与静态威胁评估和现有动态威胁评估方法对比,验证了本章方法的可行性和优越性,为高效反导火力分配奠定基础。

第 4 章 基于模糊随机期望的反导作战静态火力分配方法

反导作战静态火力分配是研究如何合理地分配我方兵力、武器单元来拦截敌方目标,以达到最佳作战效果的问题,其实质是一类非线性组合优化决策问题。作为作战决策中的关键问题,反导作战静态火力分配的时效性以及分配方案的优劣直接影响武器系统作战效能的发挥。反导作战环境瞬息万变,战场态势不断发生变化,使得反导作战静态火力分配优化问题中包含大量模糊随机特征。

本章针对反导作战静态火力分配优化问题中存在的不确定性特征,引入模糊随机规划理论,提出基于模糊随机期望的反导作战静态火力分配模型及混合智能求解算法。仿真实例表明,该混合智能算法具有更强的全局寻优能力和更快的收敛速度,能够有效求解不确定环境下大规模反导作战静态火力分配问题,满足反导作战智能辅助决策对时效性的要求。

4.1 问题分析

反导作战错综复杂,瞬息万变,常常出现包含随机性和模糊性的双重不确定性情形,如随机模糊现象、模糊随机现象和双重模糊现象等。其中,模糊随机是现实中常见的一种不确定性。模糊随机变量是模糊随机现象的一种数学描述,由 KwaKernaak 首先提出。随后,其他学者根据不同的测量要求,分别对模糊随机变量的概念进行了扩展。模糊随机理论已成功应用于经济规划、管理等工程实践领域。本章将模糊随机规划理论引入反导作战领域,将单发毁伤概率 $\tilde{S}_{ij}$ 刻画为模糊随机变量,在拦截可行性判断和一定的火力分配原则下,依托有限的拦截弹资源,确定由哪个火力单元去拦截哪个来袭弹头,从而对弹头进行充分拦截,以获得最大化作战效能与最小化作战代价。

4.1.1 拦截可行性判断

可拦截性判断是指通过对弹道导弹射击诸元的计算,对来袭弹头是否具备可拦截条件所进行的分析和检测,是反导作战的重要环节,是火力分配的前提和依据。对于反导作战静态火力分配优化问题,拦截弹必须在规定的时间和杀伤区范围内,以足够的速度和最大的拦截效能拦截来袭弹头,以达到成功拦截的目的。因此,可拦截性判断模型主要包括时间约束判断、空间约束判断和资源约束判断 3 个子模型,具体模型流程如图 4.1 所示。

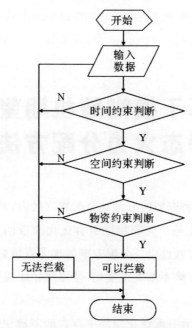

图 4.1 拦截可行性解算模型流程图

1. 时间约束判断

在弹道导弹飞行的时间内,反导防御系统必须完成发现、跟踪、识别和弹道参数解算等任务并向反导火力单元发出指示,火力单元方可对弹道导弹进行拦截。图 4.2 为某型反导武器系统的中段作战时序。

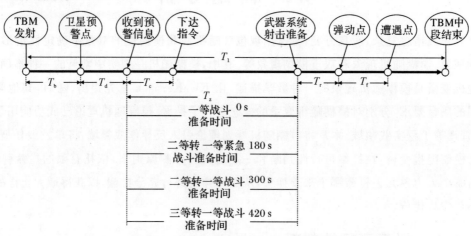

图 4.2 某型反导武器系统的作战时序图

反导火力单元对弹道导弹实施拦截的必要条件是拦截弹发射所需的时间 T_0 要小于弹道导弹从发射到结束的飞行时间 T_1。

T_0 可表示为

$$T_0 = T_b + T_d + T_c + T_s \tag{4.1}$$

式中,T_b 表示弹道导弹发射到被预警卫星发现的时间;T_d 表示预警卫星完成弹道导弹的弹道预测并传达至地面控制中心的时间;T_c 表示指挥控制系统识别、决策及下达指令的时间;T_s 表示反导火力单元杀伤弹道导弹所需的时间。T_s 可表示为

$$T_s = T_z + T_r + T_f \tag{4.2}$$

式中,T_z 表示反导火力单元从值班状态转入战斗状态所需的时间;T_r 表示反导火力单元转入战斗状态至拦截弹发射所需的时间;T_f 表示拦截弹至遭遇点所需的飞行时间。

由此可知,在拦截的过程中,拦截弹的最大飞行时间 T_{max} 可表示为

$$T_{max} = \begin{cases} T_1 - (T_b + T_d + T_c + T_z + T_r), & \text{战斗等级为一等时} \\ T_1 - (T_b + T_d + T_z + T_r), & \text{战斗等级非一等时} \end{cases} \tag{4.3}$$

因此,拦截弹实施拦截的时间约束为

$$T_{ma} \geqslant T_f \tag{4.4}$$

在反导作战中,只有在弹道导弹的飞行高度大于 10 km 时,预警卫星才能发现,故取 $T_b = 20$ s;预警卫星完成弹道导弹的弹道预测并将预警信息传递给地面控制中心需要 $20 \sim 25$ s,取 $T_d = 25$ s;从收到预警信息到决策生成及指令下达需要时间约 30 s,取 $T_c = 30$ s;反导火力单元的战斗准备时间根据作战部队值班状态的不同而有不同取值,取 $T_z = (0,180,300,420)$;$T_r = 15$ s,根据式(4.3)可计算得到不同射程,不同的战斗等级情况下,该型武器系统的拦截弹所允许的最大飞行时间 T_{max},见表 4.1。

表 4.1 不同战斗等级下,拦截弹允许的最大飞行时间

弹道导弹射程 /km		3 500	3 000	2 500	2 000	1 500	1 000
T_1/s		963	845	738	569	492	385
T_{max}	一等	869	772	664	493	407	305
	二等转一等紧急	719	622	514	343	257	155
	二等转一等	600	502	394	222	143	25
	三等转一等	485	388	274	103	24	1

从表 4.1 可以看出,反导火力单元的作战等级状态是影响反导作战拦截时效性的重要因素。拦截弹允许的最大飞行时间在很大程度上取决于反导火力单元所处的战斗状态,所处的战斗状态级别越高,拦截弹的最大飞行时间则越长。若反导火力单元长期处在一等战斗状态,则 $T_{max} > 300$ s。

2. 空间约束判断

(1) 弹道导弹预测弹道通过火力单元的杀伤区是满足拦截来袭弹道导弹所需的首要空间约束;

(2) 反导作战的作战高度均在 100 km 以上,不同射程的弹道导弹对应不同的作战高度,且弹道导弹的飞行最大高度随着射程的增加而增加,例如,射程为 1 000 km 的弹道导弹,最大射高达到 180 km。因此,为满足反导作战的空间约束,拦截弹必须能够达到一定的高度,且末速度满足一定要求时,才能对弹道导弹实施拦截。反导作战的拦截高度如图 4.3 所示。

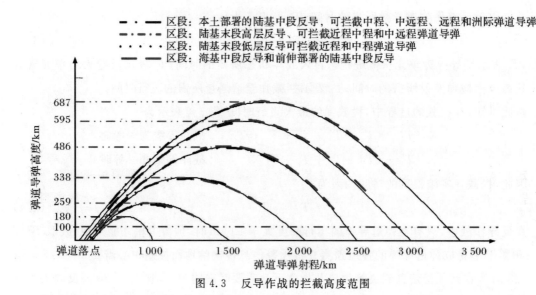

图 4.3 反导作战的拦截高度范围

3. 资源约束判断

火力单元射击来袭弹道导弹所需满足的资源约束如下：

(1) 火力单元处于正常工作状态。

(2) 火力单元有空闲通道。

(3) 火力单元有可用的拦截弹。

(4) 各项作战准备已完成。

只有在上述约束都满足的前提下，才有可能对来袭弹道导弹实施拦截，进而对火力单元进行分配。

4.1.2 火力分配原则

由于反导作战中的决策问题具有实时性、有效性以及资源约束性等特点，所以火力分配应遵循以下基本原则：

(1) 最大毁伤概率。反导作战有可能需要应对非常规的战略弹道导弹，如若对核弹头的拦截失败，将对己方造成难以估量的损失。因此，火力分配可以较大的拦截弹消耗换取最大的拦截毁伤概率。

(2) 最小拦截弹消耗。在反导作战中拦截弹造价较高，属于稀缺资源，因此需尽量减少拦截弹的消耗。

(3) 尽早拦截。尽早拦截来袭弹道导弹，可以实现多次拦截，提高拦截概率。

(4) 优先拦截威胁度大的弹道导弹。

(5) 优先拦截上级指定的弹道导弹。

4.2 模糊随机期望基本理论

4.2.1 模糊随机变量

模糊随机变量是对模糊随机现象的一种数学描述。Kwakernaak首先给出了模糊随机变量的定义。此后其他学者根据各自的理论和测量要求,分别对模糊随机变量的概念进行了扩展。本节主要介绍 Liu 提出的模糊随机变量的相关理论。

定义 4.1 (模糊随机变量)[112] 设 ξ 是一个从概率空间 (Ω, A, Pr) 到模糊变量集合的函数。若对于 $\mathbf{R}$ 上的任何 Borel 集 B,$\mathrm{Pos}\{\xi(\omega) \in B\}$ 是 ω 的可测函数,则称 ξ 为一个模糊随机变量。如果 $\Omega = \{\omega_1, \omega_2, \cdots, \omega_n\}$,并且 $u_1, u_2, \cdots, u_n$ 是模糊变量,则函数

$$\xi = \begin{cases} u_1, & \text{若 } \omega = \omega_1, \text{发生概率 } p_1 \\ u_2, & \text{若 } \omega = \omega_2, \text{发生概率 } p_2 \\ \cdots \cdots \\ u_n, & \text{若 } \omega = \omega_n, \text{发生概率 } p_n \end{cases}$$

是一个模糊随机变量。

定理 4.1[112] 设 ξ 是一个从概率空间 (Ω, A, Pr) 上的模糊随机变量。若对于每个 $\omega \in \Omega$,期望值 $E[\xi(\omega)]$ 是有限的,则 $E[\xi(\omega)]$ 是一个随机变量。

定义 4.2[112] 设 ξ 是一个从概率空间 (Ω, A, Pr) 到一个 n 维模糊向量集合的函数。若对 $\mathbf{R}^n$ 上的任何 Borel 集 B,函数 $\mathrm{Pos}\{\xi(\omega) \in B\}$ 是 ω 的可测函数,则称 ξ 为一个 n 维模糊随机向量。

定理 4.2[112] 设 ξ 是 n 维模糊随机向量。若函数 $f: \mathbf{R}^n \to \mathbf{R}$ 是可测的,则 $f(\xi)$ 是模糊随机变量。

定义 4.3[112] 若模糊随机变量 $\xi_1, \xi_2, \cdots, \xi_n$ 满足

(1) 对每一个 $\omega, \xi_1(\omega), \xi_2(\omega), \cdots, \xi_n(\omega)$ 是相互独立的模糊变量;

(2) $E[\xi_1(\cdot)], E[\xi_2(\cdot)], \cdots, E[\xi_n(\cdot)]$ 是相互独立的随机变量,则称 $\xi_1, \xi_2, \cdots, \xi_n$ 相互独立。

定义 4.4 (模糊随机变量的乐观值)[112] 设 ξ 为定义在概率空间 (Ω, A, Pr) 上的模糊随机变量,且 $\gamma, \delta \in (0, 1]$,则有

$$\xi_{\sup}(\gamma, \delta) = \sup\{r \mid \mathrm{Ch}\{\xi \geqslant r\}(\gamma) \geqslant \delta\}$$

则称为模糊随机变量 ξ 的 (γ, δ) 乐观值。

定义 4.5 (模糊随机变量的悲观值)[112] 设 ξ 为定义在概率空间 (Ω, A, Pr) 上的模糊随机变量,且 $\gamma, \delta \in (0, 1]$,则有

$$\xi_{\inf}(\gamma, \delta) = \inf\{r \mid \mathrm{Ch}\{\xi \leqslant r\}(\gamma) \geqslant \delta\}$$

则称为模糊随机变量 ξ 的 (γ, δ) 悲观值。

定义 4.6 （模糊随机变量的期望）[112] 设 ξ 为定义在概率空间 $(\Omega, A, \Pr)$ 上的模糊随机变量，则称

$$E[\xi] = \int_0^{+\infty} \Pr\{\omega \in \Omega \mid E[\xi(\omega)] \geqslant r\} \mathrm{d}r - \int_{-\infty}^0 \Pr\{\omega \in \Omega \mid E[\xi(\omega)] \leqslant r\} \mathrm{d}r$$

为模糊随机变量 ξ 的期望值（为避免出现 $\infty - \infty$ 情形，要求上式右端中两个积分至少有一个有限）。在此，对特定的 ω，$\xi(\omega)$ 为模糊变量。尤其是，若 $\xi(\omega)$ 是一个正的模糊变量，则

$$E[\xi] = \int_0^{+\infty} \Pr\{\omega \in \Omega \mid E[\xi(\omega)] \geqslant r\} \mathrm{d}r$$

定义 4.7[112] 设 ξ 为定义在概率空间 $(\Omega, A, \Pr)$ 上的模糊随机变量，f 为 $\mathbf{R}^n \to \mathbf{R}$ 上的函数，则 $f(\xi)$ 仍为模糊随机变量，其期望值 $E[f(\xi)]$ 为

$$E[f(\xi)] = \int_0^{+\infty} \Pr\{\omega \in \Omega \mid E[f(\xi(\omega))] \geqslant r\} \mathrm{d}r - \int_{-\infty}^0 \Pr\{\omega \in \Omega \mid E[f(\xi(\omega))] \leqslant r\} \mathrm{d}r$$

定理 4.3[112] 设 ξ 和 η 是模糊随机变量并有有限期望值。若对每一个 $\omega \in \Omega$，模糊变量 $\xi(\omega)$ 和 $\eta(\omega)$ 是相互独立的，则对任意的实数 a 和 b，有

$$E[a\xi + b\eta] = aE[\xi] + bE[\eta]$$

定义 4.8 （机会测度）[112] 设 $\boldsymbol{\xi} = (\xi_1, \xi_2, \cdots, \xi_n)$ 为定义在概率空间 $(\Omega, A, \Pr)$ 上的模糊随机向量，$f : \mathbf{R}^n \to \mathbf{R}^m$ 为 Borel 可测函数，则称

$$\mathrm{Ch}\{f(\boldsymbol{\xi}) \leqslant 0\}(\alpha) = \sup\{\beta \mid \Pr\{\omega \in \Omega \mid \mathrm{Cr}\{f(\boldsymbol{\xi}(\omega)) \leqslant 0\} \geqslant \beta\} \geqslant \alpha\}$$

为模糊随机事件 $\{f(\boldsymbol{\xi}) \leqslant 0\} \leqslant$ 本原机会，它是从 $(0,1]$ 到 $(0,1]$ 的函数，而非实数。

4.2.2 模糊随机期望值模型

为使得决策在期望约束下得到最大的期望效益，可建立如下模糊随机期望值模型：

$$\begin{cases} \max E[f(\boldsymbol{x}, \boldsymbol{\xi})] \\ \mathrm{s.t.} \quad E[g_j(\boldsymbol{x}, \boldsymbol{\xi})] \leqslant 0, j = 1, 2, \cdots, p \end{cases}$$

式中，$\boldsymbol{x}$ 是决策向量；$\boldsymbol{\xi}$ 是模糊随机向量；f 为目标函数；g_j 为约束函数。

在实际中，决策者若希望优化多个目标，可建立如下模糊随机期望值多目标规划模型：

$$\begin{cases} \max[E[f_1(\boldsymbol{x}, \boldsymbol{\xi})], E[f_2(\boldsymbol{x}, \boldsymbol{\xi})], \cdots, E[f_m(\boldsymbol{x}, \boldsymbol{\xi})]] \\ \mathrm{s.t.} \quad E[g_j(\boldsymbol{x}, \boldsymbol{\xi})] \leqslant 0, j = 1, 2, \cdots, p \end{cases}$$

式中，$f_i(\boldsymbol{x}, \boldsymbol{\xi})$ 为目标函数，$i = 1, 2, \cdots, m$，$g_j(\boldsymbol{x}, \boldsymbol{\xi})$ 为约束函数。

为平衡多个目标的冲突，并尽可能满足更多的目标，可建立如下模糊随机期望值目标规划模型：

$$\begin{cases} \min \sum_{j=1}^l P_j \sum_{i=1}^m (u_{ij} d_i^+ + v_{ij} d_i^-) \\ \mathrm{s.t.} \\ E[f_i(\boldsymbol{x}, \boldsymbol{\xi})] + d_i^+ - d_i^- \leqslant b_i, i = 1, 2, \cdots, m \\ E[g_j(\boldsymbol{x}, \boldsymbol{\xi})] \leqslant 0, j = 1, 2, \cdots, p \\ d_i^+, d_i^- \geqslant 0, i = 1, 2, \cdots, m \end{cases}$$

式中,P_j 为优先因子,表示各个目标的相对重要性,且对所有 j,有 $P_j \gg P_{j+1}$;u_{ij} 为对应优先级 j 的第 i 个目标正偏差的权重因子;d_i^+ 为目标 i 偏离目标值的正偏差;v_{ij} 为对应优先级 j 的第 i 个目标负偏差的权重因子;d_i^- 为目标 i 偏离目标值的负偏差;f_i 为目标约束中的函数;g_i 为系统约束中的函数;b_i 为目标 i 的目标值;l 为优先级个数,m 为目标约束个数;p 为系统约束个数。

4.2.3 模糊随机模拟技术

模糊随机模拟是一种从模糊随机系统模型中抽样实验的技术,本章利用模糊随机模拟技术计算模型中的不确定函数的期望 $E[f(\xi)]$。具体步骤如下:设 $f:\mathbf{R}^n \to \mathbf{R}$ 是可测函数,ξ 是定义在概率空间 $(\Omega, A, \Pr)$ 上的模糊随机变量。

步骤 1 令 $e = 0$;

步骤 2 按照概率 $\Pr$ 随机抽取样本点 $\omega_i \in \Omega = \{\omega_1, \omega_2, \cdots, \omega_M\}$;

步骤 3 $\xi(\omega)$ 是可能性空间 $(\Theta, P(\Theta), \text{Pos})$ 上的模糊变量,利用模糊模拟技术求模糊期望 $E[f(\xi(\omega))]$,具体步骤如下:

步骤 3.1 令 $e = 0$;

步骤 3.2 从 Θ 中均匀产生 θ_k 使其满 $\text{Pos}\{\theta_k\} \geq \varepsilon, k = 1, 2, \cdots, N$,其中 ε 是充分小的正数,N 是充分大的数,令 $v_k = \text{Pos}\{\theta_k\}$;

步骤 3.3 令 $a = f(\xi(\theta_1)) \wedge \cdots \wedge f(\xi(\theta_N)), b = f(\xi(\theta_1)) \vee \cdots \vee f(\xi(\theta_N))$;

步骤 3.4 从 $[a, b]$ 中均与产生 r;

步骤 3.5 若 $r \geq 0$,则 $e \leftarrow e + \text{Cr}\{f(\xi \geq r)\}$;式中,

$$\text{Cr}\{f(\xi \geq r)\} = \frac{1}{2}(\max_{1 \leq k \leq N}\{v_k \mid f(\xi(\theta_k)) \geq r\} + \min_{1 \leq k \leq N}\{1 - v_k \mid f(\xi(\theta_k)) < r\})$$

步骤 3.6 若 $r \leq 0$,则 $e \leftarrow e - \text{Cr}\{f(\xi \geq r)\}$;其中

$$\text{Cr}\{f(\xi \leq r)\} = \frac{1}{2}(\max_{1 \leq k \leq N}\{v_k \mid f(\xi(\theta_k)) \leq r\} + \min_{1 \leq k \leq N}\{1 - v_k \mid f(\xi(\theta_k)) > r\})$$

步骤 3.7 重复步骤 3.4 至步骤 3.6 共 N 次;

步骤 3.8 $E[f(\xi)] = a \vee 0 + b \wedge 0 + e \cdot (b-a)/N$。

步骤 4 置 $e \leftarrow e + E[f(\xi(\omega))]$;

步骤 5 重复步骤 2 至步骤 4 共 M 次,输出 $E[f(\xi)] = e/M$。

4.3 反导作战静态火力分配问题建模

4.3.1 问题建模

本节将从模型假设、目标函数、约束条件三个方面构建基于模糊随机期望的反导作战静态火力分配模型。

1. 符号定义

为便于模型描述,基于模糊随机期望的反导作战静态火力分配模型涉及的相关数学符号及其定义,见表 4.2。

表 4.2　符号及意义

符号	定义
i	火力单元序号
j	来袭弹头序号
g_i	第 i 个火力单元
d_j	第 j 个来袭弹头
N_W	火力单元数量,$i \in I = \{1,2,\cdots,N_W\}$
N_T	来袭弹头数量,$j \in J = \{1,2,\cdots,N_T\}$
$\tilde{S}_{ij}$	第 i 个火力单元对第 j 个来袭弹头的模糊随机单发毁伤概率
w_j	第 j 个来袭弹头的威胁度
n_i	第 i 个火力单元贮备的拦截弹数量
P_{ij}	第 i 个火力单元对第 j 个来袭弹头的拦截有利度
DS_j	对第 j 个来袭弹头的有效毁伤下界
ε	拦截有利度最小阈值 ε
x_{ij}	第 i 个火力单元对第 j 个来袭弹头分配的拦截弹数量

下式为拦截决策变量。

$$\left.\begin{array}{l} x_{ij} = 0,\text{第 } i \text{ 个火力单元未分配拦截弹给第 } j \text{ 个来袭弹头} \\ x_{ij} \neq 0_i,\text{第 } i \text{ 个火力单元分配 } x_{ij} \text{ 个拦截弹给第 } j \text{ 个来袭弹头} \end{array}\right\} \quad (4.5)$$

2. 模型假设

分析反导作战静态火力分配优化问题前,首先给出以下定义。

定义 4.9　有效毁伤下界。使用一定数量火力对某一来袭弹道导弹进行打击,经毁伤评估,若毁伤程度小于某一值 DS_j($0 \leqslant DS_j \leqslant 1$),弹道导弹可迅速恢复战斗力;若毁伤程度大于 DS_j,则在规定时间内,弹道导弹无法再次形成战斗力,称区间 $[DS_j, 1]$ 为第 j 个弹道导弹的有效毁伤区间,DS_j 为有效毁伤下界。

表 4.3 为弹道导弹的毁伤水平等级[183]。

表 4.3　弹道导弹的毁伤水平等级

袭扰性打击	摧毁性打击		瘫痪性打击	压制性打击	
毁伤等级	彻底摧毁	重度毁伤	中度毁伤	轻度毁伤	轻微毁伤
毁伤效果	0.81~1	0.61~0.80	0.41~0.60	0.20~0.40	0.01~0.20

反导作战静态火力分配问题中,拦截弹对来袭弹头的单发毁伤概率 S_{ij} 是影响作战效能的关键因素。经典的 WTA 问题中,假设 S_{ij} 为定常参数,但传感器的误差、装备故障、部署差异及来袭弹道导弹故障等原因均会造成 S_{ij} 具有不确定性,出现低于、等于或高于理论值三种情况。因此,用模糊随机变量描述 S_{ij} 更加符合实际战场环境。

假设决策者根据经验估计:如果拦截弹出现故障,单发毁伤概率在 $\tilde{s}_{ij1}$ 左右(如 $\tilde{s}_{ij1} = 0.7$);

如果没有意外情况发生,单发毁伤概率与预先估计相近,在 $\tilde{s}_{ij2}$ 左右(如 $\tilde{s}_{ij2} = 0.8$);如果来袭弹头出现故障,单发毁伤概率在 $\tilde{s}_{ij3}$ 左右(如 $\tilde{s}_{ij3} = 0.9$)。设拦截弹出现故障的概率为 0.1,没有意外情况发生的概率为 0.6,来袭弹头出现故障的概率为 0.3。在这种情况下用确定型变量、单一随机变量或单一模糊变量描述单发毁伤概率都不准确,本章将单发毁伤概率 $\tilde{S}_{ij}$ 设为模糊随机变量,见下式:

$$\tilde{S}_{ij}(\omega) = \begin{cases} \tilde{s}_{ij1}, & \text{若毁伤概率低于理论值}(\eta_1), \text{发生概率 } p_1 \\ \tilde{s}_{ij2}, & \text{若毁伤概率等于理论值}(\eta_2), \text{发生概率 } p_2 \\ \tilde{s}_{ij3}, & \text{若毁伤概率高于理论值}(\eta_3), \text{发生概率 } p_3 \end{cases} \quad (4.6)$$

式中,$\tilde{s}_{ijk}(k=1,2,3)$ 为正模糊变量,随机因素 η 的概率分布为

$$P\{\eta_k\} = p_k, 0 \leqslant p_k \leqslant 1, \sum_{k=1}^{3} p_k = 1$$

基于以上讨论,根据战场环境特点、反导作战特点及决策需求,对模型作如下假设:

(1) 单发毁伤概率 $\tilde{S}_{ij}$ 为模糊随机变量。

(2) 空情明确,已完成对来袭弹头的威胁评估。弹头落点已经确定,弹头坐标和弹道参数处于不断更新状态。

(3) 参与分配的火力单元处于正常的工作状态,各火力单元的拦截弹贮备量明确。

(4) 考虑到火力单元目标通道数的限制,每个火力单元最多分配一个弹头。

(5) 每个来袭弹头至少分配一个火力单元。

(6) 对每个来袭弹头的拦截毁伤概率需大于等于其有效拦截下界。

(7) 在火力单元构成集火射击的条件下,应采用集火射击,以提高拦截概率。

3. 目标函数

构建基于模糊随机期望的反导作战静态火力分配模型的总体原则是在一定的期望拦截概率下,最大化反导作战防御系统的作战效能,最小化作战代价。由于拦截弹造价较高,在反导作战中具有稀缺性,可用耗弹量描述作战代价,设某反导作战防御拦截系统在阵地部署了 $N_i(i=1, 2,\cdots, N_W)$ 个火力单元,需要对 $N_j(j=1,2,\cdots,N_T)$ 个来袭弹头进行拦截,决策矩阵 $\boldsymbol{X} = [x_{ij}]_{N_W \times N_T}$,则可建立如下多目标函数:

$$\begin{cases} \max \tilde{Z}_1(\tilde{S}_{ij}, x_{ij}) \\ \min Z_2(x_{ij}) \end{cases}$$

式中

$$\begin{cases} \tilde{Z}_1 = \sum_{j=1}^{N_T} \omega_j (1 - \prod_{i=1}^{N_W} (1 - P_{ij}\tilde{S}_{ij}) x_{ij} \\ Z_2(x_{ij}) = \sum_{j=1}^{N_T} \sum_{i=1}^{N_W} x_{ij} \end{cases}$$

4. 约束条件

反导作战静态火力分配是一个具有多约束的优化问题,针对反导作战的特点及决策需求,在静态火力分配中,需要考虑以下约束条件:

(1) 第 i 个火力单元可分配的拦截弹数量必须小于或等于火力单元的拦截弹贮备量。

$$\sum_{j=1}^{N_T} x_{ij} \leqslant n_i, \forall i \in I$$

(2) 对每个来袭弹头的拦截概率需大于等于有效毁伤下界。

$$E\left\{1 - \prod_{i=1}^{N_W}(1-P_{ij}\widetilde{S}_{ij})^{x_{ij}}\right\} \geqslant DS_j, \forall j \in J$$

(3) 拦截有利度小于阈值 ε 的火力单元不具备拦截条件,即不发射拦截弹。

$$x_{ij} = 0, 如 P_{ij} \leqslant \varepsilon \forall i \in I, \forall j \in J$$

(4) 每个火力单元最多分配给一个来袭弹头。

$$\sum_{j=1, j \neq k}^{N_T} x_{ij} = 0, \quad k = 1, 2, \cdots, N_T$$

(5) 每个来袭弹头至少分配一个火力单元。

$$\sum_{i=1}^{N_W} x_{ij} \geqslant 1, \quad \forall j \in J$$

(6) 决策变量的取值范围。

$$x_{ij} \geqslant 0, \quad \forall i \in I, \quad \forall j \in J$$

5. 优化模型

由于多目标优化问题难以求得全局最优解,本节采用最大化效费比作为目标函数,即最大化作战效能与最小化作战代价的比值,将多目标优化问题转换为单目标优化问题,构建基于模糊随机期望的反导作战静态火力分配模型,如式(4.7):

$$\max E\{\widetilde{Z}(\widetilde{S}_{ij}, x_{ij})\} = \max E\left\{\frac{\widetilde{Z}_1(\widetilde{S}_{ij}, x_{ij})}{Z_2(x_{ij})}\right\} = \max E\left\{\frac{\sum_{j=1}^{N_T} \omega_j(1 - \prod_{i=1}^{N_W}(1-P_{ij}\widetilde{S}_{ij})^{x_{ij}})}{\sum_{j=1}^{N_T}\sum_{i=1}^{N_W} x_{ij}}\right\}$$

即

$$\begin{cases} \sum_{j=1}^{N_T} x_{ij} \leqslant n_i, \forall i \in I \\ E\left\{1 - \prod_{i=1}^{N_W}(1-P_{ij}\widetilde{S}_{ij})^{x_{ij}}\right\} \geqslant DS_j, \forall j \in J \\ x_{ij} = 0, \text{if } P_{ij} \leqslant \varepsilon, \forall i \in I, \forall j \in J \\ \sum_{j=1, j \neq k}^{N_T} x_{ij} = 0, k = 1, 2, \cdots, N_T \\ \sum_{i=1}^{N_W} x_{ij} \geqslant 1, \forall j \in J \\ x_{ij} \geqslant 0 \forall i \in I, \forall j \in J \end{cases} \quad (4.7)$$

式中,目标函数 $E(\widetilde{Z})$ 及 $E\left\{1 - \prod_{i=1}^{N_W}(1-P_{ij}\widetilde{S}_{ij})^{x_{ij}}\right\}$ 由模糊随机模拟计算。

4.3.2 模型特点分析

分析模型特征,可以更加科学地选择求解算法。对式(4.7)进行分析,可以看出,基于模糊随机期望的反导作战静态火力分配模型具有如下特征:

1. NP 完全问题

基于模糊随机期望的反导作战静态火力分配模型的求解是典型的 NP 完全问题,其解空间的维数随着问题规模的增大呈指数增长。

2. 非均匀解空间

基于模糊随机期望的反导作战静态火力分配模型的解空间是非均匀的,即对解空间的任意一个可行解,其目标函数值与其相邻的可行解所对应的目标函数值可能相差较大。

3. 非线性

基于模糊随机期望的反导作战静态火力分配模型是一个非线性规划模型,目标函数为凸函数且具有较多约束条件,难以进行解析求解。

基于以上分析,若采用传统的运筹学方法,如分支定界法、割平面法和隐枚举法等对该模型进行求解,将无法满足反导作战对时效性的要求,甚至无法找到可行解。

4.3.3 算法选择

在反导作战中,来袭弹道导弹具有高速、高空和低探测率等特性,使得反导作战火力分配对拦截时效性具有较高要求。因此,需要设计一种搜索效率高、收敛速度快且具有全局优化能力的智能优化算法对模型进行求解。在众多的智能优化算法中,PSO 算法是目前应用较为广泛的全局优化算法。相较于其他智能优化算法,PSO 算法的最大优势在于机理简单、收敛速度快、全局优化能力强,能够满足反导作战对时效性的要求。表 4.4 列出了 PSO 算法与 GA 算法和 ACO 算法的对比分析结果。

表 4.4 常用智能优化算法对比分析

算法	优点	缺点	适用范围
GA	(1) 通用性好、鲁棒性好; (2) 对初始化不敏感,不易陷入局部最优点; (3) 具有并行性	(1) 求解时间长; (2) 遗传因子不好选择; (3) 可能出现"早熟收敛"现象	对时效性要求不高的计算环境
ACO	(1) 通用性好、鲁棒性好; (2) 具有较强的并行性; (3) 不要求目标函数连续、可导	(1) 只能感知局部信息,不能直接利用全局信息; (2) 对参数设置敏感; (3) 容易出现"停滞"现象	并行分布式计算环境
PSO	(1) 通用性好、鲁棒性好; (2) 机理简单,易于实现; (3) 需要调整的参数较少; (4) 具有"记忆性"和较强的全局搜索能力; (5) 时效性好	(1) 容易陷入局部最优; (2) 缺乏理论推导和证明	对时效性要求高的计算环境

根据表 4.4 的对比分析，本书选择 PSO 算法对模型进行求解，并针对基本 PSO 算法容易陷入局部最优的问题提出改进算法。

4.4 带怀疑因子及斥力因子的粒子群优化算法 DRPSO

与其他进化算法类似，PSO 算法在解决优化问题时往往存在容易发生早熟收敛而陷入局部最优的问题。针对这一问题，近几年来提出了许多改进算法，但这些算法大多着眼于 PSO 的参数选择或某个参数的动态修改策略，或其他混合智能算法，难以克服 PSO 算法易陷入局部极小的固有弱点。文献[188]提出一种基于动态边界的粒子群优化算法，在低维函数优化中效果良好，但在高维函数优化中效果不佳。文献结合粒子群搜索的随机行为分析，提出均匀搜索粒子群算法，但并未从根本上改变粒子的位置和速度更新方式。

基于以上讨论，本节根据粒子运动的特点以及优化解的分布特性，提出（Particle Swarm Optimization with Doubt and Repulsion，DRPSO）算法。DRPSO 算法引入怀疑因子来改进粒子的速度更新方式，以降低粒子在运动过程中产生惰性而出现早熟收敛的概率，并给出带斥力因子的位置修正策略，使粒子均匀分散于搜索空间，从而避免基本 PSO 算法容易陷入局部最优的问题。

4.4.1 基本 PSO 算法

1. PSO 算法的基本原理

PSO 算法的基本思想是受自然界中鸟类群体运动模型的启发。Kennedy 等认为鸟群之间存在着能相互交换的信息，因此在仿真实验中增加了个体间的信息交互与存储机制，即每个粒子都能够通过信息交互逐步向较好解靠近，并引导整个群体中的粒子向着最好解的位置不断聚集。根据社会认知理论，可将 PSO 算法的求解过程概括为评价、比较和模仿三个过程。大量实验结果表明，PSO 算法能够解决 GA 算法所能解决的各类优化问题，显示出强大的生命力及应用前景。基本 PSO 算法的具体内容如下：

（1）参数定义。

表 4.5 为基本 PSO 算法的参数定义，基于以上定义，$\boldsymbol{X}_i^k = (x_{i1}^k, x_{i2}^k, \cdots, x_{iD}^k)(i = 1, 2, \cdots, N, d = 1, 2, \cdots, D)$ 为第 k 代中，第 i 个粒子的 D 维位置矢量，粒子每一维上的位置取值范围为 $x_{id} \in [x_{\min}, x_{\max}]$；$\boldsymbol{V}_i^k = (v_{i1}^k, v_{i2}^k, \cdots, v_{iD}^k)$，为第 k 代中，第 i 个粒子的飞行速度，粒子每一维上的速度取值范围为 $v_{id} \in [v_{\min}, v_{\max}]$；$\boldsymbol{P}_i^k = (p_{i1}^k, p_{i2}^k, \cdots, p_{iD}^k)$ 为截止 k 代，第 i 个粒子经历过的最优位置；$P_g^k = (p_{g1}^k, p_{g2}^k, \cdots, p_{gD}^k)$ 为截止 k 代，整个粒子群搜索到的最优位置。

表 4.5 基本 PSO 算法参数定义

参　　数	定　　义
N	种群规模
ω	惯性权重
c_1	粒子自身经验学习因子
c_2	粒子群体经验学习因子
x_{id}^k	第 k 代中,粒子 i 的第 d 维位置矢量
v_{id}^k	第 k 代中,粒子 i 的第 d 维飞行速度
p_{id}	粒子 i 在第 d 维经历过的最优位置
p_{gd}	整个群体在第 d 维搜索到的最优位置

(2) 速度与位置更新公式。速度更新公式:

$$v_{id}^{k+1} = \omega \cdot v_{id}^k + c_1 r_1 \cdot (p_{id} - x_{id}^k) + c_2 r_2 \cdot (p_{gd} - x_{id}^k) \tag{4.8}$$

式中,r_1,r_2 为 $[0,1]$ 区间内的随机变量。

位置更新公式:

$$x_{id}^{k+1} = x_{id}^k + v_{id}^{k+1} \tag{4.9}$$

(3) 惯性权重系数 ω 体现了粒子继承先前速度的能力,为了更好地平衡算法的全局搜索与局部搜索,Shi.Y 首次提出线性递减惯性权重(Linear Decreasing Inertia Weight,LDIW),即

$$\omega(k) = (\omega_{ini} - \omega_{end})\left(\frac{k_{max} - k}{k_{max}}\right) + \omega_{end} \tag{4.10}$$

式中,ω_{ini} 为初始权重;ω_{end} 为最终权重;k_{max} 为最大迭代次数;k 为当前迭代次数。

LDIW 的引入使得基本 PSO 算法在初期倾向于开掘,即群体能够在较大的解空间范围内进行搜索,避免过快陷入早熟收敛;随着迭代次数的增加,算法逐渐转向于开拓,从而使粒子能在各自局部区域进行更精细的搜索,以寻得全局最优解。这一改进在很大程度上提高了基本 PSO 算法寻优性能和收敛性能。

2. 优化机理与参数分析

PSO 算法中的每个粒子都代表问题的一个潜在解,对应一个由适应度函数决定的适应度值。粒子的速度决定了粒子移动的方向和距离,速度随自身及其他粒子的移动经验进行动态调整,从而实现个体在可解空间中的寻优。由式(4.8)可知,粒子的速度更新包括三个部分:第一部分是粒子对自身的记忆性,体现 PSO 算法的多样性,是迭代寻优的基础。它可以通过惯性权重 ω 平衡全局和局部搜索能力;第二部分是"认知"部分,代表了粒子对自身的学习,它能够保证粒子具有较强的全局搜索能力,避免陷入早熟收敛;第三部分是"社会"部分,代表了粒子间的协作,体现了粒子间的信息共享。粒子在这三部分的共同作用下,最终收敛到最优位置。

图 4.4 给出了基本 PSO 算法中粒子的运动示意图,以更加形象地说明 PSO 算法的优化机理。在此基础上,结合式(4.8),对其相关参数进行分析。

(1) 惯性权重的分析。惯性权重 ω 的取值范围为 $[0,1]$,当 $\omega \to 1$ 时,表明粒子当前的飞行速度对下一步的运动影响很大;当 $\omega = 0$ 时,表明惯性权重作用消失,粒子下一步的飞行速度只受个体极值和群体极值的影响,即速度自身是无记忆性的,基本 PSO 算法的搜索空间将会随着进化而收缩。因此,惯性权重对基本 PSO 算法的性能影响很大,体现了全局搜索和局部搜

索的一个折中。目前,对惯性权重的调整策略主要有线性递减策略、模糊自适应策略以及随机变化策略等。

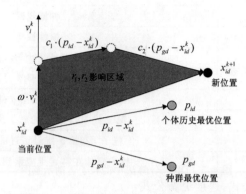

图 4.4　基本 PSO 算法中粒子运动示意图

(2) 学习因子的分析。

1) 当粒子的自身学习因子 $c_1 = 0$ 时,粒子没有自身学习能力,个体将在群体极值的作用下,到达新的搜索空间。此时所有粒子都将快速地向群体极值靠近,收敛速度会较快,但容易陷入局部最优。

2) 当粒子的社会学习因子 $c_2 = 0$ 时,各粒子之间没有信息流动,每个粒子完全凭借自身学习能力来搜索问题空间,相当于多个单粒子的 PSO 算法独立运行,失去了群智能算法本身所具备的特性,因而很难寻找到最优解。

3) 当 $c_1 = c_2 = 0$ 时,在惯性权重的作用下,粒子将保持相同的速度沿当前方向作直线运动,直至飞抵边界。在这种情况下,除非最优解在粒子的飞行轨迹上,否则粒子找不到最优解的概率很大。

(3) 随机变量的分析。r_1 和 r_2 为 $[0,1]$ 区间内的随机变量,其引入的目的是为了提高种群的多样性和随机寻优能力,粒子下一步可能出现的位置为图 4.4 中的阴影区中任意一点。$c_1 r_1$,$c_2 r_2$ 共同决定了粒子对个体极值和群体极值的信任程度。

4.4.2　速度-位置更新策略

1. 带怀疑因子的速度更新策略

为降低粒子在运动过中产生惰性而出现早熟收敛的概率,DRPSO 算法在迭代的前期阶段,在速度更新公式中增加一个包含个体最优位置和群体最优位置的怀疑因子。此时,粒子的速度更新公式如下:

$$v_{id}^{k+1} = \omega_1 \cdot v_{id}^k + c_1 r_1 \cdot (p_{id} - x_{id}^k) + c_2 r_2 \cdot (p_{gd} - x_{id}^k) - \omega_2 \cdot r_3 \cdot (p_{id} + p_{gd}) \quad (4.11)$$

式中,第一项是粒子对自身的记忆能力,体现 PSO 算法的多样性,是迭代寻优的基础;第二、三项分别是粒子对自身学习和群体间的协作,反应集中化特点;第四项 $-\omega_2 \cdot r_3 \cdot (p_{id} + p_{gd})$ 为怀疑因子,是对粒子在运动过程中个体最优和群体最优的怀疑,以降低粒子在运动过程中陷入局部最优而发生早熟收敛的概率,是粒子多样化与集中化之间的平衡;c_1,c_2 是学习因子;r_1,r_2,r_3 为 $[0,1]$ 区间的随机数。

由图 4.5 可以看出,加入怀疑因子后,粒子运动路线为 ①→②→③→④→⑤,其中粒子下一步可能出现的位置是图中阴影区中的任意一点,与随机变量 r_1,r_2,r_3 的取值相关。

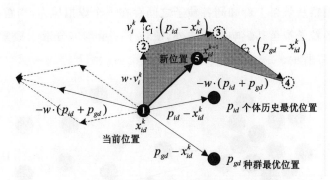

图 4.5　DRPSO 算法中的粒子运动示意图

对于惯性权重系数 ω,本章采用非线性递减权重策略,为简化算法的复杂性,令 $\omega_1 = \omega_2$,均采用非线性递减权重策略。常用的三类非线性递减惯性权重(Nonlinear Decreasing Inertia Weight,NLDIW)如下:

$$\left.\begin{array}{l}\text{NLDIW1}:\omega(k) = \omega_{\text{ini}} - (\omega_{\text{ini}} - \omega_{\text{end}})\left(\dfrac{k}{k_{\max}}\right)^2 \\[2mm] \text{NLDIW2}:\omega(k) = \omega_{\text{ini}} - (\omega_{\text{ini}} - \omega_{\text{end}})\left[\dfrac{2k}{k_{\max}} - \left(\dfrac{k}{k_{\max}}\right)^2\right] \\[2mm] \text{NLDIW3}:\omega(k) = \omega_{\text{end}}\left(\dfrac{\omega_{\text{ini}}}{\omega_{\text{end}}}\right)^{1/(1+ck/k_{\max})}\end{array}\right\} \quad (4.12)$$

图 4.6 为 4 种 ω 的动态变化,可以看出,由于 NLDIW1 中,ω 前期变化较慢,取值较大,保证了算法的全局搜索能力;而后期 ω 变化较快,提高了算法的局部寻优能力,因此本章采用 NLDIW1 策略。

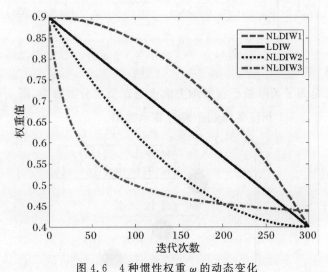

图 4.6　4 种惯性权重 ω 的动态变化

2. 带斥力因子的位置更新策略

为了使粒子能够于算法迭代初始阶段在较大的解空间范围内进行搜索,以避免由于粒子过分聚集而陷入早熟收敛，DRPSO算法在粒子位置更新阶段加入了一个带斥力因子的位置修正策略。位置修正策略从效果上看如同各粒子之间存在一个虚拟斥力，当粒子间距小于允许阈值时，该斥力便将各粒子推至其影响范围之外，使粒子尽量均匀分散于搜索空间。斥力因子对粒子的作用如图4.7所示。

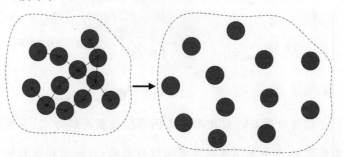

紧密粒子间存在虚拟斥力　　　　经斥力因子处理后的稀疏种群

图4.7　斥力因子对粒子的作用

带斥力因子的位置更新方式主要思想是：为粒子各维设定最小允许间距（$\Delta s_1^k, \Delta s_2^k, \cdots, \Delta s_D^k$），且该间距的大小随迭代次数的增加呈单调递减，以体现算法在迭代初期的全局搜索能力以及迭代后期的局部寻优能力；计算每个粒子各维与其他粒子相应维的距离之和（$\sum_{i\neq j,j=1}^{N}\|x_{i1}^k-x_{j1}^k\|, \sum_{i\neq j,j=1}^{N}\|x_{i2}^k-x_{j2}^k\|, \cdots, \sum_{i\neq j,j=1}^{N}\|x_{iD}^k-x_{jD}^k\|$），并将其与（$\Delta s_1^k, \Delta s_2^k, \cdots, \Delta s_D^k$）进行比较，从而得到粒子位置的更新策略，见下式。

对 $\forall d \in [1,D]$，有

$$x_{id}^{k+1} = \begin{cases} x_{id}^k + v_{id}^{k+1} + 2\Delta s_d^k, & \sum_{i\neq j,j=1}^{N}\|x_{id}^k - x_{jd}^k\| < \Delta s_d^k \\ x_{id}^k + v_{id}^{k+1}, & \sum_{i\neq j,j=1}^{N}\|x_{id}^k - x_{jd}^k\| \geqslant \Delta s_d^k \end{cases} \quad (4.13)$$

Δs_d^k 乘以系数2是为了消除粒子在各维方向上有正负之分的影响。图4.8为2维空间中，粒子i各维与粒子$i-1, i+1$相应各维的距离计算示意图。

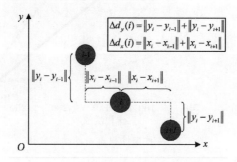

图4.8　粒子各维间距离之和计算

其中

$$\Delta d_y(i) = \| y_i - y_{i-1} \| + \| y_i - y_{i+1} \|$$

$$\Delta d_x(i) = \| x_i - x_{i-1} \| + \| x_i - x_{i+1} \|$$

为简化算法计算过程，粒子各维最小允许间距取统一数值，即 $\Delta s_1^k = \Delta s_2^k = \cdots = \Delta s_D^k = \Delta s^k$，变化规律采用与惯性权重系数 ω 相同的 NLDIW1 策略，具体形式见下式：

$$\Delta s^k = s_{\text{ini}} - (s_{\text{ini}} - s_{\text{end}})\left(\frac{k}{k_{\max}}\right)^2 \tag{4.14}$$

式中，s_{ini} 为初始间距；s_{end} 为最终间距。

4.4.3 DRPSO 算法描述

结合带怀疑因子的速度更新方式及带斥力因子的位置更新方式，下面给出 DRPSO 算法的详细步骤：

输入：初始化 DRPSO 算法参数，设置种群规模 N；最大迭代次数 $k_{\max}$；粒子维数 D；迭代计数器 b；学习因子 c_1,c_2；惯性权重 $\omega_{\text{ini}},\omega_{\text{end}}$；粒子各维最小允许间距 $s_{\text{ini}},s_{\text{end}}$；粒子各维速度的阈值 $v_{\min},v_{\max}$；粒子各维位置的阈值 $x_{\min},x_{\max}$。

输出：全局最优 P_g。

工作流程：

步骤 1 随机初始化第一代种群；

步骤 2 计算粒子的适应度值；

步骤 3 寻找粒子的个体最优 P_i 和群体最优 P_g；

步骤 4 根据式(4.11)更新种群中粒子的速度；

步骤 5 根据式(4.13)更新种群中粒子的位置；

步骤 6 计算状态更新后的种群中各粒子的适应度值，并更新每个粒子的个体最优 P_i 和群体最优 P_g；

步骤 7 判断是否满足终止条件 $k=k_{\max}$。若满足，转步骤 8；否则，转步骤 4，继续迭代；

步骤 8 输出全局最优 P_g，算法运行结束。

4.4.4 算法优势分析

分析 DRPSO 算法的速度和位置更新公式可知其具有以下优势：

(1) DRPSO 算法通过增加怀疑因子，对粒子在运动过程中的个体最优和群体最优产生怀疑，增加了种群的多样性，降低了粒子在运动过程中陷入局部最优而发生早熟收敛的概率。

(2) DRPSO 算法通过增加斥力因子，使粒子均匀分散于搜索空间，从而使解空间相对均匀，有利于寻找到全局最优解。

(3) PSO 算法的关键是平衡粒子的全局寻优能力和局部搜索能力。斥力因子中最小允许间距的大小随迭代次数的增加呈单调递减，使算法在迭代初期的粒子的全局寻优能力和迭代后期的局部搜索能力更加均衡。

(4) 从时间复杂度方面看，怀疑因子和斥力因子所耗费的计算时间非常有限，没有增加算法的时间复杂度,相较于目前大多数混合PSO算法,在时间复杂度上具有明显优势。

4.4.5 DRPSO算法对复杂多峰函数的寻优能力测试

在优化算法研究领域,算法的性能对比通常是基于一些常用的基准测试函数而展开的。因此,本节将采用六个具有代表意义的测试函数对DRPSO算法性能进行比较验证。

1. 测试函数及特性分析

本节选择 Rosenbrock、Rastrigin、Griewank、Ackley、Quartic 和 Schwefel 函数作为DRPSO算法的测试函数。表4.6给出了各函数的表达式、取值区间、理论最优值,二维情况下的函数图像如图4.9所示。

表4.6 6种标准测试函数的表达式、取值区间和理论最优值描述

函数名称	函数表达式	取值区间	理论最优值
Rosenbrock	$f_1(x) = \sum_{i=1}^{n-1}[100(x_{i+1}-x_i^2)^2+(x_i-1)^2]$	$[-30,30]$	$f_1(0,\cdots,0)=0$
Rastrigin	$f_2(x) = \sum_{i=1}^{n}[x_i^2-10\cdot\cos(2\pi x_i)+10]$	$[-5.12, 5.12]$	$f_2(0,\cdots,0)=0$
Griewank	$f_3(x) = \frac{1}{4\,000}\sum_{i=1}^{n}x_i^2-\prod_{i=1}^{n}\cos\left(\frac{x_i}{\sqrt{i}}\right)+1$	$[-600, 600]$	$f_3(0,\cdots,0)=0$
Ackley	$f_4(x) = -20\exp\left(-0.2\sqrt{\frac{1}{n}\sum_{i=1}^{n}x_i^2}\right) - \exp\left(\frac{1}{n}\sum_{i=1}^{n}\cos 2\pi x_i\right)+20+e$	$[-32,32]$	$f_4(0,\cdots,0)=0$
Quartic	$f_5(x) = \sum_{i=1}^{n} i x_i^4 + \text{random}[0,1)$	$[-1.28, 1.28]$	$f_5(0,\cdots,0)=0$
Schwefel	$f_6(x) = -\sum_{i=1}^{n}(x_i\sin\sqrt{\lvert x_i \rvert})$	$[-500, 500]$	$f_6(420.9,\cdots,420.9) = -12\,569.5$

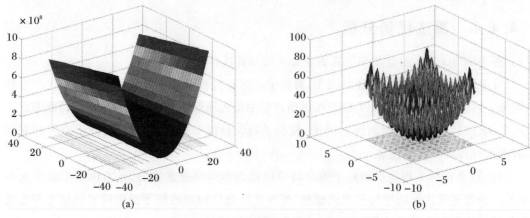

图4.9 6种标准测试函数的二维函数图像

(a)Rosenbrock函数;(b)Rastrigin函数

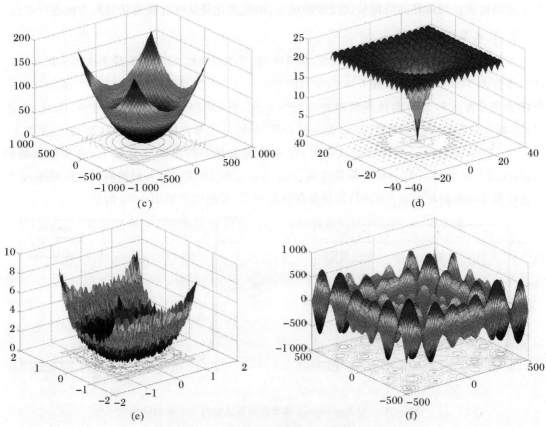

续图 4.9　6 种标准测试函数的二维函数图像
(c)Griewank 函数；(d)Ackley 函数；(e)Quartic 函数；(f)Schwefel 函数

测试函数的特性分析：

(1)Rosenbrock 函数：如图 4.9(a)所示，该函数是典型的病态二次函数，其可到达的局部最优点与全局最优点之间存在一道狭窄的山谷，可用的搜索信息极少，因而优化算法很难找到全局最优点。

(2)Rastrigin 函数：如图 4.9(b)所示，该函数以 Sphere 函数为基础，局部最小值由余弦函数产生，是一个典型的包含大量局部最优点的复杂多峰函数，因而很容易使优化算法陷入局部最优。

(3)Griewank 函数：如图 4.9(c)所示，该函数为旋转、不可分离和可变维数的多峰函数。该函数随着维数空间的增加，函数特性逐步趋于单峰函数。

(4)Ackley 函数：如图 4.9(d)所示，该函数为连续、旋转和不可分离的多峰函数，包含具有大量局部最优点。主要通过一个余弦波形来调整指数函数，其全局最优解落在边缘上，如果算法的初始值落在边缘上，那么就会很容易地解决这种问题。

(5)Quartic 函数：如图 4.9(e)所示，该函数为带噪声的四次方程，其中 random[0,1)为一致分布的随机变量。此函数包含一个随机噪声的变量，通常用来衡量优化算法在处理混有大量噪声的单峰测试函数时的性能。

(6)Schwefel 函数：如图 4.9(f)所示，该函数为不可分离的多峰函数，带有一定的欺骗性，由于全局最优点与最好的局部最优点相距很远,因此优化算法往往朝着错误的方向进行收敛。

2. 测试及结果分析

本节以上述 6 种函数为适应度函数,仿真中,设置种群规模 $N = 200$,最大迭代次数 $k_{max} = 500$,维数 $D = 30$,迭代计数器 $b = 0$,学习因子 $c_1 = c_2 = 2$,惯性权重 $\omega_{ini} = 0.9, \omega_{end} = 0.4$,可接受误差为 0.1,每个测试函数独立运行 500 次。将 DRPSO 算法与基本 PSO 算法、文献[192]提出的 FIPS 算法、文献[188]提出的 DBPSO 算法的寻优能力进行对比测试,结果如下:

(1) 对 Rosenbrock 函数的测试结果。与本次实验相关的参数设置如下:速度取值范围 $[v_{min}, v_{max}] = [-15, 15]$;位置取值范围 $[x_{min}, x_{max}] = [-30, 30]$;初始最小允许间距 $s_{ini} = 3$,最终最小允许间距 $s_{end} = 0.01$;其他参数设置不变。实验结果如图 4.10 所示。

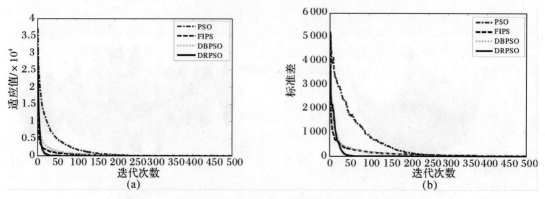

图 4.10 对 Rosenbrock 函数四种算法运行 500 次的结果
(a) 收敛特性曲线图;(b) 标准差波动曲线图

(2) 对 Rastrigin 函数的测试结果。与本次实验相关的参数设置如下:速度取值范围 $[v_{min}, v_{max}] = [-2, 2]$;位置取值范围 $[x_{min}, x_{max}] = [-5.12, 5.12]$;初始最小允许间距 $s_{ini} = 0.5$,最终最小允许间距 $s_{end} = 0.01$;其他参数设置不变。实验结果如图 4.11 所示。

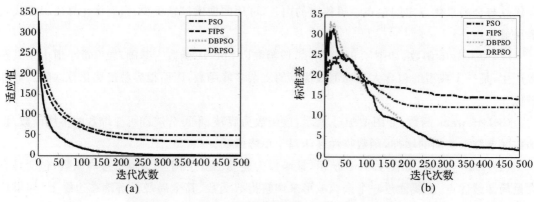

图 4.11 对 Rastrigin 函数四种算法运行 500 次的结果
(a) 收敛特性曲线图;(b) 标准差波动曲线图

(3) 对 Griewank 函数的测试结果。与本次实验相关的参数设置如下:速度取值范围 $[v_{min}, v_{max}] = [-300, 300]$;位置取值范围 $[x_{min}, x_{max}] = [-600, 600]$;初始最小允许间距 $s_{ini} = 60$,最终最小允许间距 $s_{end} = 0.01$;其他参数设置不变。实验结果如图 4.12 所示。

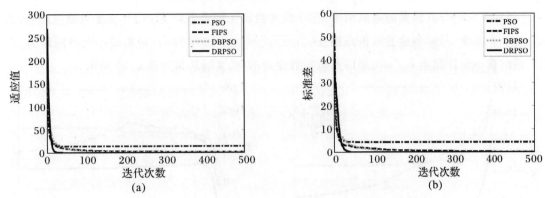

图 4.12 对 Griewank 函数四种算法运行 500 次的结果图

(a) 收敛特性曲线图;(b) 标准差波动曲线图

(4) 对 Ackley 函数的测试结果。与本次实验相关的参数设置如下:速度取值范围 $[v_{\min}, v_{\max}] = [-16, 16]$;位置取值范围 $[x_{\min}, x_{\max}] = [-32, 32]$;初始最小允许间距 $s_{\text{ini}} = 3.2$,最终最小允许间距 $s_{\text{end}} = 0.01$;其他参数设置不变。实验结果如图 4.13 所示。

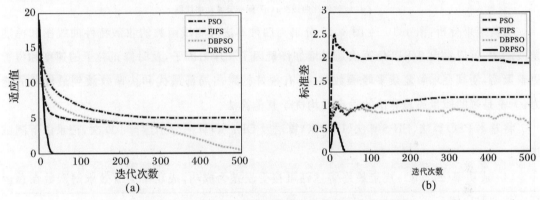

图 4.13 对 Ackley 函数 4 种算法运行 500 次的结果图

(a) 收敛特性曲线图;(b) 标准差波动曲线图

(5) 对 Quartic 函数的测试结果。与本次实验相关的参数设置如下:速度取值范围 $[v_{\min}, v_{\max}] = [-0.6, 0.6]$;位置取值范围 $[x_{\min}, x_{\max}] = [-1.28, 1.28]$;初始最小允许间距 $s_{\text{ini}} = 0.128$,最终最小允许间距 $s_{\text{end}} = 0.01$;其他参数设置不变。实验结果如图 4.14 所示。

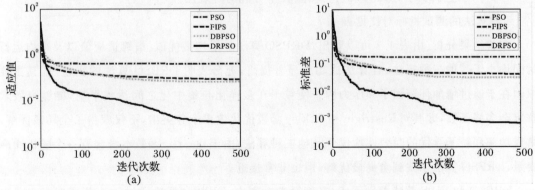

图 4.14 对 Quartic 函数四种算法运行 500 次的结果图

(a) 收敛特性曲线图;(b) 标准差波动曲线图

(6) 对 Schwefel 函数的测试结果。与本次实验相关的参数设置如下：速度取值范围 $[v_{\min},v_{\max}]=[-250,250]$；位置取值范围 $[x_{\min},x_{\max}]=[-500,500]$；初始最小允许间距 $s_{\mathrm{ini}}=50$，最终最小允许间距 $s_{\mathrm{end}}=0.01$；其他参数设置不变。实验结果如图 4.15 所示。

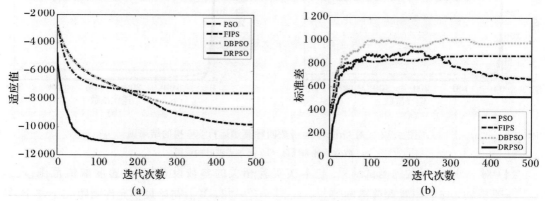

图 4.15　对 Schwefel 函数四种算法运行 500 次的结果图
(a) 收敛特性曲线图；(b) 标准差波动曲线图

实验结果分析：图 4.10～图 4.15 分别为四种算法对测试函数的收敛特性曲线图和标准差波动图。可以看出，DRPSO 算法通过增加怀疑因子和斥力因子，及时修正粒子的速度和位置更新策略，使其在求解复杂多峰函数时，具有很好的跳出局部最优和快速收敛到最优解的能力，无论是解的质量还是算法的稳定性均优于其他算法。

将基本 PSO 算法、FIPS 算法、DBPSO 算法及 DRPSO 算法分别运行 100 次，记录以下测试指标：

(1) 成功率（SuccR）：规定最终解达到可接受误差为成功，成功率为有效求解次数在总运行次数中的比例。

(2) 平均最优值（MeanBst）：100 次运行完成后所得到的算法平均最优值，可衡量粒子寻优的平均质量。

(3) 最终适应值（FinalBst）：表示最终收敛时函数的最优值。

(4) 平均运行时间（MeanT/s）：可衡量粒子寻优的时效性。

4 种算法的测试指标对比见表 4.7。

实验结果分析：由表 4.7 可以看出，DRPSO 算法的平均最优值、最终适应值以及平均运行时间均小于其他三种算法，且算法成功率显著提高，充分表明 DRPSO 算法的优越性。其主要原因在于通过增加怀疑因子和斥力因子使粒子在多样化与集中化之间达到平衡，能够有效求解复杂多峰函数，尤其对 Rastrigin 和 Ackley 函数优化效果十分突出，不仅获得了全局最优解，其成功率和粒子寻优的时效性均优于其他三种算法。由于 Quartic 函数本身含有一个随机噪声变量，DRPSO 算法未找到全局最优解，但也非常接近。

DBPSO 和 FIPS 算法差别不大，在细微的差别中，DBPSO 算法通过动态调整搜索空间边界，引导粒子在更有效的区域内进行搜索，找到了 Rastrigin 函数的全局最优解，且除 Schwefel

函数外,其平均最优值和最终适应值均小于 FIPS 算法,但成功率偏低。需要指出,四种算法对 Griewank 函数都取得了较好的效果,其主要原因是当维数空间超过 15 维后,Griewank 函数特性趋向于单峰,而其他测试函数均为包含大量局部最优点的复杂多峰函数,因此基本 PSO 算法很容易陷入局部最优而难以取得理想的效果。

表 4.7 4 种算法测试指标对比

测试函数	算法	SuccR	MeanBst	FinalBst	MeanT/s
Rosenbrock	PSO	0.230 0	1.397 0	1.043 5	6.151 9
	FIPS	0.570 0	0.883 2	0.781 7	7.301 4
	DBPSO	0.410 0	0.670 8	0.599 0	8.652 1
	DRPSO	**0.850 0**	**0.462 7**	**0.306 1**	**5.004 4**
Rastrigin	PSO	0.000 0	30.250 2	15.894 7	8.930 1
	FIPS	0.690 0	11.723 5	6.397 1	7.045 7
	DBPSO	0.050 0	1.199 5	0.000 0	5.223 8
	DRPSO	**0.870 0**	**0.459 5**	**0.000 0**	**4.615 2**
Griewank	PSO	0.370 0	3.459 2	1.637 3	23.208 4
	FIPS	0.710 0	1.133 5	1.023 8	18.736 0
	DBPSO	0.390 0	0.965 2	0.635 8	15.137 9
	DRPSO	**0.930 0**	**0.000 0**	**0.000 0**	**10.975 2**
Ackley	PSO	0.180 0	5.056 9	2.784 2	10.913 2
	FIPS	0.460 0	3.668 8	0.089 0	12.403 4
	DBPSO	0.600 0	0.589 3	0.016 0	13.758 0
	DRPSO	**0.890 0**	**0.000 0**	**0.000 0**	**7.033 5**
Quartic	PSO	0.000 0	0.399 3	0.160 5	5.885 4
	FIPS	0.760 0	0.080 7	0.012 9	6.057 3
	DBPSO	0.820 0	0.064 7	0.016 3	4.236 1
	DRPSO	**1.000 0**	**0.001 0**	**0.000 1**	**2.540 4**
Schwefel	PSO	0.000 0	−7 605.956 9	−10 014.796 1	14.707 3
	FIPS	0.220 0	−9 803.916 9	−11 285.800 6	10.156 6
	DBPSO	0.350 0	−8 698.417 9	−11 732.004 2	12.301 9
	DRPSO	**0.650 0**	**−11 309.443**	**−12 569.484 5**	**5.733 4**

4.5 基于DRPSO算法的反导作战静态火力分配模型求解

目前,遗传算法、蚁群算法和模拟退火算法等启发式算法在火力分配研究领域有着大量应用,然而都存在由于收敛速度慢,求解精度低,无法满足反导作战对时效性要求的问题。由4.3.2节分析可知,基于模糊随机期望的反导作战静态火力分配模型实质是一种非线性组合优化决策问题,属于NP完全问题,解空间的大小随问题规模呈指数增长。文献[196]和文献[197]分别提出了基于整数和级数的粒子编码方案,但都存在解码复杂,映射空间大的问题;文献[198]以目标的总期望生存值最小为目标函数,未考虑作战代价;文献[199]采用PSO算法和邻域搜索算法相结合的方法进行求解,算法求解精度提高,但运算时间长,难以适应反导作战对时效性的要求。

本节针对基于模糊随机期望的反导作战静态火力分配模型的特点,设计了一种基于实数的粒子编码策略,在此基础上调用DRPSO算法,并设计模糊随机模拟技术和DRPSO算法相结合的混合智能求解算法。

4.5.1 基于实数的粒子编码策略

在PSO算法中,$X_i = (x_{i1}, x_{i2}, \ldots, x_{iD})(i=1,2,\cdots,N, d=1,2,\cdots,D)$为第$i$个粒子的$D$维位置矢量,每个粒子代表火力分配的一个潜在解。用DRPSO算法对基于模糊随机期望的反导作战静态火力分配模型进行求解时,首先应对解的位置进行编码,编码策略在能表示问题解的基础上,还应尽量满足模型中所设定的约束条件。基于以上考虑,本节设计了一种基于实数的粒子编码策略,设第i个粒子中第d维元素的结构为

$$X_i(d) = X_i^1(d) \cdot X_i^2(d)$$

式中,$X_i^1(d)(X_i^1(d) \leqslant N_T)$为粒子位置的整数部分,表示火力单元被分配给的弹道导弹序号;$X_i^2(d)(X_i^2(d) \leqslant r_i)$为粒子位置的小数部分,表示火力单元拦截该弹道导弹所消耗的拦截弹数量;粒子的维数等于火力单元的数量;设火力单元数$N_W=4$;来袭弹道导弹数量$N_T=3$,则粒子的编码方案如图4.16所示。

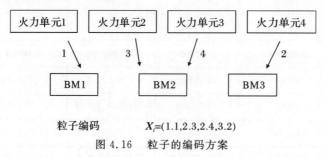

图4.16 粒子的编码方案

图4.16中,第1个火力单元拦截第1个弹道导弹,第2及第3个火力单元拦截第2个弹道导弹,第4个火力单元拦截第3个弹道导弹。粒子编码方式与反导作战静态火力分配问题映射

关系见表4.8。

表4.8 粒子编码方式与静态火力分配问题的映射关系

粒子维数	粒子	$[X^1]$（整数部分）	$[X^2]$（小数部分）	来袭弹道导弹	火力单元
1	1.1	1	0.1	d_1	g_1
2	2.3	2	0.3	d_2	g_2
3	2.4	2	0.4	d_2	g_3
4	3.2	3	0.2	d_3	g_4

与文献[196]提出的整数编码方式相比，基于实数的粒子编码策略，解码简单、映射空间小、计算时间少，对粒子位置信息的利用率更高。在迭代计算过程中，更新粒子位置时，直接使用基本PSO算法中的位置空间矢量计算即可，有利于发挥PSO算法耗时短、计算简单等固有特点。

4.5.2 混合智能算法

本节将DRPSO算法和模糊随机模拟有效结合，得到求解基于模糊随机期望的反导作战静态火力分配优化问题的混合智能算法。在此，目标函数 $E(\tilde{Z}(\tilde{S}_{ij}, x_{ij}))$ 即为DRPSO算法中的适应度函数，并用模糊随机模拟计算。下面给出求解模型的详细步骤：

输入：初始化DRPSO算法参数，设置目标数 N_T；火力单元数 N_W；毁伤概率 $\tilde{S}_{ij}$；弹道导弹威胁度 w_j；各火力单元贮备的拦截弹数为 n_i；种群规模 N；最大迭代次数 $k_{\max}$；粒子维数 $D = N_W$；$[x_{\min}, x_{\max}] = [1, N_T]$；$[v_{\min}, v_{\max}] = [N_T/2N_W, N_T/N_W]$；$[s_{\text{ini}}, s_{\text{end}}] = [1/10, N_T/10]$；学习因子 c_1、c_2；惯性权重 ω_{ini}、ω_{end}；迭代计数器 b。

输出：最优静态火力分配方案 $\tilde{P}_g$。

工作流程：

步骤1 根据粒子的编码方式，初始化粒子的位置、速度；

步骤2 对初始化的粒子进行合法性检查，调整不合法粒子；

步骤3 利用模糊随机模技术求解粒子的适应度值 $E(\tilde{Z})$；

步骤4 寻找粒子的个体最优 P_i 和群体最优 P_g；

步骤5 分别按式(4.11)和式(4.13)更新种群中粒子的速度和位置；

步骤6 对新粒子进行合法性检查，调整不合法粒子；

步骤7 利用模糊随机模拟技术求解状态更新后的种群中各粒子的适应度值 $E(\tilde{Z})$；

步骤8 更新粒子的个体最优 P_i 和群体最优 P_g；

步骤9 判断是否满足终止条件 $k = k_{\max}$。若满足，转步骤10；否则，$k = k+1$，转步骤5，继续迭代；

步骤10 输出最优静态火力分配方案 $\tilde{G}_g$，算法运行结束。

图4.17为求解基于模糊随机期望的反导作战静态火力分配优化的混合智能算法流程图。

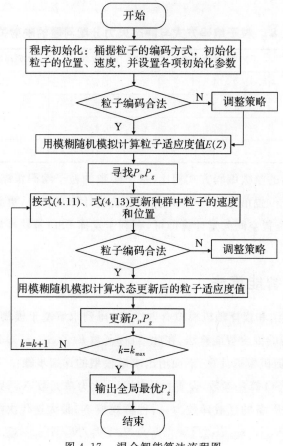

图 4.17 混合智能算法流程图

4.5.3 实验及结果分析

1. 战局假设及参数设置

为验证基于模糊随机期望的反导作战静态火力分配优化模型的合理性及混合智能算法的有效性,仿真以多枚弹道导弹突防为背景,引入如下战局假设:防御方部署 4 个火力单元:$\{g_1, g_2, g_3, g_4\}$ 执行弹道导弹防御任务;反导防御系统传感器共观测到 3 枚来袭弹头:$\{d_1, d_2, d_3\}$;各火力单元贮备的拦截弹数量:$\{2,2,2,2\}$;各火力单元的拦截有利度及各来袭弹头的威胁度值见表 4.9。

表 4.9 各火力单元的拦截有利度与各来袭弹头的威胁度值

目标	各火力单元				威胁度 w_j
	g_1	g_2	g_3	g_4	
d_1	0.96	0.63	0.75	0.31	0.68
d_2	0.77	0.49	0.81	0.95	0.92
d_3	0.54	0.82	0.68	0.27	0.77

不同火力单元对来袭弹头的单发毁伤概率如下,$\tilde{S}_{ij}$ 为模糊随机变量,$\tilde{s}_{ijk}$ 为三角模糊变

量,故 $\tilde{S}_{ij}$ 可表示为

$$\tilde{S}_{ij} = \begin{pmatrix} (0.70,0.73,0.76), b_1 = 0.2 \\ (0.73,0.76,0.79), b_2 = 0.5 \\ (0.76,0.79,0.82), b_3 = 0.3 \end{pmatrix} \quad \tilde{S}_{ij} = \begin{pmatrix} (0.55,0.57,0.59), b_1 = 0.2 \\ (0.57,0.59,0.61), b_2 = 0.7 \\ (0.59,0.61,0.63), b_3 = 0.1 \end{pmatrix}$$

$$\tilde{S}_{ij} = \begin{pmatrix} (0.44,0.49,0.54), b_1 = 0.5 \\ (0.49,0.54,0.59), b_2 = 0.3 \\ (0.54,0.59,0.64), b_3 = 0.2 \end{pmatrix} \quad \tilde{S}_{ij} = \begin{pmatrix} (0.33,0.43,0.53), b_1 = 0.3 \\ (0.43,0.53,0.63), b_2 = 0.4 \\ (0.53,0.63,0.73), b_3 = 0.3 \end{pmatrix}$$

$$\tilde{S}_{ij} = \begin{pmatrix} (0.21,0.27,0.33), b_1 = 0.1 \\ (0.27,0.33,0.39), b_2 = 0.7 \\ (0.33,0.39,0.45), b_3 = 0.2 \end{pmatrix} \quad \tilde{S}_{ij} = \begin{pmatrix} (0.53,0.62,0.71), b_1 = 0.2 \\ (0.62,0.71,0.80), b_2 = 0.4 \\ (0.71,0.80,0.89), b_3 = 0.4 \end{pmatrix}$$

$$\tilde{S}_{ij} = \begin{pmatrix} (0.16,0.28,0.40), b_1 = 0.1 \\ (0.28,0.40,0.52), b_2 = 0.6 \\ (0.40,0.52,0.64), b_3 = 0.3 \end{pmatrix} \quad \tilde{S}_{ij} = \begin{pmatrix} (0.37,0.43,0.49), b_1 = 0.2 \\ (0.43,0.49,0.55), b_2 = 0.6, \\ (0.49,0.55,0.61), b_1 = 0.2 \end{pmatrix}$$

$$\tilde{S}_{ij} = \begin{pmatrix} (0.46,0.54,0.62), b_1 = 0.3 \\ (0.54,0.62,0.70), b_2 = 0.5 \\ (0.62,0.70,0.78), b_3 = 0.2 \end{pmatrix} \quad \tilde{S}_{ij} = \begin{pmatrix} (0.67,0.70,0.73), b_1 = 0.3 \\ (0.70,0.73,0.76), b_2 = 0.6 \\ (0.73,0.76,0.79), b_3 = 0.1 \end{pmatrix}$$

$$\tilde{S}_{ij} = \begin{pmatrix} (0.81,0.83,0.85), b_1 = 0.1 \\ (0.83,0.85,0.87), b_2 = 0.8 \\ (0.85,0.87,0.89), b_3 = 0.1 \end{pmatrix} \quad \tilde{S}_{ij} = \begin{pmatrix} (0.55,0.57,0.59), b_1 = 0.4 \\ (0.57,0.59,0.61), b_2 = 0.3 \\ (0.59,0.61,0.63), b_3 = 0.3 \end{pmatrix}$$

仿真中,基于模糊随机期望的反导作战静态火力分配及混合智能算法的相关参数设置见表 4.10。

表 4.10 参数设置

参数项	参数值	参数项	参数值
火力单元数量 N_W	4	最大迭代次数 k_{max}	50
来袭弹头数量 N_T	3	粒子各维间距初始值 s_{ini}	0.1
各火力单元拦截弹数量	2	粒子各维间距最终值 s_{end}	0.3
来袭弹头的威胁度 w	{0.68,0.92,0.77}	加速因子 c_1	2
有效毁伤下界 DS_j	>0.6	加速因子 c_2	1.5
种群规模 N	50	初始惯性权重 ω_{ini}	0.9
粒子维数 $D=N_W$	4	最终惯性权重 ω_{end}	0.4

2. 测试及结果分析

将本章算法与 GA 算法,文献[200]提出的 HDPSO 算法进行测试比较,程序分别连续随机运行 50 次得到的算法性能指标比较结果见表 4.11、图 4.18 和图 4.19。

表 4.11　算法性能比较

比较指标		GA	HDPSO	本章算法
全局解	最优	0.903 9	0.952 0	0.988 3
	最差	0.750 1	0.743 6	0.855 6
	平均	0.883 5	0.925 7	0.942 1
运行时间 /s	最小	31.060 5	25.311 7	12.695 7
	最大	63.278 6	60.220 9	51.038 9
	平均	45.791 1	38.156 4	29.580 2
均方差		2.654 4	1.709 3	1.368 1

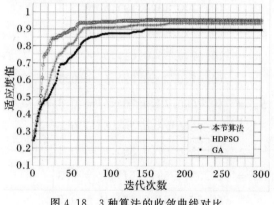

图 4.18　3 种算法的收敛曲线对比　　图 4.19　3 种算法均方差对比

实验结果分析：由实验结果可以看出，本章算法所寻求的最优解、最差解、平均解以及运行时间均较另外两种算法更好；并且均方差也明显减少。验证了本章算法通过增加怀疑因子和斥力因子，及时修正粒子的速度和位置更新策略，有效避免了基本 PSO 算法容易陷入局部最优的问题。因此，较其他两种算法，本章算法具有更强的全局寻优能力和更快的收敛速度，适合反导作战智能辅助决策对时效性的要求。

表 4.12 中的静态火力分配方案表示：第 1 个火力单元拦截第 1 个 BM，共发射 1 枚拦截弹；第 2 个火力单元拦截第 3 个 BM，共发射 1 枚拦截弹；第 3 个火力单元和第 4 个火力单元共同拦截第 2 个 BM，分别发射 1 枚和 2 枚拦截弹。

表 4.12　静态火力分配方案

目标	各火力单元			
	g_1	g_2	g_3	g_4
d_1	1	—	—	—
d_2	—	—	1	2
d_3	—	1	—	—
粒子编码	[1.1,3.1,2.1,2.2]			

为进一步验证本章算法求解大规模反导作战静态火力分配问题的有效性,仿真实验对不同规模($N_W \times N_T$)的算例进行求解。表4.13为GA算法、HDPSO算法及本章算法分别连续随机运行50次得到的算法优化特性及时间特性比较结果。其中,$N_W \times N_T$分别取$3 \times 4, 30 \times 60, 50 \times 100$;各火力单元储备的拦截弹数量为2;其他参数设置均不变。由于篇幅限制,在此不一一列出来袭弹头威胁度值和各火力单元对弹头的杀伤概率矩阵。

表 4.13　不同规模算例性能比较

比较指标		全局解			运行时间 /s		
		最优	最差	平均	最小	最大	平均
GA	3×4	0.643 7	0.368 3	0.504 5	4.283 3	9.850 2	6.960 8
	30×60	4.246 3	2.645 0	3.494 3	11.050 6	23.229 4	17.244 0
	50×100	9.614 1	6.490 3	7.562 5	20.050 6	36.729 4	26.244 0
HDPSO	3×4	0.715 6	0.462 3	0.581 9	3.064 1	9.213 6	5.397 9
	30×60	5.751 0	3.253 1	4.124 6	10.882 5	21.147 3	15.297 3
	50×100	11.921 6	8.711 9	9.232 4	18.983 0	31.763 5	23.751 9
本章算法	3×4	0.830 4	0.515 9	0.677 0	1.760 8	6.145 1	2.560 8
	30×60	7.572 1	5.637 3	6.705 4	7.260 0	14.191 8	11.386 6
	50×100	15.882 0	12.095 4	14.019 8	14.596 0	26.738 0	19.136 2

实验结果分析:由表4.13可以看出,随着反导作战静态火力分配问题求解规模的不断扩大,本章算法较其他两种算法仍具有运行时间短,收敛速度快,优化效率高的突出优点,且规模越大,本章算法的优势越明显,充分表明本章算法能够有效求解不确定环境下大规模反导作战静态火力分配问题,适应反导作战智能辅助决策对时效性的要求。

4.6　本 章 小 结

本章针对模糊性与随机性并存的反导作战环境,将模糊随机规划理论引入反导作战静态火力分配优化问题。首先,针对反导作战静态火力分配优化问题的特点,提出了基于模糊随机期望规划的反导作战静态火力分配优化模型。然后,通过增加怀疑因子和斥力因子,改进粒子的速度和位置更新策略,提出了DRPSO优化算法。该算法既保持了种群的多样性,有效地避免了基本PSO算法在求解复杂多峰函数的过程中容易陷入早熟收敛的问题,又加快了PSO算法的收敛速度。在此基础上,对DRPSO算法做离散化处理,设计了一种基于实数的粒子编码策略,并利用模糊随机模拟与DRPSO算法相结合的混合智能算法对模型进行求解。仿真实例表明,该混合智能算法具有更强的全局寻优能力和更快的收敛速度,能够有效求解不确定环境下大规模反导作战静态火力分配问题,满足反导作战智能辅助决策对时效性的要求。

第5章 基于混合变邻域粒子群的非线性双层规划求解方法

NBLP是一类具有主从递阶关系的数学模型,它是将优化问题作为约束条件的极值问题,并广泛出现于经济规划、管理和交通等工程实践领域。本章针对非线性双层规划(Nonlinear Bi-Level Programming, NBLP)难以获得全局最优的问题,汲取PSO算法的快速搜索能力及变邻域搜索(Variable Neighborhood Search, VNS)算法的全局搜索优势,提出求解NBLP问题的带审敛因子的变邻域粒子群(Variable Neighborhood and Particle Swarm Optimization with Convergence Criterions, VNPSO-CC)算法。仿真实验对比分析验证了该方法的有效性,为第6章反导作战动态火力分配问题的求解奠定了理论基础。

5.1 问题分析

NBLP问题通常是非凸不可微的,文献[201]证明了即使搜索局部最优解,NBLP仍是NP难问题。针对该问题传统的算法有k-best算法、分支定界法、罚函数法等,但仅对线性双层规划有效,对NBLP问题很难获得全局最优解。因智能优化算法对函数要求较低且具有较强的全局搜索能力被逐渐用于求解NBLP问题。文献[202]首次利用遗传算法求解线性双层规划问题,随后出现基于神经网络、禁忌搜索、模糊理论等求解双层规划的方法,但都存在由于算法本身局限性而难以获得全局最优解的问题。

基本PSO虽然在易用性和时效性方面的表现突出,在进化后期却常出现由于种群多样性丧失而陷入局部最优的问题。VNS算法是一种求解优化问题的启发式算法,由Hansen和Mladenović于1997年首次提出,其基本思想是系统地改变邻域结构集来拓展搜索范围,当在一种邻域结构下遇到局部最优时,可以通过改变邻域结构的方法来继续搜索,在搜索过程中不断改善当前解的目标函数值。

有鉴于此,本章汲取PSO算法的快速搜索能力及VNS算法的全局搜索优势,并通过聚类操作以及聚合度判断,提出求解NBLP问题的VNPSO-CC算法,有效避免传统PSO算法在复杂多峰函数的求解过程中容易陷入早熟收敛的问题。在此基础上,利用Kuhn-Tucker条件,将NBLP转化为一个单层规划问题,并利用VNPSO-CC算法求解。最后,通过15个测试函数验证该算法对于避免上层函数为非凸不可微的NBLP问题陷入局部最优的有效性。

5.2 带审敛因子的变邻域粒子群算法 VNPSO-CC

考虑优化一个含 m 个变量的连续函数,其搜索空间为 D 维连续空间,对其使用 PSO 算法进行优化。设函数优化问题为

$$\min f(\boldsymbol{X}), \boldsymbol{X} = (x_1, x_2, \cdots, x_D)$$
$$\text{s.t.} \quad x_i \in [a_i, b_i], i = 1, 2, \cdots, N$$

式中,$f(\boldsymbol{X})$ 为目标函数;D 为自变量 x_i 的维数;$[a_i, b_i]$ 为 x_i 的搜索范围。设种群由 N 个粒子组成,群中每个粒子 $\boldsymbol{X}_i$ 代表目标函数 $f(\boldsymbol{X})$ 的一个候选解。

基本 PSO 算法存在很多缺陷,如对环境的变化不敏感,常常会受到个体最优 $\boldsymbol{P}_i$ 和群体最优 $\boldsymbol{P}_g$ 的影响而很难收敛到全局最优。而实际上许多高维空间中的复杂多峰函数在全局最优点附近往往分布着一些局部最优点,这些局部最优将很容易吸引住粒子群,因此算法容易发生早熟收敛而陷入局部最优,算法优化精度难以提高。

5.2.1 审敛因子

为克服基本 PSO 算法在进化后期由于种群多样性的快速丧失而造成的算法"早熟收敛"问题,对 k 代种群中的粒子加入审敛因子。通过审敛因子判断后,对已陷入"早熟收敛"的粒子进行变邻域搜索,从而得到全局最优。审敛因子包括两个方面:

(1) 收敛距离判断。对第 k 代粒子群执行 c 均值聚类算法,产生 c 个聚簇,计算各聚簇内每个粒子与聚类中心粒子的距离。

(2) 聚合度判断。对第 k 代粒子群进行聚合度判断。

下面首先给出收敛中心和聚合度的定义。

定义 5.1 (收敛中心)设种群中某个粒子的位置为 $X_i = (x_{i1}, x_{i2}, \cdots, x_{iD})$,聚簇 c_j 的收敛中心为

$$\boldsymbol{Xc}_j = (x_{c_j,1}, x_{c_j,2}, \cdots, x_{c_j,D}) = \left[\frac{\sum_{i \in c_j} x_{i,1}}{n_j}, \frac{\sum_{i \in c_j} x_{i,2}}{n_j}, \cdots, \frac{\sum_{i \in c_j} x_{i,D}}{n_j} \right] \quad (5.1)$$

聚簇 c_j 内第 i 个粒子与收敛中心 $\boldsymbol{Xc}_j$ 的距离可表示为

$$d_{i,c_j} = \sqrt{((x_{i1} - x_{c_j,1})^2 + (x_{i2} - x_{c_j,2})^2 + \cdots + (x_{iD} - x_{c_j,D})^2)} \quad (5.2)$$

聚簇 c_j 内每个粒子与收敛中心 $\boldsymbol{Xc}_j$ 的平均距离为

$$d_{c_{j\_ave}} = \frac{\sum_{i \in c_j} \sqrt{((x_{i1} - x_{c_j,1})^2 + (x_{i2} - x_{c_j,2})^2 + \cdots + (x_{iD} - x_{c_j,D})^2)}}{n_j} \quad (5.3)$$

式中,n_j 为聚簇 c_j 内粒子的个数。

定义 5.2 (聚合度)设 k 代中所有粒子的历史最优平均 $\text{Bavg}_k = \sum_{i=1}^{N} F(x_{i\text{bst}})/N$;$k$ 代中

所有粒子的平均值 $\text{Bavg}_k = \sum_{i=1}^{N} F(x_i)/N$；则第 k 代粒子群的聚合度为

$$s = \frac{\min(\text{Bavg}_k, \text{avg}_k)}{\max(\text{Bavg}_k, \text{avg}_k)} \tag{5.4}$$

式中，F 为目标函数；N 为种群规模。

显然聚合度 $s \in (0,1)$ 是反映粒子多样性的测度，s 越小说明种群活性越强；s 越大说明粒子的聚集程度越高，当 $s=1$ 时，所有粒子具备同一性。基于收敛距离和聚合度对每个粒子进行判断，若粒子与其所在聚簇收敛中心的距离 d_{i,c_j} 小于平均距离 $d_{c_j\_ave}$ 且聚合度 $s \to 1$，则认为该粒子已经陷入"早熟收敛"，并对该粒子进行变邻域搜索。将需要进行变邻域搜索的粒子记作 x^*，作为变邻域搜索的初始解。

5.2.2 VNS 算法

VNS 算法的基本思想是从一个可行解出发，在求解过程中通过动态地改变邻域结构集来拓展搜索范围，从而使搜索过程跳出局部最优向全局最优靠近。邻域结构集 $N_l(x)$ 的构造是 VNS 算法最核心的部分。$N_l(x)$ 的构造包括如下问题：邻域结构集的形式，邻域结构集的个数以及邻域结构间的顺序。

对于函数优化问题：

$$\min_{x \in S} f(x), \quad S \subset \mathbf{R}^n$$

邻域结构集 $N_l(x)(k=1,2,\cdots,l_{\max})$ 可定义为

$$N_l(x) = \{y \in S \mid \rho(x,y) \leqslant \rho_l\} \tag{5.5}$$

或者

$$N_l(x) = \{y \in S \mid \rho_{l-1} \leqslant \rho(x,y) \leqslant \rho_l\} \tag{5.6}$$

式中，$l_{\max}$ 为邻域结构集的个数，后文将对 $l_{\max}$ 的选取进行测试及分析；ρ_l 是邻域结构集的搜索半径，ρ_l 随着 l 的增加单调递增。

Drazic 等将距离 $\rho(x,y)$ 定义为

$$\begin{aligned} \rho(x,y) &= \Big(\sum_{i=1}^{n} |x_i - y_i|^p\Big)^{\frac{1}{p}}, & 1 \leqslant p < \infty \\ \rho(x,y) &= \max_{1 \leqslant i \leqslant n} |x_i - y_i|, & p = \infty \end{aligned} \tag{5.7}$$

式中，通常选取 $p=1,2,\cdots$，p 的选取将决定邻域结构的几何结构。

邻域结构间的顺序可以通过邻域结构间次序的改变来实现，由于 ρ_l 随着 l 的增加单调递增，即 $\rho_1 \leqslant \rho_2 \leqslant \cdots \leqslant \rho_{l_{\max}}$，故邻域结构按照由小到大排序。图 5.1 为 VNS 算法的基本流程图。

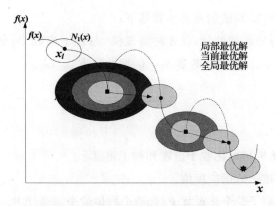

图 5.1 VNS 基本流程图

算法 5.1 VNS 算法的主要步骤如下：

步骤 1 初始化。给出初始解 x，根据式(5.6)和式(5.7)构造邻域结构集 $N_l(x)(l=1,2,\cdots,l_{\max})$ 和停止准则(遍历所有邻域结构)。

步骤 2 令 $l=1$，直到 $l=l_{\max}$。

步骤 2.1 随机搜索。在 x 的第 l 个邻域中随机搜索产生 $x_l(x_l \in N_l(x))$。

步骤 2.2 局部搜索。令随机搜索产生的解 x_l 作为初始解，通过局部搜索获得局部最优解 x'_l。

步骤 2.3 更新。若局部最优解 x'_l 优于当前最优解，则令 $x_l = x'_l$，并继续在当前邻域结构内搜索；否则，令 $l=l+1$。

步骤 3 重构。变换 $N_l(x)$ 的几何结构，以得到更好的全局寻优效果。

5.2.3 VNPSO-CC 算法

VNPSO-CC 算法在基本 PSO 算法的框架内增加了审敛因子和变邻域搜索模块，VNPSO-CC 算法的流程如图 5.2 所示。

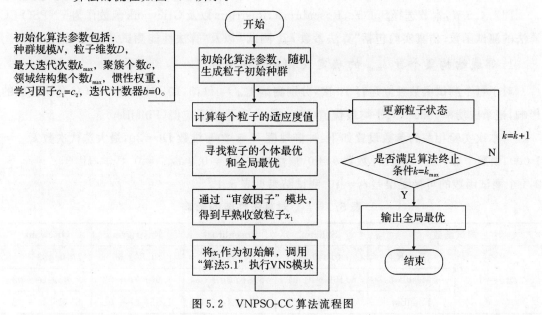

图 5.2 VNPSO-CC 算法流程图

算法 5.2 VNPSO-CC 算法的主要步骤如下：

输入：对粒子群进行随机初始化，设置种群规模 N；粒子维数 D；最大迭代次数 k_{max}；聚簇个数 c；邻域结构集个数 l_{max}；迭代计数器 $b=0$；惯性权重 ω_{ini}, ω_{end}；学习因子 $c_1=c_2$。

输出：全局最优 P_g。

工作流程：

步骤 1 初始化。随机初始化粒子位置和粒子速度。

步骤 2 计算每个粒子的适应度值。

步骤 3 寻找每个粒子的个体最优 P_i 和整个群体的全局最优 P_g。

步骤 4 聚类操作。对第 k 代种群中的粒子执行 c 均值聚类算法，产生 c 个聚簇，根据式 (5.1) 计算每聚簇的收敛中心 Xc_j。

步骤 5 根据式 (5.2)、式 (5.3) 分别计算每个聚簇内的粒子与其收敛中心的距离 d_{i,c_j} 和聚簇内粒子与收敛中心的平均距离 $d_{c_{j\_ave}}$。

步骤 6 若 $d_{i,c_j} < d_{c_{j\_ave}}$，根据式 (5.4) 计算第 k 代每个粒子的聚合度 s。

步骤 7 若粒子 x_l 的聚合度 $s \to 1$，则将 x_l 作为变邻域搜索的初始解，调用算法 5.1 执行 VNS 模块；否则，无需执行 VNS 模块，直接转步骤 8。

步骤 8 更新每个粒子的个体最优 P_i 和整个群体的全局最优 P_g。

步骤 9 根据式 (4.8) 和式 (4.9) 更新粒子的速度和位置，令 $k=k+1$。

步骤 10 判断是否 $k=k_{max}$，若满足，转步骤 11；否则，转步骤 2，继续迭代。

步骤 11 输出全局最优 P_g，算法运行结束。

5.2.4 测试及结果分析

同 4.4.5 节，本节选择 Sphere，Rosenbrock，Rastrigin 以及 Griewank 函数作为 VNPSO-CC 算法的测试函数。仿真实验包括"算法参数 l_{max} 测试"以及"算法性能测试及对比"两个部分。

1. 邻域结构集个数 l_{max} 的确定及相关结果分析

对于每个测试函数独立运行 10 次，分别测试 $l_{max}=\{1,5,10\}$ 对 VNPSO-CC 算法性能的影响，记录成功率 (SuccR)、平均最优值 (MeanBst) 和最终适应值 (FinalBst)。

与本次实验相关的参数设置如下：种群规模 $N=200$，维数 $D=30$，最大迭代次数 $k_{max}=1000$，聚簇个数 $c=4$，迭代计数器 $b=0$，惯性权重 $\omega_{ini}=0.9$，$\omega_{end}=0.4$，学习因子 $c_1=c_2=2$，4 个测试函数的可接受误差 $\varepsilon=10$。测试结果见表 5.1。

表 5.1 l_{max} 对算法性能的影响

测试函数		Sphere	Rosenbrock	Rastrigin	Griewank
	SuccR	0.349 2	0.397 5	0.501 6	0.423 7
$l_{max}=1$	MeanBst	6.159 6e+01	6.815 3e+03	1.901 7e+02	7.489 1e−02
	FinalBst	3.854 9e−01	5.113 4e+02	1.359 6e+02	5.755 3e−02

续表

测试函数		Sphere	Rosenbrock	Rastrigin	Griewank
$l_{max}=5$	SuccR	0.810 5	0.794 1	0.839 1	0.848 6
	MeanBst	9.584 1e+00	3.872 7e+02	8.571 4e+01	6.138 7e−03
	FinalBst	7.322 5e−02	3.384 1e+01	4.181 3e+01	4.859 1e−03
$l_{max}=10$	SuccR	0.955 1	0.993 7	1.000 0	1.000 0
	MeanBst	1.110 2e+00	1.163 7e+02	3.568 3e+01	0.000 0
	FinalBst	1.762 5e−02	3.240 9e+01	1.506 3e+01	0.000 0

实验结果分析:从表 5.1 可以看出 l_{max} 的取值对 VNPSO-CC 算法性能的影响很大,l_{max} 越大算法性能越好。对于 VNS 模块,根据算法的全局性可知,当停止准则为 $l = l_{max}$ 时,算法全局收敛性仅与邻域结构集 N_l 的构造有关。当 $l \to +\infty$ 且邻域结构集 N_l 内可获得局部最优解,则可找到全局最优解。表 5.1 中,当 $l_{max} = 10$ 时,Rastrigin 函数以及 Griewank 函数的搜索成功率均达到 1,且 Griewank 函数搜索到全局最优解 0。然而实际上,算法的搜索效率会随着 l_{max} 的增大而降低,故本章在 VNPSO-CC 算法性能测试中选取 $l_{max} = 10$。

2. VNPSO-CC 算法性能测试及对比

对于每个测试函数独立运行 10 次,按照粒子维数 10,20,30 对应最大迭代次数 100,300,1 000 的情况,记录 MeanBst 和 FinalBst,并将 VNPSO-CC 算法的测试结果与文献[187]提出的 HPSO 算法进行比较。

与本次实验相关的参数设置如下:种群规模 $N = 200$,维数 $D = 10,20,30$,最大迭代次数 $k_{max} = 100,300,1\,000$,聚簇个数 $c = 4$,$l_{max} = 10$,迭代计数器 $b = 0$,惯性权重 $\omega_{ini} = 0.9$,$\omega_{end} = 0.4$,学习因子 $c_1 = c_2 = 2$,可接受误差 $\varepsilon = 10$。

(1) 对 Sphere 函数的测试结果,如图 5.3 所示。

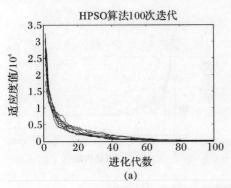 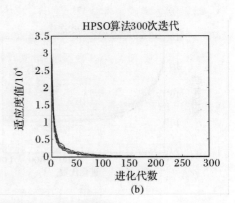

图 5.3 对 Sphere 函数两种算法分别运行 10 次的结果
(a) $D = 10$;(b) $D = 20$

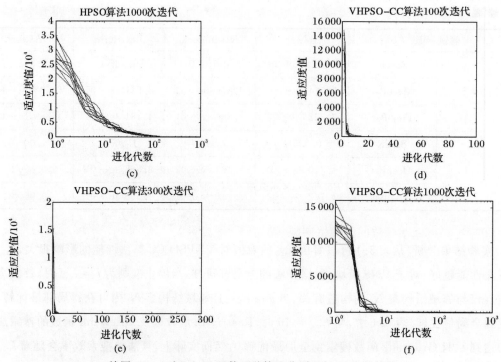

续图 5.3　对 Sphere 函数两种算法分别运行 10 次的结果

(c)$D=30$；(d)$D=10$；(e)$D=20$；(f)$D=30$

(2) 对 Rosenbrock 函数的测试结果，如图 5.4 所示。

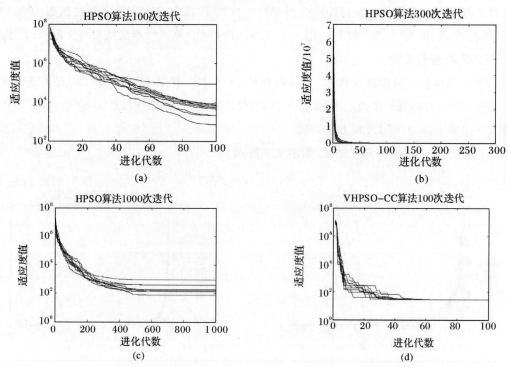

图 5.4　对 Rosenbrock 函数两种算法分别运行 10 次的结果

(a)$D=10$；(b)$D=20$；(c)$D=30$；(d)$D=10$

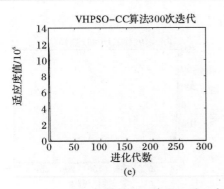
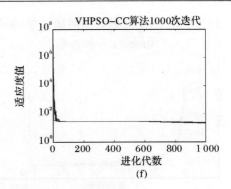

图 5.4 对 Rosenbrock 函数两种算法分别运行 10 次的结果

(e)$D=20$；(f)$D=30$

(3) 对 Rastrigin 函数的测试结果，如图 5.5 所示。

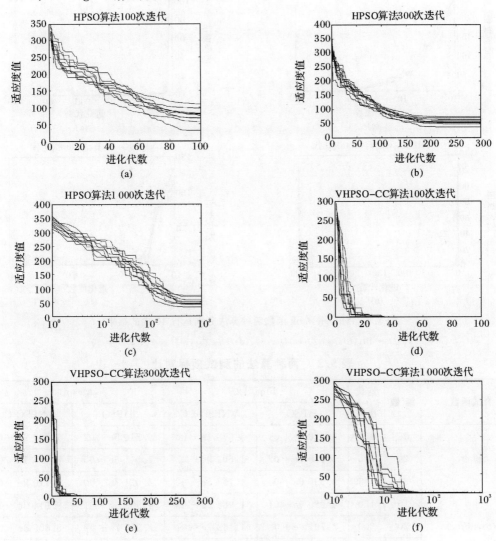

图 5.5 对 Rastrigin 函数两种算法分别运行 10 次的结果

(a)$D=10$；(b)$D=20$；(c)$D=30$；(d)$D=10$；(e)$D=20$；(f)$D=30$

(4) 对 Griewank 函数的测试结果,如图 5.6 所示。

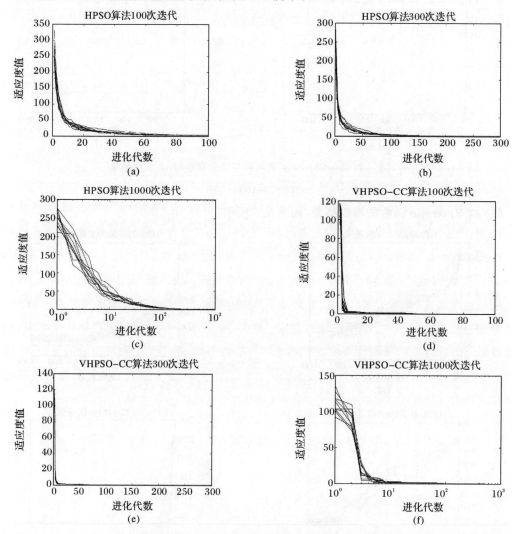

图 5.6 对 Griewank 函数两种算法分别运行 10 次的结果

(a)$D=10$;(b)$D=20$;(c)$D=30$;(d)$D=10$;(e)$D=20$;(f)$D=30$

表 5.2 两种算法的测试指标对比

测试函数	维数	迭代次数	FinalBst		MeanBst	
			HPSO	VNPSO-CC	HPSO	VNPSO-CC
Sphere	10	100	3.820 3e+01	5.043 1e−05	6.810 5e+02	1.839 9e−03
	20	300	5.210 7e−02	1.601 9e−03	1.041 6e+00	3.577 1e−01
	30	1 000	2.536 6e+00	1.762 5e−02	3.021 7e+00	1.110 2e+00
Rosenbrock	10	100	4.220 9e−01	1.988 2e−03	1.598 6e+01	9.914 0e+00
	20	300	2.701 0e+01	1.133 7e+01	3.921 7e+02	5.805 8e+01
	30	1000	1.534 0e+02	3.240 9e+01	1.483 0e+03	1.163 7e+02

续表

测试函数	维数	迭代次数	FinalBst		MeanBst	
			HPSO	VNPSO-CC	HPSO	VNPSO-CC
Rastrigin	10	100	5.970 8e+00	3.969 0e+00	1.253 0e+01	1.031 4e+01
	20	300	1.280 4e+01	1.072 6e+01	2.486 8e+01	2.289 7e+01
	30	10 00	2.601 8e+01	1.506 3e+01	4.705 2e+01	3.568 3e+01
Griewank	10	100	5.890 3e−02	1.604 6e−02	1.307 0e−01	8.399 2e−02
	20	300	1.675 2e−02	2.613 4e−03	7.263 9e−02	3.057 4e−02
	30	1 000	8.144 1e−02	0.000 0	1.591 7e−01	0.000 0

实验结果分析：由仿真结果图5.3～图5.6以及统计数据表5.2中可以看出，VNPSO-CC算法和HPSO算法对Sphere函数和Griewank函数都取得了较好的效果，其主要原因是Sphere函数为非线性的对称单峰函数，不同维之间是可分离的，因此较为简单，大多算法都能够轻松地达到优化效果；而Griewank函数在维空间超过15维后，特性也趋向于单峰函数。Rosenbrock函数的全局最优与可达到的局部最优之间有一道狭窄的山谷，Rastrigrin函数具有大量的局部最优点。VNPSO-CC算法通过增加审敛因子和变邻域搜索模块，有效结合了PSO算法快速搜索以及VNS算法全局搜索的能力，在求解过程中通过动态地改变邻域结构，不断跳出局部最优向全局最优靠近，使得粒子群摆脱早熟收敛和局部最优效果明显，具有较好的寻优能力及全局收敛特性；统计数据表明由VNPSO-CC算法得到的测试函数平均最优值和最终适应值均小于HPSO算法，充分表明VNPSO-CC算法在性能上的优越性。

5.3 求解NBLP问题的VNPSO-CC算法

5.3.1 NBLP问题描述

NBLP模型见下式：

$$\left.\begin{array}{l} \min_x F(x,y), \quad x \in X \\ \text{s.t.} \ G(x,y) \leqslant 0, \quad \text{其中} y \text{求解} \\ \min_y f(x,y), \quad y \in Y \\ \text{s.t.} \ g(x,y) \leqslant 0 \end{array}\right\} \quad (5.8)$$

式中，x为上层决策变量；y为下层决策变量；$F, f: \mathbf{R}^n \times \mathbf{R}^m \to \mathbf{R}$；$G: \mathbf{R}^n \times \mathbf{R}^m \to \mathbf{R}^p$；$g: \mathbf{R}^n \times \mathbf{R}^m \to \mathbf{R}^q$。

对于NBLP模型给出如下基本概念：

(1) 约束空间：$S = \{(x,y) | G(x,y) \leqslant 0, g(x,y) \leqslant 0\}$；

(2) 对于固定的x，下层可行域为

$$S(x) = \{y | g(x,y) \leqslant 0\}$$

(3) S 在上层决策空间的投影为
$$S(X) = \{x \mid \exists y, 使得(x,y) \in S\}$$
(4) 对每个 $x \in S(x)$，下层合理反映集为
$$M(x) = \{y \mid y \in \operatorname{argmin}\{f(x,y), y \in S(x)\}\}$$
(5) 诱导域：$IR = \{(x,y) \mid (x,y) \in S, y \in M(x)\}$

本章对 NBLP 模型有如下假设：

(1) 为保证式(5.8)有最优解，设 S 为非空紧集；

(2) 对每一个上层变量 $x \in X$，下层存在唯一的最优解 $y(x)$。

基于以上讨论，给出 NBLP 模型的可行解及最优解定义。

定义 5.3 （可行解）若点 $(x,y) \in IR$，则称 (x,y) 为 NBLP 模型的可行解。

定义 5.4 （最优解）若点 (x^*, y^*) 是 NBLP 模型的可行解，且对任意 $(x,y) \in IR$ 有 $F(x^*, y^*) \leqslant F(x,y)$，则称 (x^*, y^*) 为 NBLP 模型的最优解。

对任意 $x \in S(X)$，下层规划模型见下式：
$$\left.\begin{array}{l} \min_y f(x,y), \\ \text{s.t.} g(x,y) \leqslant 0 \end{array}\right\} \tag{5.9}$$

设 $(\overline{x}, \overline{y})$ 为式(5.8)的可行解，对于固定的 $\overline{x}$，由最优性条件可知，下层规划问题转化为求解如下 Kuhn-Tucker 点问题，见下式：
$$\left.\begin{array}{l} \nabla_y f(\overline{x}, \overline{y}) + \boldsymbol{\lambda}^T \nabla_y g(\overline{x}, \overline{y}) = 0 \\ \boldsymbol{\lambda}^T g(\overline{x}, \overline{y}) = 0 \\ \boldsymbol{\lambda} \geqslant 0 \end{array}\right\} \tag{5.10}$$

式中，$\nabla_y g(\overline{x}, \overline{y}) = (\nabla_y g_1(\overline{x}, \overline{y}), \cdots, \nabla_y g_q(\overline{x}, \overline{y}))^T$，$\boldsymbol{\lambda} = (\lambda_1, \lambda_2, \cdots, \lambda_q)^T$ 是 Lagrange 乘子。

式(5.10)可等价变化为式(5.11)：
$$\left.\begin{array}{l} \min_{\boldsymbol{\lambda}} (\| \nabla_y f(\overline{x}, \overline{y}) + \boldsymbol{\lambda}^T \nabla_y g(\overline{x}, \overline{y}) \|^2 + \| \boldsymbol{\lambda}^T g(\overline{x}, \overline{y}) \|^2) \\ \text{s.t.} \boldsymbol{\lambda} \geqslant 0 \end{array}\right\} \tag{5.11}$$

因此，若式(5.8)存在可行解 $(\overline{x}, \overline{y})$，则问题(5.11)存在最优解，且最优值为 0。换言之，可通过式(5.11)判定 $(\overline{x}, \overline{y})$ 是否为 NBLP 的可行解，并定义 $(\overline{x}, \overline{y}) \in S$ 的可行性度量。

定义 5.5 （可行性度量）$w(x,y) = \min_{\boldsymbol{\lambda} \geqslant 0}(\| \nabla_y f(x,y) + \boldsymbol{\lambda}^T \nabla_y g(x,y) \|^2 + \| \boldsymbol{\lambda}^T g(x,y) \|^2)$，则 $w(x,y)$ 为点 (x,y) 是否为 NBLP 模型可行解的度量。

显然，$w(x,y)$ 越小，点 (x,y) 越接近可行域。(x,y) 是 NBLP 模型的可行解当且仅当 $w(x,y) = 0$。

5.3.2 算法描述

求解 NBLP 问题的基本思路是：首先利用 Kuhn-Tucker 条件，将 NBLP 转化为一个单层规划问题，然后由基本 PSO 算法的快速搜索能力得到较优的群体，通过审敛因子判断发生早熟

收敛的粒子,并进一步利用 VNS 算法的全局搜索能力对陷入局部最优的粒子进行优化,从而得到全局最优。基于 VNPSO-CC 算法求解 NBLP 问题的流程如图 5.7 所示。

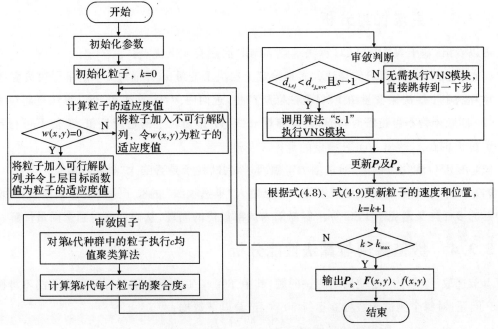

图 5.7 基于 VNPSO-CC 算法求解 NBLP 问题流程图

算法 5.3 基于 VNPSO-CC 算法求解 NBLP 问题的主要步骤如下:

输入:对粒子群进行随机初始化,设置种群规模 N;最大迭代次数 k_{max};聚簇个数 c;邻域结构集个数 l_{max};迭代计数器 b;惯性权重 $\omega_{ini}, \omega_{end}$;学习因子 $c_1 = c_2$。

输出:全局最优 $P_g, F(x, y), f(x, y)$。

工作流程:

步骤 1 初始化粒子。随机初始化粒子位置和粒子速度。

步骤 2 计算每个粒子的适应度值。求解式(5.11),若存在可行解,且目标函数为 0,则将粒子加入可行解队列,并令上层目标函数值为粒子的适应度值;否则,将粒子加入不可行解队列,$w(x, y)$ 为粒子的适应度值。

步骤 3 聚类操作。对第 k 代种群中的粒子执行 c 均值聚类算法,产生 c 个聚簇,根据式(5.1)计算每聚簇的收敛中心 Xc_j,并由式(5.2)、式(5.3)分别计算聚簇内第 i 个粒子与其收敛中心 Xc_j 的距离 d_{i,c_j} 和聚簇内每个粒子与收敛中心的平均距离 $d_{c_{j\_ave}}$。

步骤 4 聚合度计算。根据式(5.4)计算第 k 代中每个粒子的聚合度 s。

步骤 5 审敛判断。对粒子 x_l,若 $d_{i,c_j} < d_{c_{j\_ave}}$ 且 $s \to 1$,则将 x_l 作为变邻域搜索的初始解,调用算法 5.1 执行 VNS 模块;否则,无需执行 VNS 模块,直接转步骤 6。

步骤 6 更新每个粒子的个体最优 P_i 和整个群体的全局最优 P_g。

步骤 7 根据式(4.8)和式(4.9)更新粒子的速度和位置;令 $k = k + 1$。

步骤 8 判断是否 $k = k_{max}$,若满足,转步骤 9;否则,转步骤 2,继续迭代。

步骤9 输出全局最优 P_g、上层目标函数值 $F(x,y)$、下层目标函数值 $f(x,y)$，算法运行结束。

5.3.3 算法优势分析

可以看出，基于 VNPSO-CC 算法求解 NBLP 问题有如下优点：

（1）现有的求解 NBLP 的算法大多是给定上层决策变量 x，并通过 x 求解下层决策变量 y，而本章算法中上层决策变量由 PSO 算法随机产生，进而由 VNS 算法和 PSO 算法更新粒子。

（2）当粒子为不可行解时，用可行度测量 $w(x,y)$ 作为粒子的适应度值，迫使不可行粒子向可行粒子靠近。

（3）在 PSO 优化过程中，通过增加审敛因子，判断粒子是否陷入"早熟收敛"。

（4）利用 VNS 算法的全局搜索能力对已陷入"早熟收敛"的粒子进行变邻域搜索，既增加了种群的多样性又避免了 PSO 算法容易陷入局部最优的问题，从而最终得到全局最优解。

5.3.4 数值算例与算法性能分析

本节选取了 15 个广泛使用的测试问题，其中 T08～T15 是上层目标函数为非凸不可微的 NBLP 问题。对每个测试函数独立运行 50 次，记录以下数据：

（1）50 次运行中，所得到的最优解 (x^*, y^*)。

（2）上层目标函数 $F(x,y)$ 的最优值、最差值、均值、均方差。

（3）下层目标函数 $f(x,y)$ 的最优值、最差值、均值、均方差。

（4）适应度函数的平均计算次数（Mean Numbers of Individuals，MNI）。

（5）平均运行时间（MeanT/s）：可衡量粒子寻优的时效性。

（6）首次得到最好解时的平均代数（g_{mean}）：可测试算法收敛速度。

设置种群规模 $N=45$，最大迭代次数 $k_{\max}=60$，聚簇个数 $c=4$，邻域结构集个数为 $l_{\max}=10$，迭代计数器 $b=0$，惯性权重 $\omega_{\text{ini}}=0.9$，$\omega_{\text{end}}=0.4$，学习因子 $c_1=c_2=2$。图 5.8 描绘了问题 T01 的上层目标函数 $F(x,y)$ 的最优值及均值，可以看出 VNPSO-CC 算法在求解过程中成功地跳出了局部最优点，具有较好的全局收敛性。

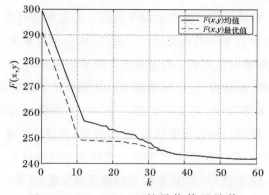

图 5.8 T01-$F(x,y)$ 的最优值及均值

为进一步测试算法性能,本节将 VNPSO-CC 算法的测试结果与文献[207]提出的 PSO-CST 算法、文献[203]提出的 NEA 算法进行比较,测试结果对比分析见表 5.3～5.6。其中,表 5.3 为 3 种算法的最优解(x^*,y^*);表 5.4 和表 5.5 分别给出了上层目标函数 $F(x,y)$ 及下层目标函数 $f(x,y)$ 的最优值、最差值、均值和均方差;表 5.6 列出了平均代数 g_{mean},MNI 以及 MeanT/s。

表 5.3 最优解-(x^*,y^*)对比

序号	(x^*,y^*)		
	本章算法	PSO-CST	NEA
T01[169,1]	(19.799 3,4.705 5, 9.962 0,4.999)	(19.999 8,4.757 3, 9.950 1,4.959)	(20,5,10,5)
T02[169,3]	(0.108 5,1.971 1, 1.891 2,0.913 2)	(0.384 4,1.612 4, 1.869 0,0.804 1)	(4.4e−7,2,1.875, 0.906 3)
T03[169,4]	(0.000 0,0.904 1, 0.000 0,0.599 6, 0.400 8)	(0.132 4,0.175 4, 0.693 5,0.732 7, 0.227 3)	(1.25e−13,0.9,0, 0.6,0.4)
T04[169,11]	(0.238 8,0.541 6, 0.407 6)	(0.151 1,0.625 6, 0.369)	(1.4e−12,1, 7.07e−13)
T05[169,13]	(10.000 0,9.999 7)	(10.002 0,9.996 1)	(10.0,10.0)
T06[169,14]	(1.883 5,0.907 6, 0.000 2)	(1.860 2,0.907 3, 0.005)	(1.8888,0.8889,0)
T07[169,17]	(7.064 4,7.073 9, 6.980 1,7.095 4)	(7.032 1,6.842 047, 5.907 1,6.831 2)	(7.070 9,7.071 3, 7.070 9,7.070 3)
T08[169,21]	(6.608 0,29.835 6, −7.114 1,9.630 1)	(17.503 9,29.890 6, −2.499 4,9.889 4)	(0,30,−10,10)
T09[169,22]	(9.433 7,24.651 0, −9.545 2,5.872 2)	(12.412 4,19.310 9, −7.585 9,−0.689 9)	(0,30,−10,10)
T10[169,23]	(18.304 6,4.103 4, 7.825 0,3.907 3)	(17.202 4,7.466 5, 7.218 9,2.425 1)	(20,5,10,5)
T11[169,24]	(3.612 7,11.538 6, 8.752 1,7.019 9)	(0.194 6,14.987 0, 6.101 9,7.962 8)	(19.562 9,5.272 2, 10,5.272 2)
T12[169,25]	(6.945 0,11.660 7, 8.340 1,7.602 5)	(10.608 4,10.055 0, 9.454 5,5.125 7)	(6.204 8,12.859 4, 6.204 8,10)
T13[169,26]	(1.377 3,1.269 6, 0.043 0)	(0.860 6,1.459 9, 0.313 8)	(1.8888,0.8889,0)
T14[169,27]	(0.429 1,1.031 6, 0.026 9)	(0.909 9,1.529 4, 0.176 2)	(0.664 8,1.574 6, 0.072 1)
T15[169,28]	(0.458 3,1.052 7, 0.020 3)	(0.923 3,1.508 3, 0.189 9)	(0.664 8,1.574 6, 0.072 1)

表 5.4　上层目标函数值-$F(x,y)$对比

序号	本章算法-$F(x,y)$				PSO-CST-$F(x,y)$	NEA-$F(x,y)$
	最优值	最差值	均值	均方差	最优值	最优值
T01[169,1]	241.974 3	241.976 4	241.975 6	8.0e−08	232.521 9	255
T02[169,3]	−12.712 1	−12.711 5	−12.711 9	3.7e−06	−14.777 2	−12.68
T03[169,4]	−29.253 1	−29.252 7	−29.252 9	1.9e−08	−29.206 4	−29.2
T04[169,11]	683.124 7	683.129 9	683.127 5	4.7e−06	640.713 9	1000
T05[169,13]	1 000.000 0	1 000.000 0	1 000.000 0	1.1e−07	100.039 3	100.000 1
T06[169,14]	−1.209 7	−1.209 4	−1.209 5	2.1e−08	−1.166 0	−1.209 8
T07[169,17]	1.981 2	1.980 4	1.980 7	6.2e−06	1.981 6	1.980 2
T08[169,21]	0.001 6	0.002 1	0.001 9	2.5e−07	0.052 7	0
T09[169,22]	0.000 4	0.000 5	0.000 4	3.6e−10	0.000 4	0
T10[169,23]	0.000 3	0.000 6	0.0004	6.4e−10	0.007 5	0
T11[169,24]	0.000 0	0.000 0	0.000 0	3.2e−13	0.000 0	6.86e−15
T12[169,25]	1.53e−14	1.71e−14	1.66e−14	9.0e−30	0.000 1	1.47e−14
T13[169,26]	2.06e−16	2.23e−16	2.14e−16	2.8e−32	0.008 2	2.22e−16
T14[169,27]	0.000 0	0.000 0	0.000 0	1.6e−12	0.0374	1.22e−16
T15[169,28]	0.000 0	0.000 0	0.000 0	1.7e−12	0.0337	1.22e−16

表 5.5　下层目标函数值-$f(x,y)$对比

序号	本章算法-$f(x,y)$				PSO-CST-$f(x,y)$	NEA-$f(x,y)$
	最优值	最差值	均值	均方差	最优值	最优值
T01[169,1]	101.059 6	101.060 3	101.060 1	2.6e−07	101.037 2	100
T02[169,3]	−1.016 7	−1.016 3	−1.016 5	3.4e−08	−0.231 6	−1.016
T03[169,4]	2.213 0	2.214 1	2.213 6	3.0e−07	2.3641	3.2
T04[169,11]	0.993 4	0.994 8	0.994 1	4.5e−06	0.994 6	1
T05[169,13]	6.49e−12	6.73e−12	6.60e−12	1.3e−26	0.000 0	3.5e−11
T06[169,14]	7.593 4	7.595 2	7.594 1	4.9e−07	7.444 1	7.616 8
T07[169,17]	−1.980 5	−1.981 2	−1.980 9	8.3e−08	−1.9816	−1.980 2
T08[169,21]	0.000 0	0.000 0	0.000 0	1.4e−10	0.000 0	100
T09[169,22]	0.000 0	0.000 0	0.000 0	1.7e−10	0.000 0	100
T10[169,23]	103.144 3	103.144 9	103.144 7	9.0e−09	125.085 4	100
T11[169,24]	82.562 7	82.564 6	82.563 7	2.5e−06	84.236 7	91.45
T12[169,25]	9.245 1	9.247 3	9.246 3	2.8e−06	25.629 2	8.18
T13[169,26]	6.644 1	6.645 9	6.645 0	7.9e−07	2.562 1	7.62
T14[169,27]	2.493 3	2.495 1	2.494 3	1.4e−06	2.696 9	2.50
T15[169,28]	2.566 5	2.568 4	2.567 6	6.2e−07	2.744 2	2.50

表 5.6 相关测试指标对比

序 号	g_{mean}	MNI		MeanT/s	
		本章算法	NEA	本书算法	NEA
T01[169,1]	51	5 351	85 499	6.5	13.314
T02[169,3]	26	2 670	92 526	4.6	14.42
T03[169,4]	48	5 038	291 817	12.4	45.39
T04[169,11]	17	1 979	4 276	2.0	5.690
T05[169,13]	23	2 446	4 339	2.9	5.888
T06[169,14]	20	2 328	163 701	2.1	25.332
T07[169,17]	56	5 433	1074 742	13.1	177.672
T08[169,21]	21	2 340	263 344	9.5	41.87
T09[169,22]	21	2 383	270 461	9.7	43.050
T10[169,23]	25	2 601	106 760	5.8	15.798
T11[169,24]	24	2 562	92 526	5.6	13.546
T12[169,25]	24	2 581	93 512	5.1	13.724
T13[169,26]	33	3 497	170 818	7.4	27.090
T14[169,27]	30	3 116	149 467	7.1	23.642
T15[169,28]	31	3 250	142 350	7.0	22.114

实验结果分析：从表 5.3～表 5.5 可以看出，对于问题 T01～T07，VNPSO-CC 算法对问题 T02,T03,T05 的计算结果优于文献[203]中提供的数值，表明原文献没有找到相应问题的全局最优解。而对于问题 T06,T07，从最优解的位置和上下两层目标函数最优值的差值来看，已经很接近最优解。对上层目标函数为非凸不可微的 NBLP 问题（T08～T15），问题 T08,T09 的上层目标函数值略差于 NEA 算法的结果，但下层目标函数值却明显优于 NEA 算法。对于其他问题，VNPSO-CC 算法找到了与 NEA 算法接近或更优的解，这说明 VNPSO-CC 算法能有效求解含不可微函数的 NBLP 问题。另外，从表 5.4 和表 5.5 可以看出，15 个测试问题的均方差都不超过 10^{-6} 数量级，表明 VNPSO-CC 算法是鲁棒的。

表 5.6 给出了在 50 次运算中，VNPSO-CC 算法所需的平均代数 g_{mean}，MNI 以及平均 CPU 时间。不难看出，与文献[203]所提出的 NEA 算法相比较，VNPSO-CC 算法所需要的 g_{mean}，MNI 以及平均 CPU 时间较少。

5.4　本章小结

本章为解决 NBLP 问题容易陷入局部最优的问题,结合 PSO 算法快速搜索以及 VNS 算法全局搜索的能力,提出了求解 NBLP 问题的混合智能算法——VNPSO-CC 算法。该算法首先由基本 PSO 的快速搜索能力得到较优的群体,并通过审敛因子判断陷入局部最优的粒子。在此基础上,利用 VNS 算法的全局搜索能力对已陷入局部最优的粒子进行优化,既增加了种群的多样性又避免了算法陷入局部最优。15 个测试函数的仿真实验对比分析可以看出,VNPSO-CC 算法求解 NBLP 问题的寻优能力及收敛速度都有了显著提高,不仅能够有效求解上层目标函数为非凸不可微的 NBLP 问题,而且可以获得全局最优解,为下一章反导作战动态火力分配问题的求解奠定了理论基础。不同参数(如邻域结构集的个数 l_{max} 和聚合度 s)的取值对算法性能的影响是下一步亟待探究的问题。

第6章 基于模糊机会约束双层规划的反导作战动态火力分配方法

反导作战动态火力分配优化问题,一方面需要为每个来袭弹道导弹确定对其实施拦截的火力单元,另一方面需要确定各拦截活动的拦截时机,即包括火力分配规划(Firepower Allocation Programming,FAP)和火力分配调度(Firepower Allocation Scheduling,FAS)两个问题,且只有在确定拦截FAP规划方案的基础上,才能获得FAS调度方案。因此反导作战动态火力分配优化问题是一个双层规划问题。

本章针对目前不确定环境下反导作战动态火力分配研究存在的不足,通过引入模糊机会约束理论,提出基于模糊机会约束双层规划(Fuzzy Chance Constrained Bi-Level Programming,FCCBLP)的反导作战动态火力分配模型和分层递阶的混合模糊粒子群(Hierarchical Hybrid Fuzzy Particle Swarm Optimization,HHFPSO)算法。仿真实例表明,该算法收敛速度快,优化效率高,鲁棒性较好,能够快速求解不确定环境下大规模反导作战动态火力分配问题,可为反导作战智能辅助决策提供新的决策模型和求解技术支撑。

6.1 问题分析

6.1.1 双层规划问题

在反导作战火力分配中,由于拦截点的空间分布范围较大,火力单元对来袭目标的拦截能力在很大程度上受拦截位置的影响,因此,反导作战防御系统中,反导作战动态火力分配是指对任意来袭目标,分析是否对其拦截,并确定拦截火力单元及拦截时刻的问题。

Benaskeur等将舰艇防空的作战资源分配问题归结为两个问题:资源分配规划和资源分配调度。采用同样的思路,在反导作战动态火力分配问题中,一方面需要对每个来袭目标分配火力单元,另一方面需要确定火力单元的拦截时刻,因此本章将反导作战动态火力分配问题归结为FAP和FAS两个问题。

在火力分配过程中,FAP和FAS有各自的决策变量和目标函数。在给定FAP方案 X 后才能进一步确定FAS方案 $\tilde{T}$,而FAS有充分的权限决定如何对其目标函数 $F_2(x,\tilde{t})$ 进行优化决策,这些决策又将对FAP的目标函数 $F_1(x,\tilde{t})$ 产生影响,因此,反导作战动态火力分配模型实际上是一个以FAP为上层规划,FAS为下层规划的双层规划。图6.1为基于双层规划的反导作战动态火力分配模型结构。

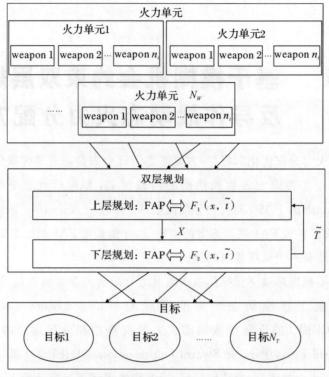

图 6.1　基于双层规划的反导作战动态火力分配模型

6.1.2　不确定性分析

反导作战环境瞬息万变、战场态势不断发生变化，使得反导作战动态火力分配优化问题中包含大量不确定性特征。实际上不确定性是绝对的，而确定性则是相对的，这一点在以往的研究中往往被忽略。本章主要研究由于传感器性能的限制及来袭目标本身良好的突防特性导致在某个时刻决策模型中参数具有不确定性的特征。其主要包括以下两方面：

（1）模糊拦截时刻。时间的精确分布因历史数据的缺失通常难以得到，而决策者对时间的预测通常都是模糊的，因此采用模糊数描述时间更加合理。拦截时刻不仅与武器系统的技术状况有关，还与决策者行为倾向、天气气象等要素密切相关，带有很强的模糊性，因此将拦截时刻用模糊变量描述，记作 $\tilde{t}_{ij}$。

（2）模糊单发毁伤概率。单发毁伤概率是反导武器系统作战能力的主要评价指标及影响作战效能的关键因素。经典的 DWTA 问题中，均假设毁伤概率为定常参数，然而由于传感器获得的信息不准确（如目标的位置、速度、航路捷径）、装备故障及部署差异等均会造成毁伤概率具有不确定性，将毁伤概率设定为定常参数不符合客观实际。文献[124]引入拦截概率置信水平和置信区间的概念，用以描述拦截器毁伤概率的随机性，但仍需要大量的试验来进行统计评估；文献[41]将毁伤概率描述为梯形模糊数，在此基础上给出了资源优化分配的双层模糊机会约束混合整数规划模型，然而没有考虑到由于反导作战错综复杂、拦截点的空间分布范围较大、在不同的拦截点处毁伤概率差别较大的问题,因此本章将单发毁伤概率看作是模糊拦截时刻 $\tilde{t}_{ij}$ 的函数,即:

$$\tilde{p}_{ij} = \tilde{p}_{ij}(\tilde{t}_{ij}), \tilde{t}_{ij} \in [EstTm_{ij}, LstTm_{ij}]$$

(3) 拦截结果的不确定性。在采用"射击-观测-射击"策略进行动态火力分配时,由于单发毁伤概率的不确定性,火力单元对威胁目标的首次齐射拦截结果存在不确定性。在首次拦截成功的条件下,用于二次拦截的火力单元在已分配的情况下将被取消发射,因而已分配的拦截弹数量将大于实际消耗的拦截弹数量。

因此,反导作战动态火力分配优化模型是不确定环境下的 NBLP 问题。

6.2 模糊机会约束规划基本理论

6.2.1 模糊变量

定义 6.1 (可能性空间)[112] 设 Θ 为非空集合,$P(\Theta)$ 是 Θ 的幂集。如果满足如下 4 条公理:

公理 6.1 $\text{Pos}\{\Theta\} = 1$。

公理 6.2 $\text{Pos}\{\varnothing\} = 0$。

公理 6.3 $\text{Pos}\{\bigcup_i A_i\} = \sup_i \text{Pos}\{A_i\}$,对于 $P(\Theta)$ 中的任意集合 $\{A_i\}$。

公理 6.4 如果 Θ_i 为非空集合,其上定义的 $\text{Pos}_i\{\cdot\}(i=1,2,\cdots,n)$ 满足前面的 3 条公理,并且 $\Theta = \Theta_1 \times \Theta_2 \times \cdots \times \Theta_n$,则对每一个 $A \in P(\Theta)$,

$$\text{Pos}\{A\} = \sup_{(\theta_1,\theta_2,\cdots,\theta_n) \in A} \text{Pos}_1\{\theta_1\} \wedge \text{Pos}_2\{\theta_2\} \wedge \cdots \wedge \text{Pos}_n\{\theta_n\}$$

称 Pos 为可能性测度,三元组 $(\Theta, P(\Theta), \text{Pos})$ 称为可能性空间。

定义 6.2 (必要性测度)[112] 设 $(\Theta, P(\Theta), \text{Pos})$ 称为可能性空间,A 为幂集 $P(\Theta)$ 中一个元素,则事件 A 的必要性测度为

$$\text{Nec}\{A\} = 1 - \text{Pos}\{A^c\}$$

定义 6.3 (可信性测度)[112] 设 $(\Theta, P(\Theta), \text{Pos})$ 称为可能性空间,A 为幂集 $P(\Theta)$ 中一个元素,则事件 A 的可信性测度为

$$\text{Cr}\{A\} = \frac{1}{2}(\text{Pos}\{A\} + \text{Nec}\{A\})$$

注 6.1 可信性测度具有自对偶和有次可加性,既不是上半连续的,也不是下半连续的。

定义 6.4 (模糊变量)[112] 设 ξ 为一个从可能性空间 $(\Theta, P(\Theta), \text{Pos})$ 到一实直线 **R** 上的函数,则称 ξ 是一个模糊变量。

定义 6.5[112] 设 ξ 是可能性空间 $(\Theta, P(\Theta), \text{Pos})$ 上的模糊变量。它的隶属度函数由可能性测度 Pos 导出,即

$$\mu(x) = \text{Pos}\{\theta \in \Theta \mid \xi(\theta) = x\}, x \in \mathbf{R}$$

定理 6.1[112]　如果模糊变量 ξ 的隶属函数为 μ，则对实数集上任意的集合 B，有下面的结论成立，即

$$Cr\{\xi \in B\} = \frac{1}{2}(\sup_{x \in B}\mu(x) + 1 - \sup_{x \in B^c}\mu(x))$$

定义 6.6[112]　假设 $\xi_1, \xi_2, \cdots, \xi_n$ 为模糊变量，若对实数集 **R** 上的任意的子集 $B_1, B_2, \cdots, B_n$，有

$$Pos\{\xi_i \in B_i, i = 1, 2, \cdots, n\} = \min_{1 \leqslant i \leqslant n} Pos\{\xi_i \in B_i\}$$

则称 $\xi_1, \xi_2, \cdots, \xi_n$ 为相互独立的模糊变量。

定义 6.7　(Zadeh 扩展原理)[112] 设 $\xi_1, \xi_2, \cdots, \xi_n$ 是相互独立的模糊变量，其隶属函数分别为 $\mu_1, \mu_2, \cdots, \mu_n$。如果 $f: \mathbf{R}^n \to \mathbf{R}$ 是一个实值函数，则 $\xi = f(\xi_1, \xi_2, \cdots, \xi_n)$ 的隶属函数 μ 由 $\mu_1, \mu_2, \cdots, \mu_n$ 导出，有

$$\mu(x) = \sup_{x_1, x_2, \cdots, x_n \in R}\{\min_{1 \leqslant i \leqslant n}\mu_i(x_i) \mid x = f(x_1, x_2, \cdots, x_n)\}$$

定义 6.8　(模糊变量的乐观值)[112] 设 ξ 为定义在可能性空间 $(\Theta, P(\Theta), Pos)$ 的模糊变量，$\alpha \in (0, 1]$，则有

$$\xi_{\sup}(\alpha) = \sup\{r \mid Cr\{\xi \geqslant r\} \geqslant \alpha\}$$

则称为模糊变量 ξ 的 α 乐观值。

定义 6.9　(模糊变量的悲观值)[112] 设 ξ 为定义在可能性空间 $(\Theta, P(\Theta), Pos)$ 的模糊变量，$\alpha \in (0, 1]$，

$$\xi_{\inf}(\alpha) = \inf\{r \mid Cr\{\xi \leqslant r\} \geqslant \alpha\}$$

则称为模糊变量 ξ 的 α 悲观值。

定义 6.10　(模糊变量的期望)[112] 设 ξ 为定义在可能性空间 $(\Theta, P(\Theta), Pos)$ 上的模糊变量，则称

$$E[\xi] = \int_0^{+\infty} Cr\{\xi \geqslant r\}dr - \int_{-\infty}^0 Cr\{\xi \leqslant r\}dr$$

为模糊变量 ξ 的期望值(为避免出现 $\infty - \infty$ 情形，要求上式右端中两个积分至少有一个有限)。

定理 6.2[112]　设 ξ 和 η 是相互独立的模糊变量，并且期望值有限，则对任意的实数 a 和 b，有

$$E[a\xi + b\eta] = aE[\xi] + bE[\eta]$$

6.2.2　模糊机会约束规划

模糊机会约束规划模型的建模思想是允许所做的决策在某种程度上不满足约束条件，但模糊约束条件成立的可信性不小于决策者预先给定的置信水平。Liu 和 Iwamura 给出了模糊机会约束规划的理论框架。

若决策者希望在约束条件以一定的置信水平成立的前提下，极大化目标函数的乐观值，即极大化最大可能收益，则得到 Maximax 模糊机会约束规划模型：

$$(\text{Maximax})\begin{cases} \max\limits_{x}\max\limits_{\overline{f}}\overline{f} \\ \text{s.t.} \\ \text{Cr}\{f(x,\xi)\geqslant \overline{f}\}\geqslant \beta & (6.1)\\ \text{Cr}\{g_j(x,\xi)\leqslant 0, j=1,2,\cdots,p\}\geqslant \alpha & (6.2) \end{cases}$$

式中，x 为决策向量；ξ 为参数向量；$f(x,\xi),g_j(x,\xi)$ 分别为带模糊变量的目标函数和约束条件；α,β 为决策者预先给定的置信水平。

求解该模糊模型时，用模糊模拟技术检验约束条件式(6.2)是否成立，若约束条件成立，则由模糊模拟技术求解出式(6.1)中最大的 $\overline{f}$，即为目标函数值。

若决策者希望在约束条件以一定的置信水平成立的前提下，极大化目标函数的悲观值，即在最小可能的收益中找出一个最佳方案，则 Minimax 模糊机会约束规划模型为

$$(\text{Minimax})\begin{cases} \max\limits_{x}\min\limits_{\overline{f}}\overline{f} \\ \text{s.t.} \\ \text{Cr}\{f(x,\xi)\leqslant \overline{f}\}\geqslant \beta \\ \text{Cr}\{g_j(x,\xi)\leqslant 0, j=1,2,\cdots,p\}\geqslant \alpha \end{cases}$$

显然，Maximax 和 Minimax 模型是两种极端情况。Hurwicz 准则通过赋予这两种情况不同的权重 λ 和 $1-\lambda$，给出了极端乐观和极端悲观的一种折中方案，即

$$\lambda f_{\min} + (1-\lambda)f_{\max}$$

根据 Hurwicz 准则，得到以下模糊机会约束规划模型为

$$\begin{cases} \max \lambda f_{\min} + (1-\lambda)f_{\max} \\ \text{s.t.} \\ \text{Cr}\{g_j(x,\xi)\leqslant 0, j=1,2,\cdots,p\}\geqslant \alpha \end{cases}$$

式中，$f_{\min}$ 和 $f_{\max}$ 是目标函数 $f(x,\xi)$ 的 β 悲观值和 β 乐观值。$\lambda \in [0,1]$ 表示乐观程度：当 $\lambda=0$ 时，它是一个 Maximax 模型；当 $\lambda=1$ 时，它是一个 Minimax 模型。

6.2.3 模糊机会约束双层规划

军事及社会各个领域存在着大量的多层决策问题。多层规划为研究多层决策问题的建模与求解提供了数学基础。在多层规划中，各层都有各自的决策变量和目标函数，其本质是上层决策者通过上层决策变量控制或引导下层决策者，而下层决策者把上层的决策作为约束条件，在自己的管理范围内行使决策权，并将结果反馈给上层。各层之间决策结果的传递与反馈是多层规划实现的重要机制。

随着不确定理论的研究与发展，多层规划中各层的约束条件和目标函数中常出现具有模糊或随机等不确定性特征的变量和参数，且各层之间的传递和反馈信息也常伴随着固有的不确定性，故不确定多层规划应运而生。假设一个决策优化问题只存在上、下两层，则称之为双层

规划,这是多层规划问题中最为常见的形式。Liu 给出了模糊机会约束双层规划的基本模型。

若决策者希望极大化机会约束条件下的乐观收益,则可建立如下 Maximax 模糊机会约束双层规划模型:

$$
(\text{Maximax})\begin{cases} \max\limits_{x} \max\limits_{\overline{F}} \overline{F} \\ \text{s.t.} \operatorname{Cr}\{F(x,y_1,y_2,\cdots,y_m,\xi) \geqslant \overline{F}\} \geqslant \beta \\ \operatorname{Cr}\{G(x,\xi) \leqslant 0\} \geqslant \alpha \\ \text{其中 } y_i(i=1,2,\cdots,m) \text{ 是如下规划的解,} \\ \begin{cases} \max\limits_{y_i} \max\limits_{\overline{f_i}} \overline{f_i}, \\ \text{s.t.} \operatorname{Cr}\{f_i(x,y_1,y_2,\cdots,y_m,\xi) \geqslant \overline{f_i}\} \geqslant \beta_i \\ \operatorname{Cr}\{g_i(x,y_1,y_2,\cdots,y_m,\xi) \leqslant 0\} \geqslant \alpha_i \end{cases} \end{cases}
$$

若决策者希望极大化机会约束条件下的悲观收益,则可建立如下 Minimax 模糊机会约束双层规划模型:

$$
(\text{Minimax})\begin{cases} \max\limits_{x} \min\limits_{\overline{F}} \overline{F} \\ \text{s.t.} \operatorname{Cr}\{F(x,y_1,y_2,\cdots,y_m,\xi) \leqslant \overline{F}\} \geqslant \beta \\ \operatorname{Cr}\{G(x,\xi) \leqslant 0\} \geqslant \alpha \\ \text{其中 } y_i(i=1,2,\cdots,m) \text{ 是如下规划的解,} \\ \begin{cases} \max\limits_{y_i} \min\limits_{\overline{f_i}} \overline{f_i}, \\ \text{s.t.} \operatorname{Cr}\{f_i(x,y_1,y_2,\cdots,y_m,\xi) \leqslant \overline{f_i}\} \geqslant \beta_i \\ \operatorname{Cr}\{g_i(x,y_1,y_2,\cdots,y_m,\xi) \leqslant 0\} \geqslant \alpha_i \end{cases} \end{cases}
$$

式中,x 和 y_i 分别是上层决策变量和第 i 个下层决策变量;ξ 为不确定参数;$\alpha,\beta,\alpha_i,\beta_i$ 为决策者事先给定的置信水平。

6.2.4 模糊模拟技术

本节需要用到两项模糊模拟技术。

(1) 设 $f:\mathbf{R}^n \to \mathbf{R}$ 是一个实值函数,ξ 是定义在可能性空间 $(\Theta,P(\Theta),\text{Pos})$ 上的模糊变量。找到最大的 $\overline{f}$,使得不等式 $\operatorname{Cr}\{f(\xi) \geqslant \overline{f}\} \geqslant \alpha$ 成立。具体步骤如下:

步骤 1 分别从 Θ 中均匀产生 θ_k,使其满足 $\text{Pos}\{\theta_k\} \geqslant \varepsilon, k=1,2,\cdots,N$,其中 ε 是充分小的数;

步骤 2 令 $v_k = \text{Pos}\{\theta_k\}$,对于任何 r,有

$$L\{r\} = \frac{1}{2}(\max_{1 \leqslant k \leqslant N}\{v_k \mid f(\xi(\theta_k)) \geqslant r\} + \min_{1 \leqslant k \leqslant N}\{1-v_k \mid f(\xi(\theta_k)) < r\})$$

步骤 3 找到满足 $L\{r\} \geqslant \alpha$ 的最大的值 r。

步骤4 返回 r。

(2) 设 $f: \mathbf{R}^n \to \mathbf{R}$ 是一个实值函数，$\boldsymbol{\xi} = (\xi_1, \xi_2, \cdots, \xi_n)$ 是定义在可能性空间 $(\Theta, P(\Theta), \text{Pos})$ 上的模糊向量，则 $f(\boldsymbol{\xi})$ 也是一个模糊变量，求解 $E(f(\boldsymbol{\xi}))$ 的具体步骤如下：

步骤1 令 $e = 0$；

步骤2 从 Θ 中均匀产生 θ_k 使其满足 $\text{Pos}\{\theta_k\} \geqslant \varepsilon, k = 1, 2, \cdots, N$，其中 ε 是充分小的正数，N 是充分大的数，令 $v_k = \text{Pos}\{\theta_k\}$；

步骤3 令 $a = f(\xi(\theta_1)) \wedge \cdots \wedge f(\xi(\theta_N))$，$b = f(\xi(\theta_1)) \vee \cdots \vee f(\xi(\theta_N))$；

步骤4 从 $[a, b]$ 中均匀产生 r；

步骤5 若 $r \geqslant 0$，则 $e \leftarrow e + \text{Cr}\{f(\boldsymbol{\xi}) \geqslant r\}$；

步骤6 若 $r \leqslant 0$，则 $e \leftarrow e - \text{Cr}\{f(\boldsymbol{\xi}) \geqslant r\}$；

步骤7 重复步骤 4~6 共 N 次；

步骤8 $E[f(\boldsymbol{\xi})] = a \vee 0 + b \wedge 0 + e \cdot (b - a)/N$。

6.3 反导作战动态火力分配问题建模

6.3.1 问题建模

本节将从模型假设、决策变量、约束条件和目标函数四方面构建基于 FCCBLP 反导作战动态火力分配模型。

1. 符号定义

为便于模型描述，本节首先对反导作战动态火力分配问题建模过程中，需要用到的下标、参数及决策变量进行定义，见表 6.1。

表 6.1 模型中的符号说明

符号	定 义
i	火力单元序号
j	来袭弹头序号
k	拦截发射序号
N_W	火力单元数量，$i \in I = \{1, 2, \cdots, N_W\}$
N_T	来袭弹头数量，$j \in J = \{1, 2, \ldots, N_T\}$
K	拦截次数，$k \in K = \{1, 2\}$
d_j	第 j 个来袭弹头
D	来袭弹头集合，$D = \{d_j \mid j \in J\}$
g_i	第 i 个火力单元
G	可用的火力单元集合，$G = \{g_i \mid i \in I\}$
$G^{(1)}$	进行首次齐射的火力单元集合

续表

符 号	定 义
$G^{(2)}$	进行二次齐射的火力单元集合
D_i^w	火力单元 g_i 对其存在可拦截时间窗口的来袭弹头集合，$D_i^w \in D$
w_j	第 j 个来袭弹头的威胁度
s_j	指定的对来袭弹头 d_j 进行拦截的时刻，对应目标被拦截时距己方可允许的最大高度；
DS_j	来袭弹头 d_j 的毁伤下界
$\mathrm{Est}T_{ij}$	火力单元 g_i 对来袭弹头 d_j 的最早可拦截时刻
$\mathrm{Lst}T_{ij}$	火力单元 g_i 对来袭弹头 d_j 的最晚可拦截时刻
Win_{ij}	火力单元 g_i 对来袭弹头 d_j 的可拦截时间窗口，$\mathrm{Win}_{ij} \triangle [\mathrm{Est}Tm_{ij}, \mathrm{Lst}Tm_{ij}]$
n_i	火力单元 g_i 贮备的拦截弹数量
Δt	任意两个火力单元对某来袭弹头的拦截时刻间隔最小值
$\tilde{p}_{ij}(\cdot)$	火力单元 g_i 对来袭弹头 d_j 关于拦截时刻的的单发毁伤概率函数，本节设计为模糊变量
$\alpha_1, \alpha_2, \beta_1, \beta_2, \beta_3$	决策者事先给定的置信水平

2. 模型假设

分析反导作战动态火力分配优化问题前，首先给出以下定义。

定义 6.11 （可拦截时间窗口）反导作战中，各火力单元能够对来袭弹头进行拦截的最早时刻与最晚时刻间的时间段，记作 $[\mathrm{Est}T_{ij}, \mathrm{Lst}T_{ij}]$。$\mathrm{Est}T_{ij}$ 为第 i 个火力单元对第 j 个来袭弹头的可拦截时间窗口上界；$\mathrm{Lst}T_{ij}$ 为第 i 个火力单元对第 j 个来袭弹头的可拦截时间窗口下界。可拦截时间窗口视战局而定，通常有多个，每个窗长度不等。

如图 6.2 所示，假设来袭弹头 d_j 在时刻 $\mathrm{Est}T_{ij}$ 进入火力单元 g_i 的可拦截空域，在 $\mathrm{Lst}T_{ij}$ 时刻离开火力单元 g_i 的可拦截空域。若反导作战防御系统传感器在 t_1 时刻捕获来袭弹头 d_j，设火力单元发射准备时间为 Δt_z，飞行至来袭弹头的时间为 Δt_f，若 $\mathrm{Est}T_{ij} > t_1 + \Delta t_z + \Delta t_f$，则可拦截时间窗口为 $[\mathrm{Est}T_{ij}, \mathrm{Lst}T_{ij}]$；当防御系统传感器捕获来袭弹头的时间推迟至 $\overline{t_1}$，则可拦截时间窗口缩小为 $[\overline{\mathrm{Est}T_{ij}}, \mathrm{Lst}T_{ij}]$。

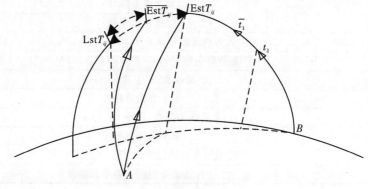

图 6.2 可拦截时间窗口

基于上述定义,根据战场环境特点、反导作战应用特点及决策需求,对模型作如下假设:

(1) 尽早拦截,以提高拦截成功率。

(2) 采用"射击-观测-射击"拦截策略,以有效避免来袭弹头被毁伤后仍继续对其分配火力的问题,降低作战成本。

(3) 已知各来袭弹头的威胁度值,优先拦截威胁度高的弹头。

(4) 火力单元必须在可拦截时间窗口内对来袭弹头实施打击,并优先使用可拦截时间窗口靠前的火力单元。

(5) 打击来袭弹头 d_j 的基本要求是超过毁伤下界 DS_j。

(6) 每个火力单元可携带多个拦截弹,参与分配的拦截弹数量必须小于或等于各火力单元所储存的拦截弹数量。

(7) 每个来袭弹头至少分配一个火力单元。

(8) 为避免碎片残骸掉落到防御方的地面资产上,对每个来袭弹头设定一个最晚拦截时刻。

(9) 为保证对同一来袭弹头的前后两个拦截互不干扰,规定在一定的时间间隔内最多只能有一次拦截发射。

3. 决策变量

由于本章研究的反导作战动态火力分配问题包含 FAP 和 FAS 两个方面的内容,且是以 FAP 为上层规划,FAS 为下层规划的双层规划,所以在构建反导作战动态火力分配模型时,应设计两个决策变量:火力分配决策变量 x_{ij} 和拦截时刻决策变量 $\tilde{t}_{ij}$。其中,$\tilde{t}_{ij}$ 为模糊变量。

$x_{ij} = \{x_{ij}^{(1)}, x_{ij}^{(2)}\}$ 表示分配哪些火力单元给来袭弹头。其中,$x_{ij}^{(1)}, x_{ij}^{(2)}$ 分别为毁伤评估前后 FAP 的决策变量。若火力单元 g_i 对来袭弹头 d_j 在毁伤评估前进行拦截,则 $x_{ij}^{(1)} \neq 0$,否则 $x_{ij}^{(1)} = 0$;若火力单元 g_i 对来袭弹头 d_j 在毁伤评估后进行拦截,则 $x_{ij}^{(2)} \neq 0$,否则 $x_{ij}^{(2)} = 0$。上层决策变量的取值范围为

$$\begin{cases} x_{ij}^{(k)} = 0, \forall d_j \notin D_i^w \\ 0 < x_{ij}^{(k)} \leqslant n_i, \forall d_j \in D_i^w \end{cases}, \forall i \in I, \forall j \in J, k = 1, 2$$

即若某火力单元对来袭弹头无可拦截时间窗口,则不分配该火力单元给来袭弹头;若某火力单元对来袭弹头存在拦截时间窗口,则参与分配的拦截弹数量必须小于或等于各火力单元所携带的拦截弹数量。

$\tilde{t}_{ij} = \{\tilde{t}_{ij}^{(1)}, \tilde{t}_{ij}^{(2)}\}$ 表示分配给来袭弹头的火力单元应在何时进行拦截。$\tilde{t}_{ij}^{(1)}, \tilde{t}_{ij}^{(2)}$ 分别为毁伤评估前后 FAS 的决策变量,且 $\tilde{t}_{ij}^{(1)}, \tilde{t}_{ij}^{(2)} \in \text{Win}_{ij}$。下层决策变量的取值范围为

$$\begin{cases} \tilde{t}_{ij}^{(k)} \in \text{Win}_{ij}, \text{if } x_{ij}^{(k)} \neq 0 \\ \tilde{t}_{ij}^{(k)} = 0, \text{if } x_{ij}^{(k)} = 0 \end{cases}, \forall i \in I, \forall j \in J, k = 1, 2$$

即若分配某火力单元给来袭弹头,则火力单元对来袭弹头的拦截时刻须在其可拦截时间窗口内;若不分配某火力单元给来袭弹头,则火力单元对来袭弹头的拦截时刻为一个异常值。

$$X: X = (x_{ij}^{(k)})_{i\in I, j\in J, k=1,2}, \quad 表示 \text{FAP} 方案;$$
$$\widetilde{T}: \widetilde{T} = (t_{ij}^{\tilde{k}})_{i\in I, j\in J, k=1,2}, \quad 表示 \text{FAS} 方案。$$

4. 约束条件

根据弹道导弹防御的作战特点及决策需求,在动态火力分配的过程中,需要考虑以下几方面的约束条件:

(1) 拦截可行性约束。火力单元要实现对来袭弹头的拦截,首要条件是来袭弹头必须经过火力单元的可拦截空域,其次来袭弹头需在该火力单元的可拦截时间窗口内。满足可拦截空域约束是求解可拦截时间窗口的基础,故本章拦截可行性约束见下式:

$$\begin{cases} x_{ij}^{(k)} = 0, \text{if } \forall d_j \notin D_i^w, \forall i \in I, k=1,2 \\ x_{ij}^{(k)} \neq 0, \text{if } \text{Cr}\{\text{Est}Tm_{ij} \leqslant t_{ij}^{\widetilde{(k)}} \leqslant \text{Lst}Tm_{ij}\} \geqslant \beta_3, \forall i \in I, \forall j \in J, k=1,2 \end{cases} \quad (6.3)$$

式(6.3)表示若火力单元 g_i 对来袭弹头 d_j 无可拦截时间窗口,则不分配该火力单元给来袭弹头 d_j;若在置信水平 β_3 下,火力单元 g_i 对来袭弹头 d_j 存在可拦截时间窗口,则分配该火力单元给来袭弹头 d_j。

(2) 资源约束。仅满足空间和时间约束条件,只能满足火力单元拦截来袭弹头的必要条件,而非充分条件。能否满足拦截来袭弹头的充分条件还要看资源约束,即火力单元 g_i 消耗的拦截弹数量不能超过拦截弹的储备:

$$\sum_{j\in J} x_{ij}^{(k)} \leqslant n_i, \quad \forall i \in I, \quad k=1,2 \quad (6.4)$$

此外,对任意来袭弹头 d_j 至少分配一个火力单元:

$$\sum_{i\in I} x_{ij}^{(k)} \geqslant 1, \quad \forall j \in J, \quad k=1,2 \quad (6.5)$$

(3) 拦截策略约束。为提高拦截成功率,反导作战防御系统对每个来袭弹头可发射多枚拦截弹。因此,对于一种拦截方式,可采用不同的拦截策略,通常有两种拦截策略:①"阻塞网"策略,即一次发射多枚拦截弹拦截同一来袭弹头。此种策略作战代价较高,而拦截效率较低。②"射击-观测-射击"策略,即首先向来袭弹头发射多枚拦截弹进行拦截,然后对拦截结果进行评估,若拦截未成功,则再发射多枚拦截弹对其进行第二次拦截。此种策略能够有效降低作战成本,拦截效率较高。因而,本章采用"射击-观测-射击"拦截策略,此策略要求第二次拦截必须在对首次拦截的杀伤评估后才能进行,见下式:

$$\sum_{i\in I} x_{ij}^{(2)} = 0, \quad \text{if } \sum_{i\in I} x_{ij}^{(1)} = 0, \quad \forall j \in J \quad (6.6)$$

(4) 指定拦截要求约束。

1) 有效毁伤下界。由于弹头一旦突防成功,会给防御方带来巨大的损失,因此本章设定有效毁伤下界 DS_j,即对任意来袭弹头 d_j 的毁伤程度必须大于或等于其有效毁伤下界 DS_j,见下式:

$$\text{Cr}\left\{1 - \prod_{i\in I}\sum_{k=1}^{2}(1-\widetilde{p}_{ij}(t_{ij}^{\widetilde{(k)}})x_{ij}^{(k)})\right\} \geqslant DS_j, \quad \forall i \in I, \quad \forall j \in J, \quad k=1,2 \quad (6.7)$$

注意到 $\widetilde{p}_{ij}(t_{ij}^{\widetilde{(k)}})$ 为模糊变量,故用可信性描述其毁伤程度。

2) 最晚拦截时刻。弹道导弹有可能携带非常规弹头,对携带非常规弹头的弹道导弹,即使拦截成功,爆炸产生的碎片残骸也会对地面防御资产和人员产生不可估量的损害,因此需要设定一个最晚拦截时刻来尽可能避免在本国领土上空进行拦截,见下式:

$$\mathrm{Cr}\{\widetilde{t_{ij}^{(k)}} \leqslant s_j\} \geqslant \beta_2, \forall i \in I, \forall j \in J, k = 1, 2 \tag{6.8}$$

式(6.8)表示在置信水平 β_2 下,对任意来袭弹头的拦截不能晚于某个拦截截止时刻 s_j。

(5) 拦截活动互不影响约束。为保证对同一来袭弹头的前后两个拦截互不干扰,规定在一定的时间间隔 Δt 内最多只能有一次拦截发射,见下式:

$$\mathrm{Cr}\{|\widetilde{t_{ij}^{(k)}} - \widetilde{t_{lj}^{(k)}}| > \Delta t\} \geqslant \beta_1, \forall i, l \in I, i \neq l, \forall j \in J \tag{6.9}$$

式(6.9)表示在置信水平 β_1 下,任意两个火力单元对同一来袭弹头的拦截时间间隔大于 Δt。

5. 目标函数

目标函数的建立是围绕作战效能指标的要求进行的,而反导作战防御系统的主要效能指标是在尽可能地杀伤威胁目标的同时减少作战代价,并在此基础上尽早拦截威胁目标。

(1) 上层目标函数。FAP 的目的是通过优化资源分配最大化效费比:即最大化作战效能与最小化作战代价的比值。作战代价包括用于动态火力分配的武器资源、计算机资源和时间资源等。由于拦截弹造价较高,在反导作战中具有稀缺性,可用期望耗弹量描述作战代价,因此上层规划的目标函数具体如下:

1) 最大化作战效能。当有 N_W 个火力单元拦截 N_T 个来袭弹头时,可建立如下数学模型:

$$G(x, \tilde{t}) = \max\left\{\sum_{j \in J}\omega_j\left[1 - \prod_{i \in I}\prod_{k=1}^{2}(1 - \widetilde{p}_{ij}(t_{ij}^{(k)})x_{ij}^{(k)})\right]\right\}$$

式中,$\widetilde{p}_{ij}(\widetilde{t_{ij}^{(k)}})$ 表示火力单元 g_i 在拦截时刻 $\widetilde{t_{ij}^{(k)}}$ 对来袭弹头 d_j 的模糊单发毁伤概率函数,可用模糊模拟计算。

2) 最小化期望耗弹量。采用"射击-观测-射击"的拦截策略,能够避免来袭弹头被毁伤后继续对其分配拦截弹,从而实现降低作战代价的目的。假设分配 2 枚拦截弹给某来袭弹头,单发杀伤概率均为 0.6,若采用"射击-射击"拦截策略,则期望耗弹量为 2,毁伤概率的期望值为 $1-(1-0.6)^2 = 0.84$;若采用"射击-观测-射击"拦截策略,则期望耗弹量为 $0.6 \times 1 + (1-0.6) \times 2 = 1.4$,而毁伤概率不变。也就是说,采用"射击-观测-射击"拦截策略,可实现在保持毁伤概率不变的条件下,减少期望耗弹量。因此,对给定的 FAP 方案 X,来袭弹头 d_j 造成的期望耗弹量为

$$N_j(x, \tilde{t}) = \sum_{i \in I}x_{ij}^{(1)} + \prod_{i \in I}(1 - \widetilde{p}_{ij}(\widetilde{t_{ij}^{(1)}})x_{ij}^{(1)}) \times \sum_{i \in I}x_{ij}^{(2)}$$

进而,"射击-观测-射击"拦截策略下,反导作战防御系统的最小总期望耗弹量为

$$N(x, \tilde{t}) = \min\sum_{j \in J}N_j(x, \tilde{t})$$

因此,上层规划的目标函数见下式:

$$\max_x F_1(x, \tilde{t}) = \frac{G(x, \tilde{t})}{N(x, \tilde{t})} = \frac{\max\left(\sum_{j \in J}\omega_j\left[1 - \prod_{i \in I}\prod_{k=1}^{2}(1 - \widetilde{p}_{ij}(t_{ij}^{(k)})x_{ij}^{(k)})\right]\right)}{\min\sum_{j \in J}\left(\sum_{i \in I}x_{ij}^{(1)} + \prod_{i \in I}(1 - \widetilde{p}_{ij}(t_{ij}^{(1)})x_{ij}^{(1)}) \times \sum_{i \in I}x_{ij}^{(2)}\right)} \tag{6.10}$$

(2) 下层目标函数。FAS 的目的是尽早拦截威胁弹头。由 6.3.1 第 2 小节分析可知,火力单元越早拦截来袭弹头,可拦截时间窗口越长,对作战单元的心理压力越小,越有利于提高拦截的成功率。因此,下层规划的目标函数见下式:

$$\min_{\tilde{t}} F_2(x,\tilde{t}) = \min \sum_{i \in I} \sum_{j \in J} \sum_{k=1}^{2} x_{ij}^{(k)} t_{ij}^{\widetilde{(k)}} \tag{6.11}$$

6.3.2 模型说明

基于以上讨论,可将最大化效费比和尽早拦截威胁目标分别作为上、下两层规划的目标函数,根据对反导作战动态火力分配问题的深刻分析和假设模型约束,最终得到基于 FCCBLP 的反导作战动态火力分配模型,见式(6.12)～式(6.23):

$$(\text{FAP}) \max_{x} \overline{F}_1(x,\tilde{t}) = G(x,\tilde{t})/N(x,\tilde{t})$$

$$\text{s.t} \begin{cases} \text{Cr} \left\{ \dfrac{\sum_{j \in J} \omega_j [1 - \prod_{i \in I} \prod_{k=1}^{2}(1 - \tilde{p}_{ij}(t_{ij}^{\widetilde{(k)}}) x_{ij}^{(k)})]}{\sum_{j \in J}(\sum_{i \in I} x_{ij}^{(1)} + \prod_{i \in I}(1 - \tilde{p}_{ij}(t_{ij}^{\widetilde{(1)}}) x_{ij}^{(1)}) \sum_{i \in I} x_{ij}^{(2)})} \geqslant \overline{F}_1 \right\} \geqslant \alpha_1 & (6.12) \\[2pt]
\text{Cr} \left\{ 1 - \prod_{i \in I} \sum_{k=1}^{2}(1 - \tilde{p}_{ij}(t_{ij}^{\widetilde{(k)}}) x_{ij}^{(k)}) \right\} \geqslant DS_j, \forall i \in I, \forall j \in J, k=1,2 & (6.13) \\[2pt]
\sum_{j \in J} x_{ij}^{(k)} \leqslant n_i, \forall i \in I, k=1,2 & (6.14) \\[2pt]
\sum_{i \in I} x_{ij}^{(2)} = 0, \text{if} \sum_{i \in I} x_{ij}^{(1)} = 0, \forall j \in J & (6.15) \\[2pt]
x_{ij}^{(k)} = 0, \forall d_j \notin D_i^w, \forall i \in I, k=1,2 & (6.16) \\[2pt]
x_{ij}^{(k)} \in [0, n_i] \forall i \in I, \forall j \in J, k=1,2 & (6.17) \\[2pt]
\sum_{i \in I} x_{ij}^{(k)} \geqslant 1, \forall j \in J, k=1,2 & (6.18)
\end{cases}$$

其中 $\tilde{t}$ 是 FAS 的解,

$$(\text{FAS}) \min_{\tilde{t}} \overline{F}_2(x,\tilde{t})$$

$$\text{s.t.} \begin{cases} \text{Cr} \left\{ \sum_{i \in I} \sum_{j \in J} \sum_{k=1}^{2} x_{ij}^{(k)} t_{ij}^{\widetilde{(k)}} \leqslant \overline{F}_2 \right\} \geqslant \alpha_2 & (6.19) \\[2pt]
\text{Cr} \left\{ |t_{ij}^{\widetilde{(k)}} - t_{lj}^{\widetilde{(k)}}| > \Delta t \right\} \geqslant \beta_1, \forall i, l \in I, i \neq l, \forall j \in J & (6.20) \\[2pt]
\text{Cr}\{t_{ij}^{\widetilde{(k)}} \leqslant s_j\} \geqslant \beta_2, \forall i \in I, \forall j \in J, k=1,2 & (6.21) \\[2pt]
\text{Cr}\{\text{Est}Tm_{ij} \leqslant t_{ij}^{\widetilde{(k)}} \leqslant \text{Lst}Tm_{ij}\} \geqslant \beta_3, \text{if } x_{ij}^{(k)} = 1, \forall i \in I, \forall j \in J, k=1,2 & (6.22) \\[2pt]
t_{ij}^{\widetilde{(k)}} = 0, \text{if } x_{ij}^{(k)} = 0 \forall i \in I, \forall j \in J, k=1,2 & (6.23)
\end{cases}$$

式(6.12)～式(6.18)为上层规划的约束条件:

式(6.12)表示对任意给定的上层决策变量 x 和置信水平 α_1,存在极大化的上层规划目标函数乐观值 $\bar{F}_1$,使得式(6.12)成立;

式(6.13)表示对任意来袭弹头 d_j 的毁伤程度必须大于或等于其有效毁伤下界 DS_j,由于式(6.13)含模糊单发毁伤概率,故用可信性描述其毁伤程度;

式(6.14)表示每个火力单元参与分配的拦截弹数量必须小于或等于各火力单元所携带的拦截弹数量;

式(6.15)表示在"射击-观测-射击"的拦截策略下,对任意来袭弹头,若没有首次发射,则不会有毁伤评估后的二次发射;

式(6.16)表示若某火力单元对来袭弹头无可拦截时间窗口,则不分配该火力单元给来袭弹头;

式(6.17)为上层决策变量的取值范围;

式(6.18)表示每个来袭弹头至少分配一个火力单元;

式(6.19)~式(6.23)为下层规划的约束条件:

式(6.19)表示对任意给定的下层模糊决策变量 $\bar{t}$ 和置信水平 α_2,存在极大化下层目标函数悲观值 $\underline{F}_2$,使得式(6.19)成立;

式(6.20)表示在置信水平 β_1 下,任意两个火力单元对同一来袭弹头的拦截时间间隔大于 Δt;

式(6.21)表示在置信水平 β_2 下,对任意来袭弹头的拦截不能晚于某个拦截截止时刻 s_j;

式(6.22)表示在置信水平 β_3 下,火力单元对来袭弹头的拦截时刻在其可拦截时间窗口内;

式(6.23)若不分配某火力单元给来袭弹头,则火力单元对来袭弹头的拦截时刻为一个异常值表示。

6.3.3 模型特点分析

基于 FCCBLP 的反导作战动态火力分配模型是在 WTA 模型和双层规划模型的基础上,结合弹道导弹防御的作战特点以及决策模型中参数所具有的不确定性的特性等因素建立起来的,其数学性质和形式已和经典的 WTA 模型相去甚远。可以看出,FCCBLP 模型存在以下特点:

(1) FAP 和 FAS 中均包含复杂约束条件,这些约束条件会导致在对问题进行求解时难以搜索到全局最优解。

(2) FAP 是一个非线性组合优化问题,存在"维数灾难"的问题。

(3) FAS 是一个连续优化问题,且决策变量 $\bar{t}$ 为模糊变量。

由以上分析可知,基于 FCCBLP 的反导作战动态火力分配模型是不确定环境下,包含复杂约束条件、上下层规划问题的性质不同的 NBLP 问题。因此,需要设计一种搜索能力强、收敛速度快的分层递阶的混合模糊智能算法。

6.4 基于 HHFPSO 算法的反导作战动态火力分配模型求解

针对 FCCBLP 的反导作战动态火力分配模型的特点和求解要求,图 6.3 给出了模型求解的具体思路:首先构建一种针对双层多约束动态火力分配问题的递阶结构粒子编码策略及其修正策略。然后,将第 5 章提出的求解 NBLP 问题的 VNPSO-CC 算法做离散化处理:构造离散邻域结构集。在此基础上,将离散化的 VNPSO-CC 算法和 DRPSO 算法有效结合,利用模糊模拟技术,提出 HHFPSO 算法。考虑到 FAP 和火 FAS 之间的制约关系,HHFPSO 算法采用递阶优化方法:首先给定上层约束集中的一个决策变量,下层规划以该变量为参数,调用 DRPSO 算法求解下层规划问题,并将结果反馈到上层,根据下层反馈情况,上层调整决策变量,并调用离散化的 VNPSO-CC 算法求解上层规划,直到找到最优解。

根据以上决策思路,本节从粒子的编码及解码策略、粒子的编码修正策略以及 HHFPSO 算法的具体实现三个方面,对算法改进的具体内容和实现方法进行深入研究。

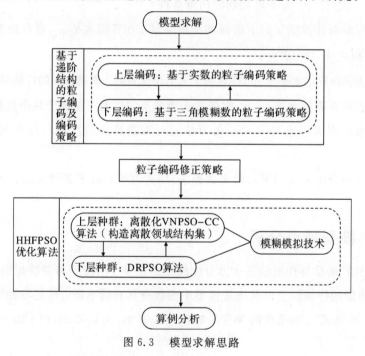

图 6.3　模型求解思路

6.4.1　粒子的编码与解码策略

用 HHFPSO 算法对基于 FCCBLP 的反导作战动态火力分配模型进行求解时,首先应对解的位置进行编码,好的编码策略不仅可表示问题的解,还应尽量满足模型中所设定的约束条件。常用的粒子编码方式有二进制编码、整数编码、实数编码和格雷码等。针对反导作战动态火力分配模型的特点,单采用上述任意一种编码方式,都无法将上层规划的决策变量 x 和下层规划的决策变量 $\tilde{t}$ 统一编码,因此本节设计一种递阶结构的粒子编码方式。在这种编码方式中,粒子编码分为上下两层,上层编码 C_u 对应了 $\boldsymbol{X}$,下层编码 C_l 对应了 $\widetilde{T}$。由式(6.22)和式(6.23)可知,只有确定上层粒子的编码 C_u 后才能对下层编码 C_l 进行取值。

1. 上层粒子的编码策略

上层粒子编码采用基于实数的粒子编码策略。设粒子的维数等于火力单元数目,即 $D = N_W$;第 i 个粒子中第 d 维元素的结构为 $k_i(d) = k_i^1(d) \cdot k_i^2(d)$,其中 $k_i^1(d)$ 为粒子的整数部分,描述是否将火力单元 g_i 分配给来袭弹头;$k_i^2(d)$ 为粒子的小数部分,描述若将分配火力单元 g_i 分配给来袭弹头,则火力单元 g_i 共发射的拦截弹数量,故任意上层编码 C_u 可表示为

$$C_u = \{k_1^1 \cdot k_1^2, k_2^1 \cdot k_2^2, \cdots, k_{N_W}^1 \cdot k_{N_W}^2\}$$

式中,粒子各维的整数位 $k_i^1 \in J = \{0\} \bigcup J_1 \bigcup J_2$,$J_1$ 表示 1 到 $2N$ 之间的奇数构成的集合,即 $J_1 = \{1, 3, \cdots, 2N-1\}$;$J_2$ 表示 1 到 $2N$ 之间的偶数构成的集合,即 $J_2 = \{2, 4, \cdots, 2N\}$。

粒子各维的整数位 k_i^1 的取值规则为

$$\left.\begin{array}{l} k_i^1 \in J_1, \text{分配火力单元 } g_i \text{ 给第}(k_i^1+1)/2 \text{ 个来袭弹头,并规定 } g_i \text{ 在毁伤评估前拦截} \\ k_i^1 \in J_2, \text{分配火力单元 } g_i \text{ 给第 } k_i^1/2 \text{ 个来袭弹头,并规定 } g_i \text{ 在毁伤评估后拦截} \\ k_i^1 = 0, \text{不分配火力单元 } g_i \text{ 给任何来袭弹头} \end{array}\right\} \quad (6.24)$$

粒子各维的小数位 k_i^2 的取值规则为

$$\left.\begin{array}{l} k_i^2 = 0, k_i^1 = 0 \\ k_i^2 \in [1, n_i], k_i^1 \neq 0 \end{array}\right\} \quad (6.25)$$

表示为若不分配火力单元 g_i 给任何来袭弹头,则火力单元 g_i 的耗弹量为 0;若分配火力单元 g_i 给来袭弹头,则火力单元 g_i 的耗弹量不超过拦截弹的储备。

上述编码方式考虑了反导作战动态火力分配模型中的式(6.14)和式(6.17),为尽可能地保证解的可行性,根据反导作战动态火力分配模型中约束条件式(6.15)和式(6.16),对上层编码作如下约定:

约定 6.1 若粒子各维的整数位 k_i^1 没有 $2j-1$ 的取值,则没有 $2j$ 的取值,$\forall j \in \{1, 2, \cdots, N_T\}$;

约定 6.2 若 $\forall d_j \notin D_i^w$,即火力单元 g_i 对来袭弹头 d_j 无可拦截时间窗口,则粒子各维的整数位 $k_i^1 = 0$,$\forall i \in \{1, 2, \cdots, N_W\}$,$\forall j \in \{1, 2, \cdots, N_T\}$。

上层粒子的编码方式与 FAP 方案的映射关系见表 6.2。

表 6.2 C_u 编码方式与分配规划问题映射关系

C_u	火力单元	耗弹量	来袭弹头
3.2	g_1	2	d_2
5.2	g_2	2	d_3
6.1	g_3	1	d_3
0.0	g_4	0	—
1.2	g_5	2	d_1

2. 下层粒子的编码策略

由于下层规划的决策变量 $\tilde{t}$ 是模糊变量，故对给定的上层编码 $C_u = \{k_1^1 \cdot k_1^2, k_2^1 \cdot k_2^2, \cdots, k_{N_W}^1 \cdot k_{N_W}^2\}$，对下层粒子采用基于三角模糊数的编码方式，具体形式如下：

$$C_l = \{(t_{11}, t_{12}, t_{13}), (t_{21}, t_{22}, t_{23}), \cdots, (t_{N_W1}, t_{N_W2}, t_{N_W3})\}$$

其中，$(t_{i1}, t_{i2}, t_{i3})(i = 1, 2, \cdots, N_W)$ 为三角模糊变量，取值规则为

$$\left.\begin{array}{l}(t_{i1}, t_{i2}, t_{i3}) = (0, 0, 0), \quad k_i^1 = 0 \\ \mathrm{Cr}\{(t_{i1}, t_{i2}, t_{i3}) \in \mathrm{Win}_{ij}\} \geqslant \beta, \quad k_i^1 \neq 0\end{array}\right\} \tag{6.26}$$

式中，j 的取值按下式进行：

$$j = \begin{cases}(k_i^1 + 1)/2, k_i^1 \in J_1 \\ k_i^1/2, k_i^1 \in J_2\end{cases}$$

上述编码方式考虑了反导作战动态火力分配模型中的约束条件式(6.22)和式(6.23)。

假设火力单元集合为 $\{g_1, g_2, g_3, g_4, g_5,\}$，各火力单元携带弹药量集合为 $\{n_1, n_2, n_3, n_4, n_5\}$ 来袭目标集合 $\{d_1, d_2, d_3\}$，粒子递阶结构编码如图6.4所示。

C_u	3.2	5.2	6.1	0.0	1.2
C_l	(52,56,60)	(62,66,70)	(72,76,80)	(0,0,0)	(40,45,50)

图6.4 递阶结构粒子编码

3. 粒子的解码策略

解码是编码的逆过程，可实现粒子编码到决策变量的转换，可用式(6.27)对本章提出的分层递阶编码方式进行解码：

$$\left.\begin{array}{l}x_{ij}^1 = \begin{cases}k_i^2, & k_i^1 = 2j - 1 \\ 0, & \text{其他}\end{cases} \\ x_{ij}^2 = \begin{cases}k_i^2, & k_i^1 = 2j \\ 0, & \text{其他}\end{cases} \\ \tilde{t}_{ij}^1 = \begin{cases}(t_{i1}, t_{i2}, t_{i3}), & k_i^1 = 2j - 1 \\ 0, & \text{其他}\end{cases} \\ \tilde{t}_{ij}^2 = \begin{cases}(t_{i1}, t_{i2}, t_{i3}), & k_i^1 = 2j \\ 0, & \text{其他}\end{cases}\end{array}\right\} \tag{6.27}$$

6.4.2 粒子编码的修正策略

对于含模糊变量的约束条件本节将采用模糊模拟检验约束的可行性，对于不含模糊变量的约束条件上述编码方式可以严格满足约束条件式(6.14)～式(6.17)及式(6.23)，而无法满足约束条件式(6.18)，即上层编码策略在集火射击的条件下有可能出现：所有火力单元同时射击同一来袭目标，而其他目标未分配火力单元的情况，如图6.5所示。

C_u	3.2	3.2	4.1	5.2	6.1	→ 违反约束条件(6.18)

图6.5 不可行编码

即火力单元1~3拦截目标2,火力单元4~5拦截目标3,而目标1无火力单元拦截,不满足约束条件式(6.18),因此在对粒子进行初始化编码及PSO算法操作产生新粒子时,应对式(6.18)进行合法性检查,若不满足,则对粒子进行修正。其主要思想是:从分配火力单元最多的目标开始修正,直至所有目标都分配了火力单元。在此基础上根据式(6.26)调整下层编码。综上所述,粒子编码的修正策略用如下伪代码形式描述,见算法6.1。

算法 6.1 修正不可行解
Input: N_T, N, D, n_i
(1) $A = \text{zeros}(N, D)$, $B = \text{zeros}(N, D)$
(2)　For $i = 1$ to N
(3)　　For $j = 1$ to D
(4)　　　$A(i, j) = \text{ceil}(\text{rand}(N_T))$, $B(i, j) = \text{ceil}(\text{rand}(n_i))$
(5)　　　Set k equals to the digits of $B(i, j)$
(6)　　　$x_{ij} = A(i, j) + B(i, j) * 10^{(-k)}$
(7)　　End
(8)　For $t = 1$ to N_T
(9)　　Count$(t) = 0$, Index$(t, :) = \text{zeros}(1, D)$
(10)　　For $j = 1$ to D
(11)　　　If $A(i, j) = t$
(12)　　　　Count$(t) = $ Count$(t) + 1$
(13)　　　　Index$(t, j) = 1$
(14)　　　Else
(15)　　　　Count$(t) = $ Count(t)
(16)　　　End
(17)　　End
(18)　End
(19)　Structure an array **Count_s** by descending order with the elements of **Count**
(20)　For $t = 1$ to N_T
(21)　　If Count$(t) = 0$
(22)　　　Find t' which satisfies Count$(t') = $ Count_s(1)
(23)　　　Choose $j' \in [1, D]$ randomly to satisfies $A(i, j') = t'$
(24)　　　$A(i, j') = t$
(25)　　End
(26)　End
(27)　Renovate **Count**, **Index** and **Count_s** after $A(i, j') = t'$ replaced by $A(i, j') = t$
(28)　Output C_u'
(29)　Renovate C_l' according equation(6.26)
(30) End
Output: C'

6.4.3 HHFPSO 算法

1. 上层规划求解

上层种群进化是 HHFPSO 算法的主体部分,其主要工作是:在上层规划问题的决策空间中对上层编码进行搜索,并调用下层种群进行下层编码优化,以获得求解反导作战动态火力分配模型的全局最优解。

第 6 章提出的 VNPSO-CC 算法是用于求解函数优化问题,因而邻域结构集是连续的。而根据本章 6.3.3 节的分析可知,上层规划是一个含有模糊变量的非线性组合优化问题,因而在调用 VNPSO-CC 算法时,一方面需利用 6.4.1 节所提出的编码策略对上层粒子进行编码;另一方面需构造离散邻域结构集。为此,本节设计了交换(Swap)、多点交换(MSwap)以及复合交换(CSwap)3 种离散邻域结构,具体形式如下:

(1) $N_1(x)$/Swap。

1) 随机选择第 i 个粒子的任意两维 $k_i(d_m)$ 和 $k_i(d_n)(m \neq n)$;

2) 交换 $k_i(d_m)$ 和 $k_i(d_n)$。

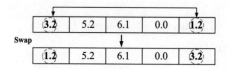

(2) $N_2(x)$/MSwap。

1) 随机选择第 i 个粒子的任意两维 $k_i(d_m)$ 和 $k_i(d_n)(m \neq n)$;

2) 交换 $k_i(d_m)$ 和 $k_i(d_n)$;

3) 重复以上两个步骤至少两次。

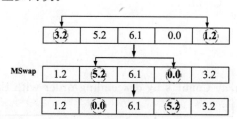

(3) $N_3(x)$/CSwap。

1) 随机选择第 i 个粒子的任意两维 $k_i(d_m)$ 和 $k_i(d_n)(m \neq n)$;

2) 随机选择第 i 个粒子中任意两个序列 r_1,r_2。需要指出,r_1,r_2 不同于 $k_i(d_m),k_i(d_n)$ 原来的序列;

3) 将 $k_i(d_m)$ 置于 r_1 序列,$k_i(d_n)$ 置于 r_2 序列。

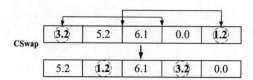

仿真实验发现,调用 VNS 算法时,按照先交换,再多点交换,最后使用复合交换的顺序(即 l 单调递增),算法性能表现最好,因此本章仿真实验均按此顺序使用这 3 种离散邻域结构。

2. 下层规划求解

下层规划问题是一个连续的约束优化问题,可直接调用本书第4章4.4节提出的DRPSO算法。该算法既保持了PSO算法固有的收敛速度快的特点,又改善了种群的多样性,提高了算法的全局寻优能力,能较好地满足反导作战动态火力分配优化问题对时效性的较高要求。由于$\tilde{t}$为模糊变量,下层规划的目标函数$F_2(x,\tilde{t})$即为DRPSO算法中的适应度函数,由模糊模拟计算。

需要指出的是,在HHFPSO算法中,DRPSO算法被用来求解下层规划问题,因而每个下层种群中粒子的上层编码均相同,可以认为DRPSO算法中对个体的操作均是针对下层编码而言的。

3. HHFPSO算法流程

图6.6为求解基于FCCBLP的反导作战动态火力分配模型的HHFPSO算法流程图。可以看出,HHFPSO算法由求解上层规划的离散化VNPSO-CC算法和求解下层规划的DRPSO算法组成。

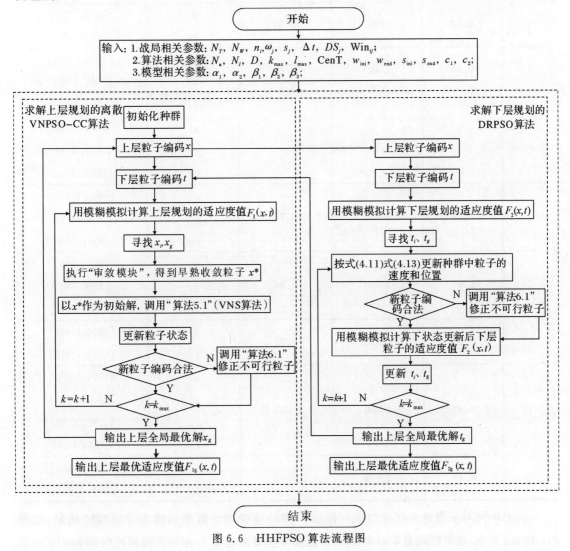

图6.6 HHFPSO算法流程图

6.4.4 实验与结果分析

1. 战局假设及参数设置

本节只为验证基于 FCCBLP 的反导作战动态火力分配模型的合理性及 HHFPSO 算法的有效性,并不对火力单元及来袭弹头的部署方式及具体战术行为做设计,故仿真以多枚弹道导弹突防为背景,引入如下战局假设:防御方部署 16 个火力单元执行弹道导弹防御任务,防御系统传感器共观测到 8 枚来袭弹头。由于弹头一旦突防成功,会给防御方带来巨大的损失,因此本章设定有效毁伤下界 $DS_j > 0.60$。表 6.3 为各来袭弹头的相关参数。

表 6.3 来袭弹头相关参数表

来袭弹头	威胁度 w_j	最晚拦截时刻 s_j/s	有效毁伤下界 DS_j	可选火力单元 g_i	可拦截时间窗口 Win_{ij}/s
1	0.72	960	0.69	g_1	[350, 900]
				g_3	[400, 920]
2	0.65	1 480	0.63	g_5	[610, 1 230]
				g_9	[750, 1 400]
3	0.93	1 750	0.91	g_4	[660, 1 410]
				g_6	[670, 1 580]
				g_{10}	[1 120, 1 440]
				g_{12}	[1 200, 1 630]
4	0.78	2 000	0.75	g_{12}	[880, 1 010]
				g_{14}	[1 300, 1 720]
				g_{16}	[1350, 1 910]
5	0.87	1 390	0.86	g_2	[590, 860]
				g_9	[590, 880]
				g_{13}	[900, 1 270]
6	0.56	1 510	0.52	g_5	[960, 1 440]
				g_{11}	[650, 1 250]
7	0.84	1 830	0.82	g_7	[770, 1 130]
				g_8	[820, 1 120]
				g_{13}	[1 280, 1 690]
				g_{16}	[1 190, 1 550]
8	0.49	1 640	0.44	g_{14}	[940, 1 520]
				g_{15}	[870, 1 310]

火力单元对来袭弹头在可拦截时间窗口内的模糊毁伤概率曲线为分段线性函数,如图 6.7 所示。其中,在可拦截最早时刻 $EstT_{ij}$ 处取毁伤概率为 0.3,在可拦截最晚时刻 $LstT_{ij}$ 处取

0.4,在可拦截时间窗口的中点处取 0.9。

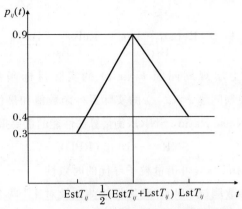

图 6.7　火力单元对来袭弹头的毁伤概率函数

因此,在此战局假设中,各火力单元对来袭弹头的模糊毁伤概率可表示为下式,并由模糊模拟计算出 $E[\tilde{p}_{ij}(\tilde{t})]$。

$$\tilde{p}_{ij}(\tilde{t}) = \begin{cases} \dfrac{1.2(\tilde{t} - \mathrm{Est}T_{ij})}{\mathrm{Lst}T_{ij} - \mathrm{Est}T_{ij}} + 0.3, & \tilde{t} \in \left[\mathrm{Est}T_{ij}, \dfrac{1}{2}(\mathrm{Est}T_{ij} + \mathrm{Lst}T_{ij})\right] \\ \dfrac{\mathrm{Lst}T_{ij} - \tilde{t}}{\mathrm{Lst}T_{ij} - \mathrm{Est}T_{ij}} + 0.4, & \tilde{t} \in \left[\dfrac{1}{2}(\mathrm{Est}T_{ij} + \mathrm{Lst}T_{ij}), \mathrm{Lst}T_{ij}\right] \end{cases} \quad (6.28)$$

表 6.4　基本参数设置

参数项	参数值
置信水平 ($\alpha_1, \alpha_2, \beta_1, \beta_2, \beta_3$)	0.95
火力单元储备的拦截弹数量 $n_i = n$	4
拦截时间间隔 Δt	2 s
种群规模 $N_u = N_l$	200
粒子维数 $D = N_w$	16
最大迭代次数 $k_{\max}$	100
加速因子 c_1	2
加速因子 c_2	1.5
初始惯性权重 ω_{ini}	0.9
最终惯性权重 ω_{end}	0.4

基于 FCCBLP 的反导作战动态火力分配模型及 HHFPSO 算法中的基本参数由表 6.4 给出。其中,$c_1, c_2, \omega_{\mathrm{ini}}, \omega_{\mathrm{end}}$ 的取值是文献[215]由正交实验得出。

2. 测试及结果分析

对每个测试实例独立运行 n 次,记录以下数据:

1) 最优值:算法收敛时目标函数的最优值;

2) 平均值:n 次运行完成后,算法的平均最优值,可衡量粒子寻优的平均质量;

3) 相对误差(Relative Percentage Deviation，RPD)，可衡量算法的鲁棒性，RPD值越小越好，记作：

$$\text{RPD}(\%) = \left(\frac{\text{ReBst}_1 - \text{Bst}_1}{\text{Bst}_1} + \frac{\text{ReBst}_2 - \text{Bst}_2}{\text{Bst}_2}\right) \times 100\%$$

式中，ReBst_1，Bst_1 分别为上层规划问题 $F_1(x,\tilde{t})$ 的实际目标函数值和最优目标函数值；ReBst_2，Bst_2 分别为下层规划问题 $F_2(x,\tilde{t})$ 的实际目标函数值和最优目标函数值。

4) 信噪比(Signal to Noise Ratio，SNR)，衡量算法性能的重要指标，SNR值越大越好，记作：

$$\text{SNR} = -10 \lg (\text{RPD})^2$$

5) 平均运行时间(MeanT/s)：可衡量粒子寻优的时效性。

仿真实验包括"算法参数测试"以及"算法性能测试及对比"两个部分。

(1) 算法参数测试。参数的取值对算法的性能有显著影响，相较基本 PSO 算法，HHFPSO 算法中包含4个新参数：粒子各维最小允许间距初始值 s_{ini}、粒子各维最小允许间距最终值 s_{end}、邻域结构个数 l_{max}、聚簇个数 CenT。本章设置 4 种参数均有 3 种水平，见表 6.5。

表 6.5 测试因子及其相应的测试水平

因子	s_{ini}			s_{end}			l_{max}			CenT		
水平	1	2	3	1	2	3	1	2	3	1	2	3
取值	0.9	0.8	0.7	0.3	0.2	0.1	3	2	1	4	3	2

若参数的每一种组合水平都做一次实验，共需要做 3^4 次实验，计算量太大，故采用正交实验设计来构造测试实例。根据因素及水平划分，采用 4 因素 3 水平的正交试验矩阵设计试验，见表 6.6。9 个测试实例均按照表 6.3～表 6.5 对模型及算法参数进行取值，每个实例运行 10 次，得到平均 RPD 及平均 SNR，如图 6.8 和图 6.9 所示。在此基础上，利用极差分析得到对算法影响最大的因子，见表 6.7。

表 6.6 正交设计表 $L_9(3^4)$

实验号	因子的各项水平			
	s_{ini}	s_{end}	l_{max}	CenT
1	1	1	1	1
2	1	2	2	2
3	1	3	3	3
4	2	1	2	3
5	2	2	3	1
6	2	3	1	2
7	3	1	3	2
8	3	2	1	3
9	3	3	2	1

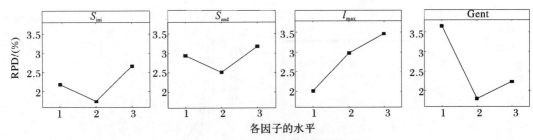

图 6.8 4 因子在 3 水平上的平均 RPD

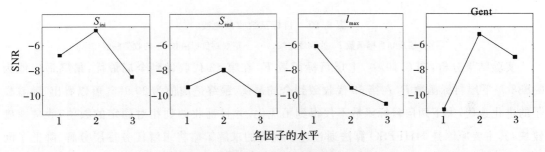

图 6.9 4 因子在 3 水平上的平均 SNR

表 6.7 RPD 值和 SNR 值极差分析结果

项目	RPD/(%)				SNR			
	s_{ini}	s_{end}	l_{max}	CenT	s_{ini}	s_{end}	l_{max}	CenT
水平 1	2.181	2.943	2.010	3.646	−6.769	−9.366	−6.063	−11.222
水平 2	1.744	2.511	2.975	1.802	−4.810	−7.993	−9.455	−5.105
水平 3	2.663	3.177	3.455	2.233	−8.497	−10.021	−10.756	−6.966
极差的绝对值	0.919	0.666	1.445	1.844	3.687	2.028	4.693	6.117

实验结果分析：极差分析是指各计算参数不同水平下试验结果最大值和最小值之差。若极差值大，则说明改变相应参数的水平对算法性能的影响较大；反之，极差值小，则影响也较小。由图 6.8～图 6.9 及表 6.7 可以看出，各参数对算法性能的影响程度（极差值）依次为 $CenT > l_{max} > s_{ini} > s_{end}$，即聚簇个数 CenT 对算法性能影响最大，粒子各维最小允许间距的最终值 s_{end} 影响最小。

4 个测试参数在相应的 3 水平上得到的平均 RPD(%)越小越好，而平均 SNR 则越大越好，表 6.8 列出了正交试验结果的最优组合。

表 6.8 正交实验结果最优组合

s_{ini}	s_{end}	l_{max}	CenT
Level2：0.8	Level2：0.2	Level1：3	Level2：3

(2) 算法性能测试及对比。将 HHFPSO 算法连续随机运行 50 次，得到上层规划目标函数 $F_1(x,\tilde{t})$ 及下层规划目标函数 $F_2(x,\tilde{t})$ 的最优值和平均值，如图 6.10 所示。

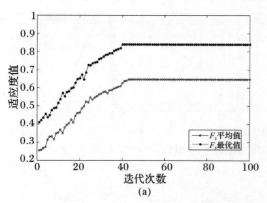 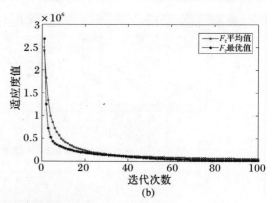

图 6.10 目标函数收敛曲线

(a) 上层规划目标函数 F_1 的收敛曲线;(b) 下层规划目标函数 F_2 的收敛曲线

实验结果分析:图 6.10 中,上层目标函数 F_1 在第 43 代收敛到全局最优,最终适应值为 0.838 7;下层目标函数 F_2 在第 69 代收敛到全局最优,最终适应值为 20 995。可以看出,随着粒子的进化迭代,上下两层目标函数不仅得到了优化,并且都收敛到相对稳定的数值,收敛速度较快,其主要原因是 HHFPSO 算法通过递阶优化的求解策略将求解任务逐层分解,降低了问题的求解难度。求解上层规划问题时,VNPSO-CC 算法通过增加审敛因子,判断粒子是否陷入"早熟收敛",并利用 VNS 算法的全局搜索能力对已陷入"早熟收敛"的粒子进行变邻域搜索,既增加了种群的多样性又避免了 PSO 算法容易陷入局部最优的问题;求解下层规划问题时,DRPSO 算法通过加入怀疑因子及斥力因子,及时修正粒子的速度和位置更新策略,既保持了 PSO 算法固有的收敛速度快的特点,又改善了种群的多样性,提高了算法的全局搜索能力及收敛速度,满足反导作战智能辅助决策对时效性的要求。

表 6.9 为该案例的最终分配方案;图 6.11 为最终分配方案的粒子编码,其中,$G^{(1)} = \{g_1, g_2, g_3, g_4, g_5, g_6, g_7, g_8, g_9, g_{11}, g_{12}, g_{15}\}$,$G^{(2)} = \{g_{10}, g_{13}, g_{14}, g_{16}\}$。

表 6.9 动态火力分配方案

火力单元	分配的来袭弹头	耗弹量	拦截时刻 /s
g_1	d_1	2	(460, 480, 500)
g_2	d_5	2	(620, 650, 680)
g_3	d_1	2	(475, 500, 525)
g_4	d_3	2	(818, 859, 900)
g_5	d_2	2	(776, 794, 812)
g_6	d_3	2	(832, 875, 918)
g_7	d_7	1	(900, 930, 960)
g_8	d_7	1	(923, 940, 957)
g_9	d_5	1	(631, 675, 719)
g_{10}	d_3	1	(1 200, 1 300, 1 400)
g_{11}	d_6	1	(834, 885, 936)

续表

火力单元	分配的来袭弹头	耗弹量	拦截时刻 /s
g_{12}	d_4	3	(892, 912, 932)
g_{13}	d_5	2	(1012, 1090, 1168)
g_{14}	d_4	1	(1 417, 1 480, 1 543)
g_{15}	d_8	1	(963, 1 003, 1 043)
g_{16}	d_7	2	(1 380, 1 450, 1 520)

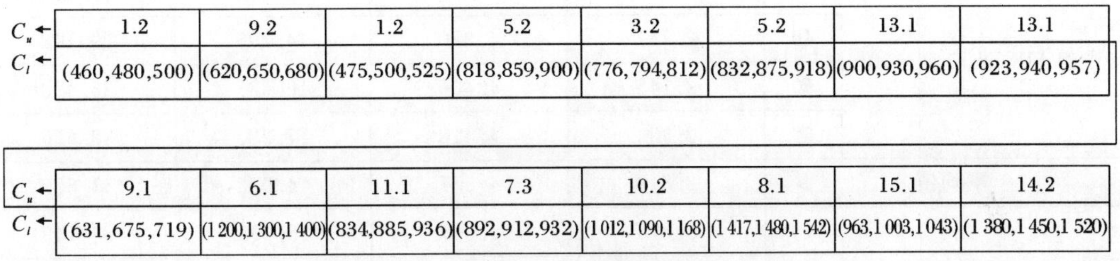

C_u	1.2	9.2	1.2	5.2	3.2	5.2	13.1	13.1
C_l	(460,480,500)	(620,650,680)	(475,500,525)	(818,859,900)	(776,794,812)	(832,875,918)	(900,930,960)	(923,940,957)

C_u	9.1	6.1	11.1	7.3	10.2	8.1	15.1	14.2
C_l	(631,675,719)	(1 200,1 300,1 400)	(834,885,936)	(892,912,932)	(1 012,1 090,1 168)	(1 417,1 480,1 542)	(963,1 003,1 043)	(1 380,1 450,1 520)

图 6.11 动态火力分配方案的粒子编码

为进一步验证 HHFPSO 算法求解大规模反导作战动态火力分配问题的有效性,仿真实验对不同规模($N_W \times N_T$)的算例进行求解,且对某一固定的来袭弹头数,设定不同的火力单元数量,最大规模可达到 110×50。表 6.10 和图 6.12 所示为 HHFPSO 算法与文献[216]提出的 RCHA 算法分别连续随机运行 50 次得到的平均 RPD 及 MeanT 比较结果。

表 6.10 不同规模算例性能比较

问题规模	N_T	N_W	RPD/(%)		MeanT/s	
			HHFPSO	RCHA	HHFPSO	RCHA
微型 MINI	5	5	0.814	1.632	2.396	4.109
		7	0.905	1.197	2.787	4.943
		9	0.827	1.278	3.094	5.527
		11	0.913	1.546	3.667	6.104
平均值			0.865	1.413	2.986	5.171
小型 SMALL	10	10	1.757	2.452	4.465	8.593
		14	1.664	2.484	5.116	9.429
		18	1.537	2.803	6.047	10.308
		22	1.970	2.969	6.802	10.614
平均值			1.732	2.677	5.608	9.736

续表

问题规模	N_T	N_W	RPD/(%)		MeanT/s	
			HHFPSO	RCHA	HHFPSO	RCHA
中小型(S-M)	20	20	2.428	3.652	8.971	15.472
		27	2.467	3.395	10.065	19.293
		34	2.692	3.741	11.633	22.815
		41	2.505	3.924	12.419	25.059
平均值			2.523	3.678	10.772	20.660
中型 MIDDLE	30	30	2.878	4.155	12.534	25.386
		40	2.751	4.370	14.295	29.102
		50	2.743	4.406	15.631	33.493
		60	2.902	4.418	17.228	38.656
平均值			2.819	4.337	14.922	31.659
中大型(M-L)	40	40	3.276	5.317	15.698	33.149
		55	3.405	5.694	18.115	39.256
		65	3.397	5.450	20.263	46.027
		80	3.623	5.934	22.406	52.308
平均值			3.425	5.599	19.121	42.685
大型 LARGE	50	50	4.238	7.186	19.344	43.514
		70	4.310	7.489	22.263	50.702
		90	4.765	7.462	25.085	58.236
		110	4.729	7.675	27.640	65.129
平均值			4.511	7.453	23.583	54.395

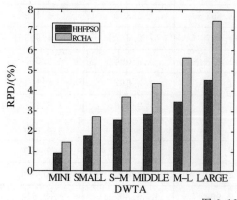 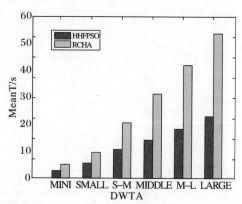

图 6.12 算法性能对比

实验结果分析：由表 6.10 和图 6.12 可以看出，随着动态火力分配问题求解规模的不断扩大，本章所提算法的平均 RPD 值及 MeanT 值均优于 RCHA 算法。在 6 组不同规模的测试中，

HHFPSO 算法的平均 RPD 分别低于 RCHA 算法 38.8%,35.3%,31.4%,35.0%,38.8%,39.5%;MeanT 分别低于 RCHA 算法 42.3%,42.4%,47.9%,52.9%,55.2%,56.6%,表明 HHFPSO 算法收敛速度快,优化效率高,鲁棒性较好。注意到,随着问题求解规模的扩大,HHFPSO 算法的优势愈加明显,充分说明该算法能够快速求解不确定环境下大规模反导作战动态火力分配问题。

6.5 本章小结

本章针对反导作战环境中必然存在的不确定特征,引入模糊机会约束规划理论,将拦截时刻和单发毁伤概率描述为模糊变量,对传统确定性反导作战动态火力分配模型进行了扩展,建立了基于 FCCBLP 反导作战动态火力分配模型:一方面考虑了反导作战动态火力分配优化问题中 FAP 和 FAS 之间的制约性;另一方面结合反导作战动态火力分配优化问题中存在大量的复杂约束条件,如可拦截时间窗口、有效毁伤下界、拦截策略以及拦截活动之间的相互干扰等因素,使模型更加贴近战场环境。然后,采用递阶优化策略,构建具有递阶结构的粒子编码方式。在此基础上,将离散化的 VNPSO-CC 算法和 DRPSO 算法有效结合,利用模糊模拟技术,提出了 HHFPSO 智能求解算法。最后通过实例对模型的合理性及算法的有效性进行了验证。仿真结果表明 HHFPSO 算法收敛速度快,优化效率高,鲁棒性较好,能够快速求解不确定环境下大规模反导作战动态火力分配问题,可为反导作战智能辅助决策提供新的决策模型和求解技术支撑。

下一步的工作包括两个方面:一是考虑更符合战场环境的目标和约束条件,构建多目标双层规划模型,使得模型更贴近反导作战应用特点及决策需求;二是研究最新的启发式算法以进一步提高不确定战场环境下,算法的求解效率以及解的精度。

第7章 防空反导智能辅助决策训练与验证关键技术

防空反导作战呈现高博弈对抗性、高环境复杂性、高实时响应性的"三高"特点，需要决策的智能化来提高作战效能。目前，防空反导指挥控制（Command and Control，C2）系统仍属于"确定性"系统，研究智能指挥控制（Alpha Command and Control，Alpha C2）系统，提升C2系统辅助决策的"智力"水平，将引起军事领域的彻底革新。

本章针对目前不确定环境下防空反导作战辅助决策研究存在的不足，探索研究防空反导智能辅助决策训练与验证关键技术，基于深度强化学习方法解决复杂场景下防空反导作战的动态决策问题。1 000局离线对抗表明，在没有学习领域已有模型、规则及战法经验的基础上，经过深度强化学习训练的Alpha C2与传统专家系统相比胜率更高，资源运用更加合理，在复杂对抗环境下Alpha C2展现出更高的决策艺术。

7.1 问题分析

作战规则及决策模型是专家经验的总结和凝练，然而，仅仅通过一组目标函数，或者是若干优先级准则，难以体现出指挥员灵活、多变的指挥艺术。此外，高博弈对抗性、高环境复杂性、高实时响应性的"三高"战场环境使得传统解析模型应对防空反导作战决策中的不确定性以及非线性问题存在瓶颈，具体表现为：① 对隐性知识的表示能力较弱，很难体现指挥员灵活的决策技术，无法准确描述作战过程的复杂演进；② 博弈对抗性体现不足，缺乏对手策略的建模，导致理想化、规则化的决策模型难以适应多变的战场环境；③ 简单模型不能覆盖复杂战场的全要素，而模型过于庞大将导致求解困难，无法得到最优的决策方案。未来防空反导作战对智能辅助决策水平提出了更高要求，为适应"三高"战场环境，需要研究具备学习能力的智能辅助决策方法，挖掘作战过程中的隐藏规律，为指挥员提供更加精准的决策支持。

基于以上分析，本章首先建立防空反导智能对抗推演系统，包括数字战场子系统、智能体Alpha C2训练子系统、演示验证子系统；进而，通过合理设计Alpha C2深度神经网络结构，集合多方状态作为输入，采用门控循环单元网络来引入历史信息，结合注意力机制选择动作指向的宾语，使得输出决策更加可靠；最后，Alpha C2与贴近真实世界的数字战场交互，产生学习数据，基于带裁剪近端策略优化（Proximal Policy Optimization，PPO）算法分别在固定策略和随机策略场景下训练神经网络，并分别进行试验验证。

7.2 深度强化学习技术

强化学习(Reinforcement Learning,RL)通过引入智能体和环境的概念,将最优控制问题拓展成更普遍、更广泛意义上的序列决策问题,智能体能够自主地与环境交互,获取训练样本,而不再依赖于有限的专家样本。强化学习使用凸函数对策略进行建模或拟合,在一定的约束条件下优化策略函数。然而,由于强化学习算法固有的存储复杂度、计算复杂度和采样复杂度,其扩展性受到了极大的限制,多数时候只能使用低维特征处理任务。近年来,随着计算能力的提升,具有强大非线性函数拟合功能和表征学习特性的深度学习(Deep Learning,DL)为解决这一问题提供了新的思路。一方面,深度神经网络允许策略函数非凸,扩展了强化学习方法的应用范围;另一方面,深度神经网络强大的特征提取和函数拟合能力使强化学习算法可解决非常复杂的决策问题。

2013年,Mnih等提出了DQN,首次将深度学习领域的卷积神经网络(Convolutional Neural Networks,CNN)与强化学习领域的Q学习算法相结合,可以说DQN的提出,掀起了深度强化学习研究热潮,其原因是:① 完全摒弃了特征工程和先验知识,研究者无须再花费大量时间探索如何进行有效特征提取,以及何种特征表示能取得较好控制效果的问题;② 将深度学习部分和强化学习部分纳入统一的端到端学习框架中。

深度强化学习(Deep Reinforcement Learning,DRL)为解决非完备信息博弈问题提供了的一种全新高效的机器学习方法,实现了从感知到动作的端到端学习过程,使训练变成一个数据驱动的自监督学习问题,在围棋、即时战略游戏、自动驾驶、智能推荐等领域应用都取得了较好的效果,受到了研究者的广泛关注。深度强化学习数据源自与环境的交互过程,最终将交互经验体现在策略模型中,使得深度强化学习与行为博弈对抗条件下的决策直接关联,其学习机制与方法契合了作战指挥人员的经验学习和决策思维方式。需要注意的是,防空反导领域存在实战数据不足、作战边界不清晰、实装验证成本高的问题,导致智能决策在防空反导领域的应用存在困难,因此,需要针对性打造高仿真度的对抗环境,依托军事人员经验设定作战任务,为智能体训练提供基础保障。

7.3 防空反导智能对抗推演平台原理

防空反导智能对抗推演平台主要由智能体、防空反导数字战场、训练环境以及推演环境组成。对抗场景采用高程数字地图,可配置战场环境及装备能力指标,考虑了物理约束,贴近真实战场。通过深度强化学习方法训练智能体,智能体与数字战场不断交互中产生学习数据。可视化界面包括3D电子沙盘,二维战场态势,第一人称视角,资源状态管理,实时战果统计,AI隐藏特征提取,AI胜率预估等,军事人员可直观感受对抗过程的合理性。

7.3.1 平台基本功能架构

如图 7.1 所示，智能体的训练需要强大的计算资源作为后盾，并依托数据中台构成底层的训练基础。开发防空反导数字战场，包括防空反导作战流程、战场环境、作战规则、交战准则和敌我双方武器系统模型，等等。在此基础上训练智能体，基于云计算平台强大的策略探索能力，在数字战场规则下，进行试错迭代，提升智力。在相似的想定下，通过迁移学习，能像指挥员一样做到举一反三。当作战规则、系统模型有较大变化时，则需要重新训练智能体，因此，想定设计的全面性、合理性及针对性需要综合考虑，数字战场越真实，训练出的智能体越能适应实际作战。在训练结束后，依据可视化的对抗推演过程，可人工调整策略搜索参数，优化智能体的决策行为。训练一名优秀指挥员，需要经历大量实战演习，同样，训练智能"指挥员"，需要较为逼真的数字战场环境，因此，训练前需要细化防空反导作战规则、交战准则、敌我双方装备特性等，构建较为真实的战场想定。进而，凝练指挥员的知识、经验，在人的指导下训练智能"指挥员"，从传统计算智能向认知智能迈进。最后，在无监督的情况下，智能体可针对不同想定自主进行空防作战推演，经过不断迭代来积累经验，使得系统在实践中得到能力提升。

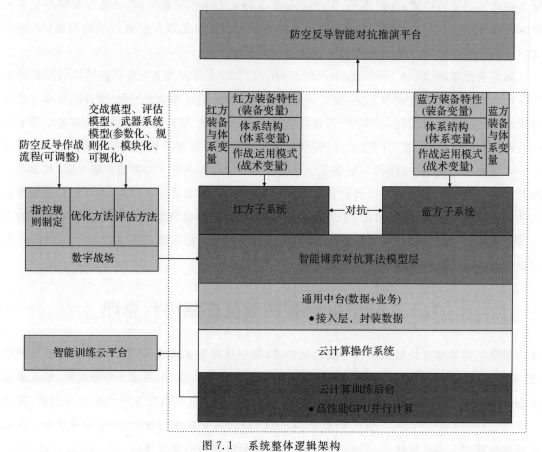

图 7.1 系统整体逻辑架构

如图7.2所示,数字战场为1 000 km×300 km的渤海湾区域,以保卫要地为目标进行自主驱动的多波次空防对抗。对抗过程分为"红蓝"两个阵营,"红方"作战任务为保卫指挥所、机场等战略要地,可配置中远程防空导弹发射车,中远程雷达火力控制车;近程防空导弹发射车,近程雷达火力控制车;空中有预警机进行预警信息支援。"蓝方"作战任务为摧毁"红方"战略要地,同时攻击"红方"暴露的防空力量,可配置多枚巡航导弹、架战斗机、无人机、电子干扰机和战略轰炸机等,多波次展开进攻。

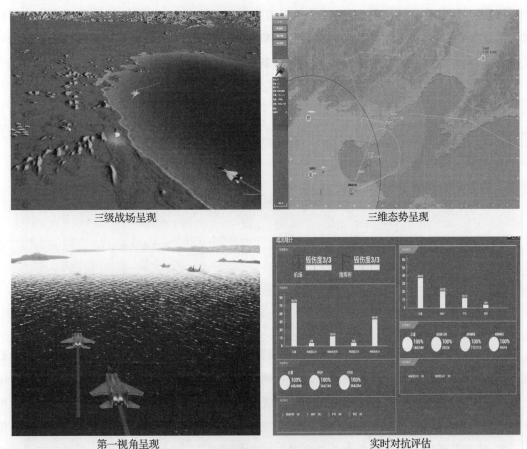

图7.2 空防智能对抗数字战场环境

"红方"的作战力量由智能体指挥,在智能体训练结束前,可基于预设规则开展对抗(例如尽远拦截、集火射击等典型规则)。而"蓝军"完全基于作战规则开展进攻,目前已经凝练了3套美军典型的突防战法嵌入推演系统中,同时也嵌入了大量战术动作(例如战斗机可通过超低空突防,躲避"红方"雷达跟踪,通过恰当的战术机动、抛洒诱饵等方式降低"红方"导弹杀伤概率等),实现了规则驱动的"红蓝"双方自主对抗。

人工预设规则包含了空地对抗中典型的作战规则、交战准则、评判准则以及不同型号的武器系统能力指标(例如不同杀伤区域的杀伤概率等),基本贴近实际战场,并支持人工设计作战想定,可修改武器系统工作参数、调整部署方案等。如图7.2所示,通过三维战场呈现,二维战场态势和第一人称视角,军事人员可直观感受对抗推演过程的合理性、判断智能体的策略水平;同时,通过评估模块实时统计战斗过程中红蓝双方的兵力战损量、消耗弹药数量、保卫要地受损情况等,对战斗结果进行定量分析。

如图7.3所示,从物理上划分训练环境和推演环境,训练环境由智能体训练云提供大规模计算服务,硬件基础为高性能服务器;推演环境提供演示验证服务,硬件基础为演示客户端。

在训练环境中提高智能体的对抗策略水平,到达一定程度后迁移到推演环境下,通过直观的对抗推演,评估智能体决策水平,并分析智能体的缺陷与不足,针对性调整训练环境中神经网络的超参数,再迭代训练。因此,两个环境有所区别,推演环境添加更多的展示模块和数据可视化界面,同时去掉训练环境在训练云上运行所需要的加速和优化模块。

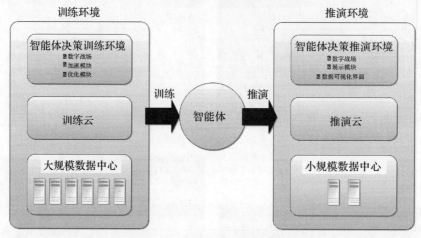

图7.3 训练环境与推演环境

首先根据作战想定在数字战场中构建对应的训练环境,训练环境部署到大规模数据中心的训练云上。智能体在设计好深度神经网络后同样部署到训练云上,通过在训练云的学习环境中进行一段时间的训练,智能体将掌握初始部署和实时决策的技巧。接下来,在数字战场中构建与之前学习环境相对应的推演系统,推演系统在战场环境和要素上都会与学习环境基本保持一致,推演系统运行在小规模服务器集群组成的推演云上,而之前在训练云上训练完成的智能体也会部署到同一块推演云上,将训练时学习到的对抗策略技巧应用到推演系统中。

7.3.2 平台功能模块设计

数字战场包括场景模块、协议模块和配置模块。其中场景模块负责战场环境的可视化呈现和战斗过程的模拟,是数字战场的主要组成部分。协议模块负责在训练云或推演云上提供数字战场与其他子软件的信息双向交互,一方面从场景模块获取态势信息传递给智能体,另一方面从智能体获取需要执行的行为信息并传递给场景模块。配置模块负责保存和修改整个数字战场模块的可配置信息,包括战场的初始态势,所有单位的初始部署位置,各个装备的具体参数等信息。数字战场各个模块之间以及其他组件之间的数据输入输出关系如图7.4所示。其中战场态势接口和行为决策接口是软件内部接口,配置输入接口是外部接口。

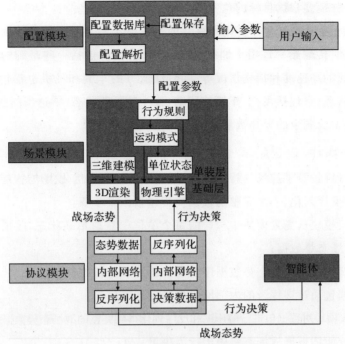

图 7.4　数字战场内部、外部交互关系

1. 配置模块设计

配置模块负责保存所有单装的参数,这些参数的数据保存在专门的配置数据库中。在场景模块开始部署单位时,配置模块使用一个配置解析组件一次性读取所有单装的参数数据并提供给场景模块用于配置单位。同时配置模块接收用户输入,可以在每一次作战模拟前根据需要调整任意单装的参数以适应不用的作战想定,同时可以在有需要的情况下,通过组合参数来生成新的单装类型。

2. 场景模块设计

场景模块主要负责战场环境的呈现,交战过程的模拟和决策行为的执行。场景模块可以细分为单装层和基础层两层,其中单装层负责模拟单个装备的行为逻辑和互相的攻击毁伤解算。基础层包含物理模拟及 3D 渲染等通用模块。

行为规则组件包含红蓝方每个单位的所有可以执行的行动与这些行动之间的切换规则,每个单位的行为和行为切换规则共同组成了对应单位的行为树,在行为树的执行节点上同时包含例如雷达照射、毁伤评估等内容。在数据流程上,行为规则组件负责将协议模块传输过来的行为决策信息转化成行为树状态数据的改变,而行为树状态的改变又直接影响具体的行为的选择,从而实现单位行为的改变。

运动模式组件负责将红蓝双方的行为转换成具有实际物理意义的运动。这一模块从行为规则中接收运动状态的改变和移动目标等信息,然后转化成速度或加速度等物理信息传送给物理引擎,由物理引擎计算出符合物理规律的移动轨迹。在这一过程中,例如车辆需要寻找路径,以最大的可能速度在道路上通行;飞机需要根据飞行的目的地转向,加减速,并且考虑推力和过载的影响;导弹需要根据目标的位置随时修正自己的方向。

不同的单装行为规则和运行模式计算后的运行结果最终都会反映到每个单位状态组件上。这些状态会随时传输给AI,用于训练决策。所有单位都包括一些基础的状态,如位置、方向、移动速度、当前的加速度和损伤情况等。同时红蓝方的车辆和飞机也都包含会随着战斗进行而不断变化的状态。它包括飞机、车辆的移动,战斗准备等状态;雷达当前照射的目标和制导中的导弹,当前各单位剩余的导弹数量等。

3. 协议模块设计

协议模块负责维护数字战场与智能体交流的接口,以及数字战场与智能体之间交互信息的序列化、传输和反序列化。一次完整的数据流程包括以下步骤:

步骤1 协议模块从场景模块中包含的每个单位上获取单装状态,将所有的状态整合到一起,形成一份战场态势数据;

步骤2 协议模块将战场态势数据序列化并压缩成一份数据包;

步骤3 数据包通过训练云的内部网络传输到智能体端;

步骤4 协议模块对数据包进行解压缩和反序列化得到完整的战场态势数据并提供给智能体;

步骤5 在智能体根据战场态势做出行为决策;

步骤6 协议模块将所有的行为决策打包成一份决策数据并进行序列化和压缩,生成决策数据包;

步骤7 决策数据包同样通过训练云内部网络传输到数字战场端;

步骤8 协议模块对决策数据包进行解压缩和反序列化,得到具体到每个单位的行为决策并提供给数字战场的行为规则组件;

步骤9 行为规则组件根据行为决策,生成具体的行为改变命令,修改行为树的对应状态,之后通过运动模式组件或者直接设置改变单位状态;

步骤10 返回步骤1,完成完整的数据闭环。

7.4 基于深度强化学习的Alpha C2算法设计

7.4.1 Alpha C2网络结构

状态空间:Alpha C2神经网络的输入信息分为四大类:① 红方保卫要地的状态,包括要地位置、类型等基本信息,要地正在受攻击的状况;② 红方火力单元的状态,包括红方火力单元当前的配置情况,火控雷达的工作状态,导弹发射车的工作状态,火控雷达受攻击的状况,火力单元能够打击的敌方单位信息;③ 侦查到的蓝方单位的状态,包括蓝方作战单位基本运动信息,被红方防空导弹攻击的状况;④ 红方可攻击的蓝方单位状态,考虑装备能力、地球曲率及地物遮蔽等物理因素。每类信息的单位数量随着战场态势的变化而变化。

Alpha C2 的动作包括三部分：① 选择哪些火力单元；② 各自发射什么类型的导弹；③ 分别拦截哪些蓝方目标。理论上，如果 Alpha C2 网络模型能够输出这三种数据，应该是比较有效的。但是实际中有很多限制，发射的导弹必须由火控雷达提供制导信息，火控雷达制导的导弹数量有限，跟踪目标的数量也有限。另一方面，红方火力单元能够打击的蓝方目标数量有多个，每个蓝方目标也能被多个红方火力单元打击。因此，在多对多的场景下，同时考虑装备能力限制，神经网络是无法有效判断这些条件的。

动作空间：为了避免上述情况，考虑以下两种方式：①Alpha C2 神经网络模型选择红方火力单元，用规则选择蓝方目标；②Alpha C2 神经网络模型选择蓝方目标，用规则选择拦截的红方火力单元。如果采用第 ① 种方式，在选定的火力单元杀伤范围内选择要拦截的目标，必须由人工进行威胁估计，形成拦截排序，否则很可能出现无法优先打击威胁度最高的目标，造成防守失败。而第 ② 种方式由 Alpha C2 通盘考虑所有的来袭目标以及战场局势，决定对哪些蓝方目标进行拦截。

WTA 应当由作战任务及来袭目标驱动，因此，第 ① 种方式先选定火力单元没有意义，同时，确定优先拦截的蓝方目标是最困难的，而选择火力单元进行拦截是规则比较擅长的一些固定套路，例如距离最近拦截，最多导弹拦截等策略。因此，本章采用第 ② 种方式。

集中式指挥的作战效率更高，也是当前主流的指挥模式。由于作战单元数量很多，采用多智能体的结构，会造成极大的通信负担，因此本章采用了全局指挥官架构，由一个智能体来控制多个火力单元进行防空指挥决策。

Alpha C2 网络结构如图 7.5 所示，由价值和策略组成，属于 actor-critic 结构[27]。策略网络产生决策，价值网络进行评估。

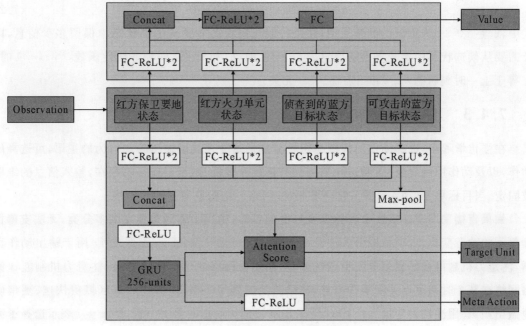

图 7.5 Alpha C2 神经网络结构

价值网络：输入 4 种状态经过全连接部分（特征提取）后，组合在一起再输入全连接部分，最后，输出 Value 值。

策略网络：输入 4 种状态经过全连接部分（特征提取）后，组合在一起再输入到全连接部分和门控循环单元网络（GRU）部分中，继而输出可选的动作（动作谓语）。此外，可攻击的蓝方目标状态经过全连接部分后，通过注意力机制选择出需要攻击的目标（动作宾语）。

7.4.2 门控循环单元

将态势数据各自经过两层 FC-ReLU 提取出态势特征，并组合连接构成全局态势。当前状态下的决策动作不仅取决于当前的输入，与之前输入的信息也有很大联系，为提高智能 WTA 策略预测能力，在全连接层进行决策推理的基础上，本项目拟在策略网络中引入门控循环单元网络（Gated Recurrent Unit，GRU）来保留需要记忆的数据，同时还能选择性地忘记不重要的信息。与循环神经网络（Recurrent Neural Network，RNN）相比，GRU 缓解了梯度消失的问题。与长短期记忆网络（Long Short-Term Memory，LSTM）相比，张量运算较少，训练速度会更快。同时，GRU 也不引入额外的记忆单元，直接在当前状态 h_t 和历史状态 h_{t-1} 之间引入线性依赖关系。

在 GRU 网络中，当前时刻的候选状态为

$$\tilde{h}_t = \tanh(W_h x_t + U_h(r_t \odot h_{t-1}) + b_h) \tag{7.1}$$

式中，$r_t \in [0,1]$ 为重置门的激活值，用来控制候选状态 $\tilde{h}_t$ 的计算是否依赖上一时刻的状态 h_{t-1}。当 $r_t = 0$ 时，$\tilde{h}_t$ 只与当前输入相关，当 $r_t = 1$ 时，$\tilde{h}_t$ 当前输入 x_t 和历史状态 h_{t-1} 相关。GRU 网络的隐状态更新方式为

$$h_t = z_t \odot h_{t-1} + (1-z_t) \odot \tilde{h}_t \tag{7.2}$$

式中，$z_t \in [0,1]$ 为更新门的激活值，用来控制当前状态需要从历史状态中保留多少信息，以及需要从候选状态中接受多少新信息。当 $z_t = 0$ 时，h_t 和 h_{t-1} 之间为非线性函数，当 $z_t = 1$ 时，h_t 等于上一时刻状态 h_{t-1}，和当前输入 x_t 无关。

7.4.3 注意力机制

在强化学习中，选择动作的传统思想是分别通过全连接层输出施加行为的主语，可选择的动作，以及动作用的对象。然而这种结构的可扩展性较低，由于全连接的存在，输入信息的维度被固定。当目标单元（动作宾语）数目增加时，网络的结构也需要随之扩展。

如果直接采用全连接层来选择需要打击的目标，相当于是固定维度的多分类，无法支持目标单元的动态变化，本项目拟引入注意力机制（Attention Mechanism，AM）用于输出动作宾语，注意力机制可在任意多单元中做选择，从而使得网络的可扩展性更高。注意力机制能让策略网络在某个时间重点关注某些信息，忽略其他信息的机制，使其在局部区域更快速、更精确地做出预测。用注意力变量 $z \in [1,N]$ 来表示被选择信息的索引位置，即 $z = i$ 表示选择了第 i 个输入信息。为了方便计算，本项目拟采用一种"软性"的注意力机制，首先计算在给定 q 和 $\boldsymbol{X}$

下,选择第 i 个输入信息的概率为

$$\alpha_i = p(z=i \mid \boldsymbol{X},\boldsymbol{q}) = \mathrm{softmax}(s(\boldsymbol{x}_i,\boldsymbol{q})) = \frac{\exp(s(\boldsymbol{x}_i,\boldsymbol{q}))}{\sum_{j=1}^{N}\exp(s(\boldsymbol{x}_j,\boldsymbol{q}))} \tag{7.3}$$

式中,查询向量 $\boldsymbol{q}$ 为每个火力单元的特征向量;$\boldsymbol{X}$ 表示当前可攻击的所有敌方目标;α_i 称为注意力分布;$s(\boldsymbol{x}_i,\boldsymbol{q})$ 为注意力打分函数,采用加性模型计算,$s(\boldsymbol{x}_i,\boldsymbol{q}) = v^{\mathrm{T}}\tanh(\boldsymbol{W}\boldsymbol{x}_i + \boldsymbol{U}\boldsymbol{q})$,$\boldsymbol{x}_i$ 为当前可选择的第 i 个来袭目标,$\boldsymbol{W}$ 和 $\boldsymbol{U}$ 为可训练的神经网络参数,v 为全局态势特征向量,即为带条件的注意力机制,使全局态势信息参与计算。得到每个火力单元关于每个目标的注意力分值,分别对分值向量的每一位进行 sigmoid 采样,产生总体决策。网络前面部分输出的查询向量,即由 GRU 得出的隐藏状态,通过"软性"的选择机制对输入信息进行汇总。GRU 和注意力机制的合理设计,对保留关键信息,跨时间关联事件,熟练储存检索信息至关重要,可有效提升策略网络的预测能力,提高动作输出质量。

7.4.4 基于异步双边带裁剪的近端策略优化算法

定义了状态、动作、奖励函数之后,将火力分配问题转化为求解马尔可夫决策过程(Markov Decision Process,MDP)问题,即寻找最优的策略 π^*。由于导弹、飞机等目标的运动采用连续的物理变量描述,本章针对连续动作学习问题,拟采用 PPO 算法训练神经网络。与基于值函数的 Q 学习方法不同,PPO 直接通过优化策略函数,计算累积期望回报的策略梯度,从而求解出使得回报整体最大化的策略参数。其中对于 PPO 中的损失函数,有不同的定义方法,如无裁剪或惩罚、带裁剪和带 KL 惩罚等,从"Multi-Joint dynamics with Contact"实验来看,带裁剪的 PPO 实现简单,而且效果更好。然而传统带裁剪 PPO 算法忽略了修正系数过大时,优势估计为负的情况,在使用大量有偏差数据时会导致训练不稳定。因此,本项目拟采用双边带裁剪的 PPO,目标函数为

$$L(\theta) = E_t[\max(\min(r_t(\theta)A_t, \mathrm{clip}(r_t(\theta), 1-\varepsilon, 1+\varepsilon)A_t), cA_t] \tag{7.4}$$

式中,$r_t(\theta)$ 为新旧策略函数比率及修正系数,当 $r_t(\theta) \notin [1-\varepsilon, 1+\varepsilon]$ 时,优势函数 A_t 被裁减,当 $r_t(\theta) \gg 0$,$A_t \ll 0$ 时,引入下限裁剪系数 c,避免梯度绝对值越大越被选择的情况,使得在旧策略函数基础上进行多次更新,同时避免更新后的策略函数偏离原来的策略函数过大,使得智能火力分配稳定地沿着更高奖励轨迹输出决策动作。

在每轮大的更新中,算法并行运行 N 个 Actor,每个 Actor 运行 T 步,共收集 $N \times T$ 步的数据,在每一步中会计算优势估计 $A_1, A_2, \cdots, A_t$。在完成数据的获取后,将会用来更新策略参数,其中累积期望回报的目标函数为 $L(\theta)$。在每轮中更新时迭代 K 次,每次选择小批量的数据集,尺寸 $M \leqslant N \times T$。

为提升训练效率,如图 7.6 所示,本项目拟采用异步训练模式。训练过程分为采样和学习两大步骤,采样在 CPU 集群完成,学习在 GPU 集群完成,采样的样本送到学习进程上处理,计算梯度。同步模式下,采样和学习是串行的,学习进程工作时,采样进程进入空闲状态,要等到

学习进程完成梯度计算,更新好参数后再进入下一轮迭代,同样,采样进程工作时,学习进程空闲,要等待采样进程的样本数据。而异步模式下,采样过程和学习过程是并行的,不需要互相等待,因此,在有限计算资源条件下,仍然可保证训练过程的高效率执行。

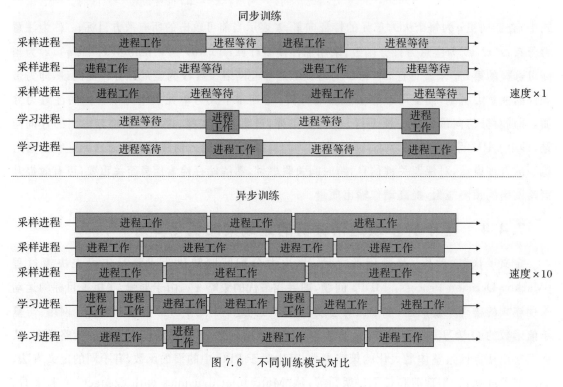

图 7.6 不同训练模式对比

7.5 数字战场环境

智能体在训练过程中需要与环境交互,这也是限制军事智能发展的主要原因,因此,必须将物理环境较好地映射到虚拟环境中,针对性地打造数字战场,提供 Alpha C2 训练的基础保障,本节空地对抗数字战场要素设置如下。

7.5.1 红方兵力设置及能力指标

保卫要地 2 个:指挥所、机场;

预警机 1 架:探测范围 400 km。

远程火力单元组成:1 辆远程火控雷达车(可同时跟踪 8 个蓝方目标,制导 16 枚防空导弹,最大探测距离 200 km,扇区 120°),8 辆远程导弹发射车(可兼容远程/进程防空导弹,每辆发射车装载 3 枚远程防空导弹和 4 枚近程防空导弹)。

近程火力单元组成:1 辆近程火控雷达车(可同时跟踪 4 个敌方目标,制导 8 枚防空导弹,最大探测距离 60km,扇区 360°),3 辆近程导弹发射车(每辆发射车装载 4 枚近程防空导弹)。

若火控雷达被摧毁,该火力单元失去作战能力;制导过程雷达需要全程开机;开机时会辐射电磁波,从而被对手捕捉,暴露自身位置;火控雷达受地球曲率及地物遮蔽等物理限制,存在盲区,考虑大气层对电波的折射作用,雷达极限视距为 $R_{max} = 4.12\{\sqrt{H_T}(m) + \sqrt{H_R}(m)\}(km)$,$\sqrt{H_T}$ 为目标的海拔高度,$\sqrt{H_R}$ 为雷达天线的海拔高度,H_R 设为 4 m。

防空导弹飞行轨迹为最佳能量弹道,拦截远界 160 km(远程)、40 km(近程),针对无人机、战斗机、轰炸机、反辐射导弹、空对地导弹在杀伤区的高杀伤概率为 75%,低杀伤概率为 55%,针对巡航导弹在杀伤区的高杀伤概率为 45%,低杀伤概率为 35%。

由 4 个远程火力单元加 3 个近程火力单元扇形部署保卫红方指挥所,由 2 个远程火力单元加 3 个近程火力单元扇形部署保卫红方机场,共 12 个火力单元。

7.5.2 蓝方兵力设置及能力指标

巡航导弹:18 枚;

无人机:20 架,每架携带 2 枚反辐射导弹和一枚空对地导弹;

战斗机:12 架,每架携带 6 枚反辐射导弹和 2 枚空对地导弹;

轰炸机:4 架;

反辐射导弹射程 110 km,命中率 80%;空对地导弹射程 60 km,命中率 80%;

干扰机:2 架,进行防区外远距离支援干扰,干扰扇区 15°,红方雷达受到干扰后,根据干扰等级,相应降低杀伤概率。

7.5.3 对抗过程

蓝方共展开 3 个波次的进攻,第一个波次由 18 枚巡航导弹分为两条突防路线攻击指挥所及机场,如图 7.7 所示,巡航弹飞行高度 100 m 进行超低空突防,受地球曲率影响,红方火控雷达截获目标的距离仅有 40 km 左右,因此,需要红方合理规划资源,在保证拦截的同时,尽可能减小弹药消耗。

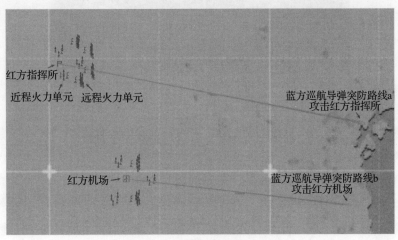

图 7.7 巡航导弹超低空突防

第二波次为20架无人机掩护下12架战斗机超低空突防攻击要地,同时摧毁暴露的防空阵地。如图7.8所示。

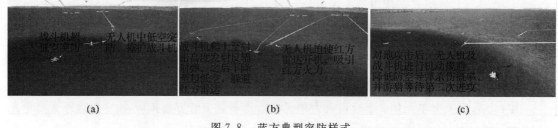

图7.8 蓝方典型突防样式

对于更具有对抗性第二个波次进攻,将Alpha C2的对手塑造得更加强大:如图7.8(a)所示,战斗机在无人机的掩护下突防。无人机飞行高度在2 000～3 000 m之间,诱使红方火控雷达开机,战斗机100～150 m超低空突防(受地球曲率保护,在火控雷达盲区安全飞行);如图7.8(b)所示,在红方火控雷达开机后,战斗机爬升到达攻击区域,与红方火控雷达形成通视,发射反辐射弹攻击;如图7.8(c)所示,攻击之后下降高度机动逃逸,进入游猎状态,组织再次攻击(为可视化,在3D沙盘中,将红蓝双方装备大小放大50倍)。

对于红方而言,防御压力很大,既要拦截无人机和战斗机,也要拦截所有作战飞机发射的大量空对地导弹和反辐射弹。由于红方火控雷达跟踪目标数量及制导导弹数量受限制,资源很容易进入饱和状态。这时,第三波次的4架轰炸机紧随其后,突防轰炸保卫要地,如图7.9所示。

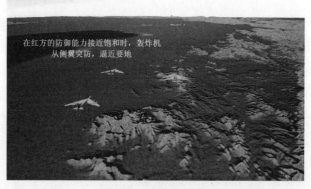

图7.9 轰炸机突防

7.6 Alpha C2 训练过程

7.6.1 奖励函数

Alpha C2取得对抗胜利应获得最大奖励,失败获得最大惩罚,而对抗过程涉及的要素众多,结果中除了包含胜负,也要体现大胜、小胜、大败及小败,因此,需要构建双方战损的奖励。

对抗结束之后通过胜负和双方战损能决定某一局中的动作有正向还是负向作用,也就是 Alpha C2 得到的反馈信号(reward)。此反馈信号由两部分构成:一是胜负,二是双方的战损情况。胜负的部分比重应该大于战损的部分。也就是说,如果一局胜了,则 reward 必须大于 0,反之则 reward 必须小于 0。奖励指标应尽量客观,本章奖励函数由 5 名军事专家基于本章场景,通过层次分析法提炼关键指标,结合仿真优化,得到各作战单元战损的奖励分数见表 7.1。

表 7.1　Alpha C2 的奖励分数

	获胜	失败	指挥所(遭受一次打击)	机场(遭受一次打击)	远程雷达毁伤
分数	1	−1	−0.15	−0.05	−0.05

	近程雷达毁伤	消耗远程导弹	消耗近程导弹	拦截无人机	拦截战斗机
分数	−0.01	−0.000 5	−0.000 3	0.01	0.1

	拦截轰炸机	拦截巡航导弹	拦截反辐射弹	拦截空对地导弹
分数	0.1	0.002	0.001	0.002

7.6.2　训练场景

本章设计了 2 个训练场景,第一个场景为蓝方固定策略,第二个场景为蓝方随机策略。训练硬件相同:CPU 运行仿真环境,型号 Intel Xeon E5-2678V3,88 核,256G 内存;GPU * 2 运行神经网络训练,型号 Nvidia GeForce 1080Ti,72 核,11G 显存。PPO 中的超参数 $\varepsilon=0.2$,学习率为 10^{-4},batch size 为 5 120,神经网络中隐藏层单元数为 256,并行运行 72 个 Actor,在每轮中更新时迭代 3 次。

(1)Alpha C2 模型 1:在场景 1 中训练,蓝方的突防路线、编队规模、作战任务是固定的,第一个波次由 18 枚巡航导弹分为两条突防路线攻击两个保卫要地;第二波次为 20 架无人机掩护下 12 架有人机超低空突防攻击要地,同时摧毁暴露的防空阵地;第三个波次为紧随其后的 4 架轰炸机突防轰炸要地。

胜负判断规则:① 当红方指挥所受到 3 次攻击或者轰炸机接近指挥所 10km 时,判红方失败(蓝方胜);② 当蓝方损失的战斗机超过 30% 时,判蓝方失败(红方胜);3. 若红方远程雷达损失超过 60%,则判红方失败(蓝方胜)。

每个 Actor 迭代 4 250 次,得到 Alpha C2 模型 1。

图 7.10(a) 为 Alpha C2 模型 1 的胜率曲线,在初始情况下,Alpha C2 不具备任何策略,几乎是各火力单元在满足物理约束及装备能力约束下的自由射击,胜率为 0,充分说明按照无序拦截无法战胜强大的对手,从训练 200 次开始,出现了胜利的情况,最终胜率超过了 70%,胜率显著提升。图 7.10(b) 为 mean reward 曲线,从最初的 −0.85 提升到了 0.5 左右,胜负是一个方面,也说明 Alpha C2 对资源的使用也越来越合理,需要注意,即便蓝方采用的是固定策略,但是曲线抖动仍然很明显,是因为战场有大量的不确定性,例如杀伤概率等因素影响,导致曲

线不会规律性地增长。

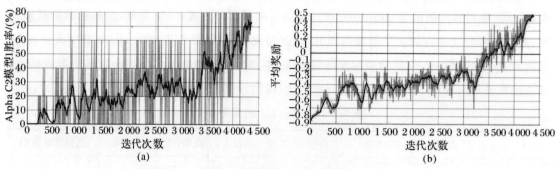

图 7.10　模型 1 在场景 1 中的胜率及 reward 曲线

(2) Alpha C2 模型 2：为对比不同迭代次数的模型泛化能力，独立于 Alpha C2 模型 1，同样在场景 1 中训练，超参数设置不变，每个 Actor 迭代 3 700 次，得到 Alpha C2 模型 2。

如图 7.11(a) 所示，经过 3 700 次迭代，模型 2 胜率接近 60%，如图 7.11(b) 所示，平均奖励接近 0.2，由于场景随机性，上升趋势与模型 1 不同。

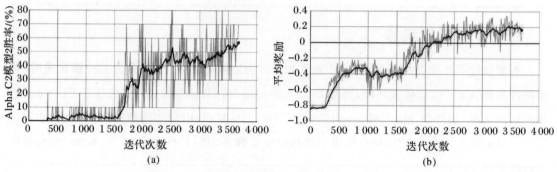

图 7.11　模型 2 在场景 1 中的胜率及 reward 曲线

(3) Alpha C2 模型 3：在场景 2 中训练，实战中无法准确预测对手的进攻样式，为贴近真实的战场，增加了更多的随机性，如图 7.12 所示，蓝方来袭方向整体不变，但突防路线、到达时间、分队编成随机化，更加体现了战场的不确定性。场景 2 中的兵力规模、能力指标、判断胜负规则与场景 1 保持一致。

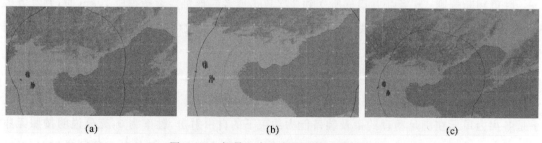

图 7.12　场景 2 中蓝方进攻策略随机化

如图 7.12(a)(b)(c) 所示，为场景 2 中随机抽样三局对抗的战场态势，蓝方的突防路线、到达时间、分队编成均不同，因此，行动策略、战斗过程具有更大的不确定性。

超参数设置相同，每个 Actor 迭代 3250 次，得到 Alpha C2 模型 3。

图 7.13(a)的曲线为 Alpha C2 在随机环境中训练 3 250 次的胜率曲线,在迭代 400 多次时,出现获胜,2 000 次左右时胜率突增,说明 Alpha C2 已经逐渐适应蓝方策略的随机性,最终胜率在 40% 左右,如图 7.13(b)所示,即便前 400 次没有获胜,mean reward 仍然上涨明显,说明逐渐由大败向小败提升,资源运用越来越合理,在 2 000 次左右,mean reward 同样提升明显,最终,从 −0.82 左右提升接近于 0。

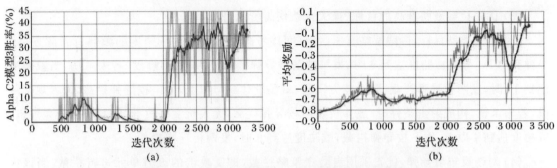

图 7.13 模型 3 在场景 2 中的胜率及平均奖励曲线

图 7.14 为三个版本的 Alpha C2 训练过程的平均奖励对比,可以看出浅蓝色曲线上升相对缓慢,说明与固定策略(红色曲线,深蓝色曲线)相比,随机策略的训练更加困难,特别是在训练前期。其中,模型 1 的训练迭代最多,平均奖励最高。然而,这不能说明模型 1 最优秀,还需要测试它们在不同场景下的泛化能力,并与领域专家知识进行对比。

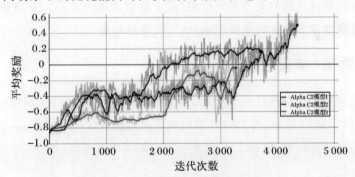

图 7.14 不同训练版本的平均奖励对比

7.7 实验验证

7.7.1 专家 C2

为验证 Alpha C2 的决策质量,需要与专家进行对标,而在复杂、高实时的防空作战场景下,专家的劣势并不是在决策水平上,主要体现在反应时间上,若不依赖 C2 系统的辅助决策,专家在短时间内无法有效进行态势感知,并进行如此庞大数量的火力分配(每分钟要进行上百次决策,并下达指令)。因此将专家的经验规则化、模型化,形成适用于本场景的专家决策方案,嵌入 C2 系统中进行对抗验证。

目前火力分配方案主要是在目标威胁估计的基础上,以消灭目标威胁度值最大/或价值最大、杀伤目标概率最高、消耗资源最小等为目标函数,进行火力-目标分配,由5名专家会商,依据场景要素建立优先级,形成最终专家决策方案如下:

(1) 目标威胁度(目标价值)划分等级:按目标到达保卫要地时间将威胁度划分为 $0 \sim 10$ 级,每15 s增加一级。

(2) 优先拦截威胁度高的目标(最大化杀伤高价值目标)。

(3) 不同类型目标,拦截策略有所区别(间接考虑目标类型对威胁度的影响):当蓝方AR导弹和ATG导弹威胁度达到6时,发一枚防空导弹拦截,进入观察阶段,若未杀伤,当威胁度达到10时,发两枚导弹拦截。对于蓝方飞机:威胁度达到7以上,发一枚导弹拦截,进入观察阶段,若未杀伤,构成射击条件时,战斗机发两枚导弹拦截,无人机发一枚导弹拦截。对于轰炸机:威胁度达到4以上,发一枚导弹拦截,威胁度达到9时,发两枚导弹拦截。

(4) 对于反辐射导弹,优先采用自防守策略拦截,即受攻击的火力单元进行拦截。当该火力单元资源饱和时,由最近的火力单元协助拦截(最小化作战损失)。

(5) 对于巡航导弹,优先使用近程导弹(由于巡航弹超低空突防,受地球曲率影响,近程导弹与远程导弹的杀伤区远界基本一致,最小化费效比)。

(6) 拦截目标时,优先使用杀伤概率高的火力单元拦截(最大化杀伤概率);杀伤概率相同时,优先使用正在跟踪该目标的火力单元拦截(最小化雷达辐射时间);杀伤概率相同,且同时跟踪,优先使用导弹数量多的火力单元拦截(火力负载最均衡)。

7.7.2 胜率、奖励及战损对比

将Alpha C2分别在以上两种不同场景下训练,得到3种Alpha C2模型,将这3种模型还有基于专家知识的专家C2系统,分别对抗采用固定及随机策略进攻的蓝方,各进行1 000局离线红蓝对抗,并记录实验结果,见表7.2。推演过程对硬件需求不高,普通PC即可,本章配置为CPU:intel i7 7800X。

表7.2 1 000局对抗中红方胜率及平均奖励

	场景1(固定策略)		场景2(随机策略)	
	胜率	平均奖励	胜率	平均奖励
Alpha C2 模型1	63.1%	0.3797	2.9%	−0.6242
Alpha C2 模型2	56.2%	0.1188	29.5%	−0.1013
Alpha C2 模型3	72.1%	0.4774	49.2%	0.0908
专家C2	21.8%	−0.1008	22.3%	−0.1072

如图7.15所示,为Alpha C2的三个模型以及专家C2在不同场景下的胜率对比,在固定策略场景1中Alpha C2模型1胜率高达63.1%,专家C2胜率仅为21.8%,胜率提升明显,而

在随机策略的场景2中,胜率不到2.9%,说明训练出现了过拟合,模型不具备较好的泛化能力来适应对手策略的变化。Alpha C2模型2在场景中2,胜率达到了56.2%,对模型2调整了迭代次数,过拟合不显著,因此,在场景2中,仍然有29.5%的胜率。在随机策略场景2中训练的Alpha C2模型3效果最好,面对蓝方的策略变化,胜率仍然能达到49.2%,在场景1中有高达72.1%的胜率,模型3迭代次数最少,但是在两种场景下胜率均最高,说明在随机策略的场景下训练更能适应于蓝方策略的调整,训练效果最好。专家C2在场景2中胜率为22.3%,与场景1中差异不显著,说明在双方能力指标不变的情况下,人的经验规则对于随机性不敏感,基于专家知识的C2系统很稳定,但应对复杂战场环境的能力较差。

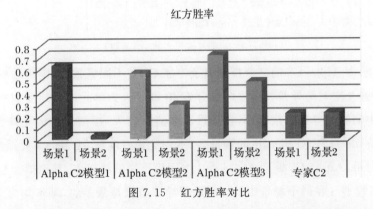

图7.15 红方胜率对比

需要注意的是,当各火力单元自由射击,不进行统一指挥时,胜率几乎为0,专家C2能达到20%左右的胜率,说明是有效的,能较好地避免重复射击,遗漏重点目标的现象,但是不具有更深层次的策略性,单纯靠调整规则,也不能解决根本问题。从胜率来看,通过训练神经网络模型可以解决复杂的军事对抗决策问题,增加策略的随机性,可以有效缓解过拟合现象,训练出的Alpha C2能更好地适应多变的战场环境。

图7.16为Alpha C2的三个模型以及专家C2在不同场景下,围绕远程/进程雷达毁伤,要地受攻击次数,无人机/战斗机杀伤情况进行分析。在红方火力单元及要地受损中,Alpha C2模型1在场景1中表现较好,同时,杀伤高价值目标(战斗机)的数量较多,然而总体杀伤目标数量较小,在场景2中,效果下降明显,两个关键指标,远程雷达损失数量及杀伤战斗机数量,表现比专家C2要差。Alpha C2模型2在场景1中的整体表现优于场景2,能够较多地杀伤战斗机,同时对远程雷达及要地的受损状态有较好的把控,在场景2中也能有较好地发挥,各方面指标没有断崖式下降。总体而言,Alpha C2模型3表现普遍较好,在两个场景中,无论是杀伤目标数量还是自身的战损,与模型1、模型2及专家C2相比,整体保持最高水平,模型3在场景1中各方面指标表现略优于场景2。专家C2在两个场景中表现最稳定,考虑到环境的随机性,场景1和场景2各方面指标没有显著差异,从要地毁伤和消灭战斗机数量来看,表现较差。

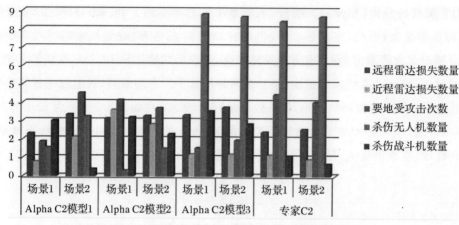

图 7.16　双方战损对比(小基数)

图 7.17 所示为 Alpha C2 的三个模型以及专家 C2 在不同场景下,围绕远程/近程导弹消耗,拦截反辐射弹及空对地导弹数量进一步分析。在红方火力单元及要地受损中,Alpha C2 模型 1 在场景 1 中消耗的导弹数量较小,在场景 2 中消耗较大,拦截的目标导弹也较多,需要说明,拦截 AR missile 与 ATG missile 的数量多,不一定是好现象,更多的需要抓住时机,在对手攻击之前消灭对手。Alpha C2 模型 2 在场景 3 中远程导弹消耗较多,其他指标与场景 2 差别不显著。Alpha C2 模型 3 在两个场景中消耗的远程导弹数量是最多的,基本均为 144 枚,达到了最大使用量,而近程弹消耗相对较少。专家 C2 消耗总的导弹数量最多,几乎使用了所有的导弹。Alpha C2 拦截 AR missile、ATG missile 的数量相对较小,但结合图 7.16 中雷达、要地毁伤数量综合来看,与专家 C2 相比,Alpha C2 拦截时机把握得更好,能更多地在蓝方发射导弹之前,将蓝方飞机消灭掉。

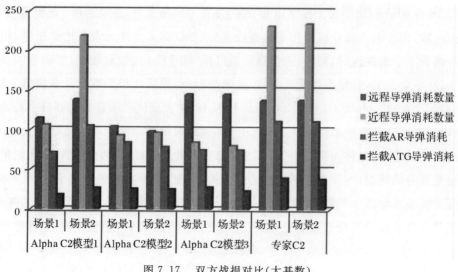

图 7.17　双方战损对比(大基数)

表 7.3 为各方面战损的详细数据,在关键指标上,Alpha C2 模型 3 表现最好。这里,补充两个对比。① 巡航导弹的杀伤数量:在所有场景下均能有效拦截,但是 Alpha C2 的拦截效率更高。② 轰炸机的杀伤数量,专家 C2 分别为 1.26 与 1.16 架,而 Alpha C2 则非常少,特别是模型 3 均为 0 架。然而,这并不代表专家 C2 杀伤轰炸机更加有效,基本上,Alpha C2 在轰炸机逼近要地之前,就杀伤了蓝方 30% 的战斗机,蓝方任务失败撤退,Alpha C2 尽可能地避免了与轰炸机的交战。

表 7.3 双方战损统计

		模型 1		模型 2		模型 3		专家 C2	
		场景 1	场景 2	场景 1	场景 2	场景 1	场景 2	场景 1	场景 2
红方	远程雷达	2.298	3.341	3.110	3.251	3.291	3.729	2.375	2.528
	近程雷达	0.782	2.129	3.593	2.807	1.192	1.181	1.145	0.912
	远程导弹	113.91	137.64	103.88	97.44	144	143.97	136.45	136.75
	近程导弹	105.81	217.98	92.85	96.19	84.06	79.77	230.29	233.21
	要地损伤	1.859	4.511	4.120	3.693	1.520	1.939	4.423	4.015
蓝方	无人机	1.541	3.218	0.297	1.479	8.783	8.648	8.395	8.637
	战斗机	3.010	0.379	3.180	2.271	3.530	2.821	1.075	0.649
	轰炸机	0.085	0.060	0.031	0.022	0.0	0.0	1.664	1.678
	巡航导弹	18	18	18	18	18	18	18	18
	反辐射导弹	71.2	104.71	83.69	78.01	74.44	74.26	110.36	110.19
	空对地导弹	17.81	26.49	25.68	24.71	27.41	22.71	39.01	37.63

7.7.3 战斗细节对比

通过数据对比,可以说明 Alpha C2 具备了较好完成任务的能力,但是,数据仍然体现不出 Alpha C2 的决策细节。由于完整的对抗过程非常烦琐,因此,选择了部分案例,并与专家 C2 进行对比。

(1) Alpha C2 表现出了更好的火力协同能力,在对抗巡航弹中,如图 7.18(a) 所示,专家 C2 仅关注自身的防御任务,面对攻击指挥所的巡航导弹,并没有分担防御压力。如图 7.18(b) 所示,Alpha C2 在高效完成自身防御任务同时,分担拦截资源缓解指挥所的防御压力。如图 7.18(c) 所示,专家 C2 的整体拦截效率较低,在巡航弹几乎到达保卫要地时,才完成拦截任务,如图 7.18(d) 所示,Alpha C2 通常在还剩较大距离时完成所有巡航弹的拦截任务。这一点,可以说明 Alpha C2 的拦截资源运用更加合理。

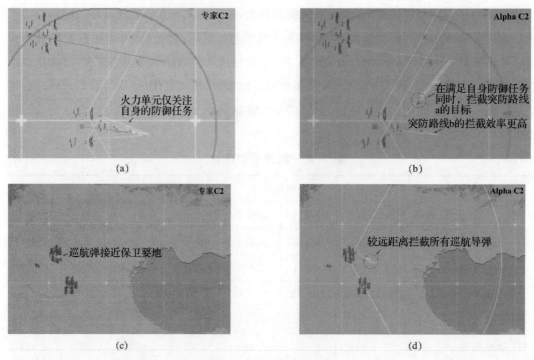

图 7.18 对抗细节对比(1)

（2）面对蓝方的诱敌策略，如图 7.19(a) 所示，专家 C2 由于过早拦截，导致红方火控雷达开机后，火力单元暴露，由于距离较远，蓝方机动逃逸躲避导弹杀伤，其他飞行编队展开协同攻击，发射反辐射弹攻击红方火控雷达。如图 7.19(b) 所示，红方更多地在进行被动防御，拦截反辐射导弹及空对地导弹，不能较好地对飞机进行打击。如图 7.19(c) 所示，蓝方不断游猎突进后，打开缺口，对红方要地进行攻击，尽可能以无人机的损伤换取战斗胜利。而在 Alpha C2 的指挥下，如图 7.19(d) 所示，面对蓝方的尖兵试探，红方火控雷达处于静默状态，不过早暴露自己，当蓝方整体迂回逼近时，各火控雷达几乎同时开机，进行静默伏击，如图 7.19(e) 所示，对蓝方目标杀伤更加有效，同时，保留一定资源拦截反辐射弹和空对地导弹。如图 7.19(f) 所示，当远程火力单元损失较多时，进程火力单元表现得更加主动，更多地吸引蓝方火力，而远程火力单元更多地处于静默状态，在保证自身安全的情况下进行伏击。

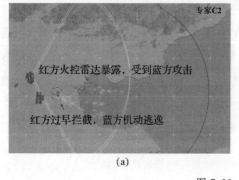
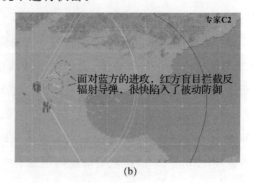

图 7.19 对抗细节对比(2)

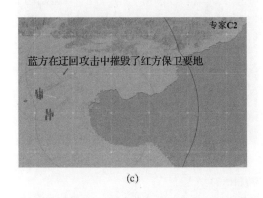
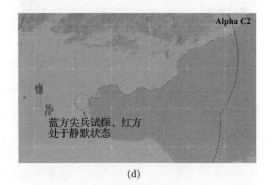

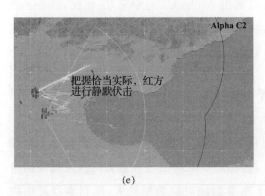
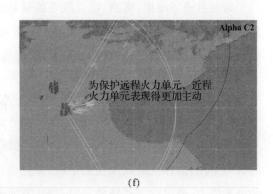

续图 7.19 对抗细节对比(2)

(3) 如图 7.20(a) 所示，专家 C2 对每个目标都进行射击，导致的射击过程相对分散无序，没有集中优势力量，打击重点目标，如图 7.20(b) 所示，专家 C2 漏掉了轰炸机，到了对抗后期，双方资源消耗很大，蓝方通过部分兵力与红方缠斗，使红方进入饱和状态，轰炸机接近要地。如图 7.20(c) 所示，在部分特殊时机，Alpha C2 有时会选择牺牲掉少量火力单元，避免不恰当的大规模射击，如图 7.20(d) 所示，牺牲是有意义的，进一步引诱蓝方战斗机及无人机进入伏击圈，迅速组织集火射击，出其不意歼灭蓝方目标，这样对拦截高价值目标更加有效，火力的协同更具有目的性。此外，Alpha C2 能更早地完成作战任务，在轰炸机进攻之前，有效杀伤蓝方战斗机获得战斗胜利。

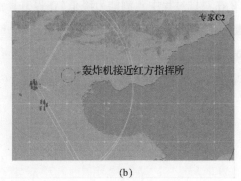

图 7.20 对抗细节对比(3)

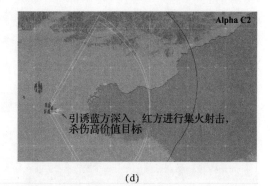

续图 7.20　对抗细节对比(3)

通过胜率/战损,奖励,以及战斗场景对比,可以看出 Alpha C2 与专家 C2 相比,具备了更高的决策水平。如果不考虑对手的对抗策略,指挥决策可以作为最优化问题进行研究,而现实中,对手一定是充满策略性的,会导致"确定性"的 C2 系统陷入决策被动。

7.8　本章小结

本章提出了针对防空反导 Alpha C2 的深度强化学习框架,综合分析战场态势设计了合理的状态空间,动作空间以及奖励函数,并且引入了门控循环单元网络与注意力机制来提高网络的决策能力。通过数字战场的实时对抗,有效解决了军事领域对抗数据缺失、模型难以评估的问题。实验结果表明,在没有学习领域已有模型、规则及战法经验的基础上,经过深度强化学习训练的 Alpha C2 与传统专家系统相比,能够以更高的胜率战胜对手,对资源的运用也更加合理,体现出了灵活多变的决策艺术。

针对 Alpha C2,仍然有大量问题有待进一步研究。在每轮对抗结束后智能体得到奖励,奖励信号是稀疏的,而对每个单元的动作进行即时收益反馈,理论上能更好地鼓励有效行为,但是,也有可能会产生过拟合;同时,与游戏相比,物理世界存在更明显的延迟动作响应问题,当 Alpha C2 执行一个动作时,无法很快得到该动作的响应,例如,在发射一枚导弹后,导弹能否杀伤目标不能当即得知,需要飞行较长时间与目标遭遇后才能得到结果,可能会导致 Alpha C2 在对抗过程中预测能力降低。在提升算法能力的同时,需要丰富数字战场功能,实现蓝军的智能化,通过强大的对手,进一步提升 Alpha C2 的决策水平及泛化能力。Alpha C2 可以作为作战筹划系统,进行作战方案评估优化,也可以与指挥员并行在 OODA 回路中,为指挥员提供实时的高质量决策建议。

参 考 文 献

[1] THOMAS F. Application of pattern recognition techniques for early warning radar (EWR) discrimination [R]. USA:ADA-Progress Report Ⅱ,1995.

[2] THOMAS F. Aninterior trust region approach for nonlinear minimization subject to bounds[J]. SIAM Journal on Optimization,1996,6(11):418－445.

[3] JAMES L R, HAUPT R L, Walker M J. RCS feature extraction from simple targets using time-frequency analysis [J]. The International Society for Optical Engineering, 1996,2845:66－74.

[4] SCHULTG K, DAVIDSON S, STEIN A. Range doppler laser radar for midcourse discrimination:the firefly experiments[C]// AIAA & SDIO Interceptor Technology Conference. New York:AIAA Press,1993:319－341.

[5] 许小剑,黄培康.利用 RCS 幅度信息进行雷达目标识别[J].系统工程与电子技术,1992, 6:1－9.

[6] 魏玺章,丁小峰.黎湘.基于椭球体模型的弹道中段目标特性反演[J].电子与信息学报, 2009,31(7):1706－1710.

[7] 王涛.弹道中段目标极化域特征提取与识别[D].长沙:国防科技大学,2006.

[8] 冯德军.弹道中段目标雷达识别与评估研究[D].长沙:国防科技大学,2006.

[9] 金光虎.中段弹道目标 ISAR 成像及物理特性反演技术研究[D].长沙:国防科技大学,2009.

[10] 刘永祥,黎湘,庄钊文.导弹防御系统中的雷达目标识别技术进展[J].系统工程与电子技术,2006,28(8),1188－1182.

[11] 高乾,周林,王森,等.弹道导弹中段目标特性及识别综述[J].装备指挥技术学院学报, 2011,22(1):78－82.

[12] 陈行勇,黎湘.郭桂蓉.微进动弹道导弹目标雷达特征提取[J].电子与信息学报,2006,28 (4):643－646.

[13] 寇鹏,刘永祥,朱得糠,等.基于轨迹特性的中段目标识别方法[J].宇航学报,2012,33 (1):91－99.

[14] 雷阳,孔韦韦,雷英杰.基于直觉模糊 c 均值聚类核匹配追踪的弹道中段目标识别方法 [J]通信学报,2012,33(11):136－143.

[15] 余晓东,雷英杰,孟飞翔,等.基于 PS-IFKCM 的弹道中段目标识别方法[J].系统工程与电子技术,2015,37(1):17－23.

[16] 全杰.弹道导弹目标威胁评估模型和算法[J].现代防御技术,2014,42(4):24-30.

[17] 李俊生,梁伟,刘雪梅,等.基于离差最大化的导弹中段目标威胁度评估[J].系统工程理论与实践,2007,27(5):164-167.

[18] 杨进佩,王俊,梁维泰.反导作战中的目标威胁排序方法研究[J].中国电子科学研究院学报,2012,7(4):432-436.

[19] 倪鹏,张纳温,李景涛,等.反导作战中多TBM威胁评估模型研究[J].现代防御技术,2011,39(5):35-41.

[20] 宋彦学,张志峰,霍亮.防空导弹反TBM作战指挥中目标分配关键问题研究[J].指挥控制与仿真,2007,29(6):34-37.

[21] 范学渊,邢清华,黄沛,等.基于TOPSIS的战区高层反导威胁评估[J].现代防御技术,2012,40(4):108-112.

[22] 罗亮,刘健,朱永水.基于层次熵模型的弹道导弹威胁评估[J].现代防御技术,2012,40(6):76-80.

[23] 王森,杨建军,孙鹏.基于改进TOPSIS法和蚁群算法的反TBM目标群目标分配研究[J].指挥控制与仿真,2011,33(1):23-26.

[24] 羊彦,张继光,景占荣.战术弹道导弹防御中的威胁评估算法[J].空军工程大学学报(自然科学版),2008,9(2):31-35.

[25] 李龙跃.末段双层反导火力运用问题研究[D].西安:空军工程大学,2016.

[26] 张元瀚,李相民,代进进.基于灰色区间关联决策的海上编队反导威胁评估[J].火力与指挥控制,2011,36(5):95-98.

[27] 雷肖剑,朱悦萌,谭乐祖.混合多类型属性威胁评估模型构建[J].舰船电子工程,2014,34(2):27-30.

[28] 赵麟锋.区域高层反导火力规划问题研究[D].西安:空军工程大学,2014.

[29] KLINE A, AHNER D, HILL R. The weapon-target assignment problem[J]. Computers and Operations Research,2018,105(3):226-236.

[30] HOSEIN P A, ATLANS M. An asymptotic result for the multi-stage weapon target allocation problem [J]. Decision and Control,1990,2(2):240-245.

[31] KOLESZAR G E, BEXFIELD J N, MIERCORT F A. A description of the weapon optimization and resource requirements model (WORRM)[R]. USA:Institute for Defense Analyses,1999.

[32] KHOSLA D. Hybrid Genetic Approach for the dynamic weapon-target allocation problem [J]. Battlespace Digitization and Network-Centric Warfare,2001,43(6):244-259.

[33] BROWN W D. Analysis and design cooperative weapon target assignment module for advanced battle manager of a ballistic missile defense system [D]. California:Naval Postgraduate School,2006.

[34] MICHAEL T D, MATTHEW J R, BRIAN J L. Approximate dynamic programming for missile defense interceptor fire control [J]. European Journal of Operational Research, 2016, 242(11):1-14.

[35] SELVI S T, MALMATHANRAJ R. Missile defense and interceptor allocation by LVQ-RBF multi-agent hybrid architecture [J]. Defense Science Journal, 2007, 27(2):173-183.

[36] PRABHAKAR N, KUMAR A, CHANDRAVANASHI H. Weapon allocation in SAM systems [C]// Proceedings of 2th National Systems Conference. India:Hyderabad, 2008:713-718.

[37] ZHANG Y, YANG R N, ZUO X L, et al. Improved MOEA/D for dynamic weapon-target assignment problem [J]. Journal of Harbin Institute of Technology, 2015, 22(6):121-128.

[38] LI J, CHEN J, XIN B. Efficiently solving multi-objective dynamic weapon-target assignment problems by NSGA-II [C]// Proceedings of the 34th Chinese Control Conference. Hangzhou:Technical Committee on Control Theory, 2015:2556-2561.

[39] 冯超,景小宁. 复合打击下具有多次拦截时机的火力分配问题[J]. 航空学报, 2016, 37(25):3444-3454.

[40] 李龙跃,刘付显,赵麟锋. 对多波次目标直接分配到弹的反导火力规划方法[J]. 系统工程与电子技术, 2014, 36(11):2206-2212.

[41] 张肃. 基于双层模糊规划的电子干扰资源优化分配算法[J]. 电子对抗, 2008, 121(4):6-9,14.

[42] LI Y, KOU Y X, Li Z W. An improved non-dominated sorting genetic algorithm III method for solving multiobjective weapon-target assignment part I:The value of fighter combat[J]. International Journal of Aerospace Engineering, 2018(6):1-23.

[43] XIN B, WANG Y P, CHEN J. An efficient marginal-return-based constructive heuristic to solve the sensor-weapon-target assignment problem [J]. IEEE Transactions on Systems, Man, and Cybernetics:Systems, 2018(2):2168-2216.

[44] LIU H, ZHANG P, HU B, et al. A novel approach to task assignment in a cooperative multi-agent design system [J]. Applied Intelligence, 2015, 43(1):162-175.

[45] SHALUMOV V, SHIMA T. Weapon-target-allocation strategies in multiagent target-missile-defender engagement[J]. Journal of Guidance, Control, and Dynamics, 2017, 40(10):2452-2464.

[46] LI L Y, LIU F X, LONG G Z, et al. Modified particle swarm optimization for BMDS interceptor resource planning [J]. Applied Intelligence, 2016, 44(3):471-488.

[47] LIU Z C, SHI Z S, WU L X, et al. Solving cooperative anti-missile weapon-target assignment problems using hybrid algorithms based on particle swarm and tabu search [C]//2017 International Conference on Computer Science and Application Engineering.

Shanghai:DEStech,2017:307-313.

[48] XU H, XING Q H, TIAN Z H. MOQPSO-D/S for air and missile defense WTA problemunder uncertainty [J]. Mathematical Problems in Engineering,2017,9(3):1-13.

[49] 汪民乐,范阳涛. 基于效果的常规导弹火力分配模型智能求解算法[J]. 系统工程与电子技术,2017,39(11):2509-2514.

[50] 黄仁全,李为民,田源. 末段高低两层协同反导火力分配模型研究[J]. 现代防御技术,2010,38(4):26-30.

[51] ATANASSOV K. Intuitionistic fuzzy sets [J]. Fuzzy Sets and Systems,1986,20(1):87-96.

[52] BUSTINCE H. Construction of intuitionistic fuzzy relations with predetermined properties[J]. Fuzzy Sets and Systems,2000,109(3):379-403.

[53] BURILLO P, BUSTINCE H. Entropy on intuitionistic fuzzy sets and on interval-valued fuzzy sets[J]. Fuzzy Sets and Systems,1996,78(3):305-316.

[54] HUNG W L, YANG M S. Fuzzy entropy on intuitionistic fuzzy sets[J]. Int J of Intelligent Systems,2006,21(4):443-451.

[55] FARHADINIA B. A theoretical development on the entropy of interval-valued fuzzy sets based on the intuitionistic distance and its relationship with similarity measure[J]. Knowledge-based Systems,2013,26(1):79-84.

[56] EULALIA S, JANUSZ K. Distances between intuitionistic fuzzy sets[J]. Fuzzy Sets and Systems,2000,114(3):505-518.

[57] LI D F, CHENG C T. New similarity measures of intuitionistic fuzzy sets and application to pattern recognitions[J]. Pattern Recognition Letters,2002,23(1-3):221-225.

[58] YANG Y J, CHICLANA F. Consistency of 2D and 3D distances of intuitionistic fuzzy sets [J]. Expert Systems with Applications,2012,39(10):8665-8670.

[59] PAPAKOSTAS G A, HATZIMICHAILIDIS A G, KABURLASOS V G. Distance and similarity measures between intuitionistic fuzzy sets:a comparative analysis from a pattern recognition point of view[J]. Pattern Recognition Letters,2013,34(14):1609-1622.

[60] YUAN X H, LI H X, SUN K B. The cut sets, decomposition theorems and representation theorems on intuitionistic fuzzy sets and interval valued fuzzy sets[J]. Science China (Information Sciences),2011,54(1):91-110.

[61] GLAD D, ETIENNE E K. On the composition of intuitionistic fuzzy relations[J]. Fuzzy Sets and Systems,2003,136(3):333-361.

[62] ABBAS S E. Intuitionistic supra fuzzy topological spaces[J]. Chaos, Solitons & Fractals,2004,21(5):1205-1214.

[63] ABBAS S E. On intuitionistic fuzzy compactness[J]. Information Sciences,2005,173(1-3):75-91.

[64] ABDUL M. Fixed-point theorems in intuitionistic fuzzy metric spaces[J]. Chaos, Solitons & Fractals,2007,34:1689-1695.

[65] ATANASSOV K. On eight new intuitionistic fuzzy implications[J]. Advanced Studies in Contemporary Mathematics,2006,1(1):553-572.

[66] ATANASSOV K. On intuitionistic fuzzy negations and intuitionistic fuzzy extended modal operators[C]// 4th International IEEE Conference Intelligence Systems. Cyprus: IEEE Xplore,2008:13-20.

[67] XU Z S, Chen J, Wu J J. Clustering algorithm for intuitionistic fuzzy sets[J]. Information Sciences,2008,178:3775-3790.

[68] 申晓勇,雷英杰,李进,等.基于目标函数的直觉模糊集合数据的聚类方法[J].系统工程与电子技术,2009,31(11):2732-2735.

[69] CHRIS C,MARTINE D C,ETIENNE E. Intuitionistic fuzzy rough sets:at the crossroads of imperfect knowledge[J]. Expert Systems,2003,20(5):260-270.

[70] 路艳丽,雷英杰,华继学.基于直觉模糊粗糙集的属性约简算法[J].控制与决策,2009,24(3):335-341.

[71] LEI Z,WEI Z W,ZHANG W X. On characterization of intuitionistic fuzzy rough sets based on intuitionistic fuzzy implicators[J]. Information Sciences,2009,179(7):883-898.

[72] 雷英杰,王宝树,苗启广.直觉模糊关系及其合成运算[J].系统工程理论与实践,2005,25(2):113-118.

[73] 雷英杰,王宝树,王晶晶.直觉模糊条件推理与可信度传播[J].电子与信息学报,2006,28(10):1790-1793.

[74] 雷英杰,王宝树,路艳丽.基于直觉模糊逻辑的近似推理方法[J].控制与决策,2006,21(3):305-310.

[75] 雷英杰,路艳丽,李兆渊.直觉模糊神经网络的全局逼近能力[J].控制与决策,2007,22(5):597-600.

[76] 高明美,孙涛,朱建军.一种改进的直觉模糊熵公理化定义和构造公式[J].控制与决策,2014,29(3):470-474.

[77] YAN B. Construction safety evaluation based on intuitionistic fuzzy TOPSIS[J]. Institution of Construction Management,2014,21(1):36-42.

[78] MUSHRIF M M,RAY A K. A-IFS histon based multithresholding algorithm for color image segmentation[J]. IEEE Signal Processing Letters,2009,16(3):168-171.

[79] DUDZIAK U,PEKALA B. Equivalent bipolar fuzzy relations[J]. Fuzzy Sets and Systems,2010,161(2):234-253.

[80] YAGER R R. Level sets and the representation theorem for intuitionistic fuzzy sets[J]. Soft Computing,2010,14(1):1-7.

[81] Xu Z S. Intuitionistic fuzzy aggregation operators[J]. IEEE Transactions on Fuzzy Systems,2007,15(6):1179-1187.

[82] XU Z S. Choquet integrals of weighted intuitionistic fuzzy information[J]. Information Sciences,2010,180(5):726-736.

[83] LI D F. A ratio ranking method of triangular intuitionistic fuzzy numbers and its application to MADM problems[J]. Computers and Mathematics with Applications,2010,60:1557-1570.

[84] LI D F. Linear programming method for MADM with interval-valued intuitionistic fuzzy sets [J]. Expert Systems with Applications,2010,37:5939-5945.

[85] YAGER R R. An intuitionistic view of the Dempster-Shafer belief structure[J]. Soft Computing,2014,18(11):2091-2099.

[86] LUDMILA D, PAVEL S. An interpretation of intuitionistic fuzzy sets in terms of evidence theory:decision making aspect[J]. Knowledge-Based Systems,2010,23(6):772-782.

[87] SONG Y F,WANG X D,LEI L,et al. A novel similarity measure on intuitionistic fuzzy sets with its applications[J]. Applied Intelligence,2015,42(2):252-261.

[88] GARG H,RANI M,SHARMA S P,et al. Intuitionistic fuzzy optimization technique for solving multi-objective reliability optimization problems in interval environment[J]. Expert Systems with Applications,2014,41(7):3157-3167.

[89] KONG W W, LEI Y J, LEI Y, et al. Technique for image fusion based on non-subsampled contourlet transform domain improved NMF [J]. Science China Information Sciences,2010,53(12):2429-2440.

[90] 雷阳,雷英杰,周创明. 基于直觉模糊核匹配追踪的目标识别方法[J]. 电子学报,2011,39(6):1441-1446.

[91] 郑寇全,雷英杰,余晓东,等. 基于线性IFTS的弹道中段目标融合识别方法[J]. 控制与决策,2014,29(6):1047-1052.

[92] ZADEH L A. Fuzzy sets [J]. Information and Control,1965,8(3):338-353.

[93] ZADEH L A. Fuzzy sets as a basic for a theory of possibility[J]. Fuzzy Sets System,1978(1):3-28.

[94] LAI Y J, HWANG C L. Fuzzy mathematical programming:methods and applications [M]. Berlin:Springer-Verlag,1992.

[95] FANG S C, HU C F, WANG H F. Linear programming with fuzzy coefficients in constraints [J]. Computers and Mathematics with Applications,1999,37:63-76.

[96] LIU B D. UncertainProgramming [M]. New York:Wiley,1999.

[97] CHANAS S, KUCHTA D. Multiobjective programming in optimization of interval objective functions:a generalized approach [J]. European Journal of Operational

Research,1996,94:594-598.

[98] NAHMIAS S. Fuzzy variables[J]. Fuzzy Sets and Systems,1978,1:97-101.

[99] YAGER R R. A foundation for a theory of possibility [J]. Journal of Cybernetics,1980, 10:177-204.

[100] DUBOIS D,PRADE H. Fuzzy sets and systems:theory and applications [M]. New York:Academic Press,1980.

[101] LIU B D,LIU Y K. Expected value of fuzzy variable and fuzzy expected value models [J]. IEEE Transactions on Fuzzy Systems,2002,10(4):445-450.

[102] LIU B D. Uncertain theory:an introduction to its axiomatic foundations[M]. Berlin: Springer-Verlag,2004.

[103] YAGER R R. Aggregation operators and fuzzy systems modeling[J]. Fuzzy Sets and Systems,1994,67(2):129-145.

[104] HEILPERN S. Fuzzy subsets of the space of probability measures and expected value of fuzzy variable[J]. Fuzzy Sets and Systems,1993,54(3):301-309.

[105] HEILPERN S. The expected value of a fuzzy number[J]. Fuzzy Sets and Systems, 1992,47(1):81-86.

[106] SCHNEIDER M. The weighted fuzzy expected interval[J]. Fuzzy Sets and Systems, 1990,73(2):215-223.

[107] LIU B D,LIU Y K. Expected value of fuzzy variable and fuzzy expected value model [J]. IEEE Transactions on Fuzzy Systems,2002,10(4):445-450.

[108] LIU B D,IWAMURAK. Chance constrained programming with fuzzy parameters[J]. Fuzzy Sets and Systems,1998,94(2):227-237.

[109] LIU B D, IWAMURA K. A note on chance constrained programming with fuzzy coefficients [J]. Fuzzy Sets and Systems,1998,100(1-3):229-233.

[110] LIU B D. Minimax chance-constrained programming models for fuzzy decision systems [J]. Information Sciences,1998,112(1-4):25-38.

[111] LIU B D. Stackelberg-Nash equilibrium for multilevel programming with multiple followers using genetic algorithms[J]. Computers & Mathematics with Applications, 1998,36(7):79-89.

[112] LIU B D. Theory and Practice of Uncertain Programming[M]. Heidelberg:Physica-Verlag ,2007.

[113] 刘彦奎,陈艳菊,刘颖. 模糊优化方法与应用[M]. 北京:科学出版社,2013.

[114] 薛晗. 不确定规划的群体智能计算[D]. 长沙:国防科学技术大学,2006.

[115] 李军. 模糊随机多目标决策模型及其在资产组合选择中的应用[D]. 成都:四川大学,2007.

[116] 王莉.突发事件条件下铁路行车组织模糊随机优化方法[D].北京:北京交通大学,2012.

[117] 李丽.模糊随机供需环境下的供应链库存管理[M].北京:科学出版社,2011.

[118] HUANG X X. Credibility-based chance-constrained integer programming models for capital budgeting with fuzzy parameters [J]. Information Sciences,2006,176(3):2698-2712.

[119] YANO H, SAKAWA M. A fuzzy approach to hierarchical multi-objective programming problems and its application to an industrial pollution control problem [J]. Fuzzy Sets and Systems,2009,160(1):3309-3322.

[120] HIDEKI K, TAKESHI U, KOSUKE K. Random fuzzy multi-objective linear programming:optimization of possibilistic value at risk(pVaR)[J]. Expert Systems with Applications,2013,40(1):563-574.

[121] XU J P, ZHOU X Y. Approximation based fuzzy multi-objective models with expected objectives and chance constraints application to earth-rock work allocation[J]. Information Sciences,2013,26(2):1-21.

[122] 吴启星,李晓斌,张为华.基于可信性理论的标准-3拦截弹末段修正能力分析[J].国防科技大学学报,2007,29(4):37-41.

[123] 张欧亚,佟明安,钟麟.不确定环境下编队协同搜索力最优分配[J].电光与控制,2007,14(2):1-3,11.

[124] 杨晓凌,邱涤珊.三种不确定性条件下的拦截器目标分配模型[J].弹箭与制导学报,2012,32(4):4-8.

[125] MAHMUD M, KAISER S, HUSSAIN A, et al. Applications of deep learning and reinforcement learning to biological data[J]. IEEE Transactions On Neural Networks and Learning Systems, 2018,29(6):2063-2079.

[126] GUO X, SINGH S, LEE H. Deep learning for real-time Atari game play using offline Monte-Carlo tree search planning[J]. Advances in Neural Information Processing Systems,2014(4):3338-3346.

[127] NAIR A, SRINIVASAN P, BLACKWELL S. Massively parallel methods for deep reinforcement learning[J]. Computer Science,2015,8(6):9-17.

[128] MNIH V, KAVUKCUOGLU K, SILVER D. Human−level control through deep reinforcement learning[J]. Nature,2015,518:529-533.

[129] SCHAUL T, QUAN J, ANTONOGLOU I. Prioritized experience replay[J]. Computer Science,2015,8(5):36-43.

[130] VAN H, ARTHUR G, SILVER D. Deep reinforcement learning with double Q-learning[J]. Computer Science,2016,9(2):65-72.

[131] OSBAND I, BLUNDELL C, PRITZEL A. Deep exploration via bootstrapped DQN [J]. Statistics,2016,30(1):104-112.

[132] NAOKI K, TAKU H, KAZUTERU M. Distributed deep reinforcement learning method using profit sharing for learning acceleration[J]. IEEE Transactions on Electrical and Electronic Engineering, 2020, 15(8): 1188-1196.

[133] BAIER H, DRAKE P D. The power of forgetting: improving the last-good-reply policy in Monte Carlo Go[J]. IEEE Transactions on Computational Intelligence and AI in Games, 2010, 2 (4): 303-309.

[134] SILVER D, et al. Mastering the game of Go with deep neural networks and tree search [J]. Nature 2016, 529: 484-489.

[135] SILVER D, SCHRITTWIESER J, SIMONYAN K. Mastering the game of Go without human knowledge[J]. Nature, 2017, 550: 354-359.

[136] ORIOL V, IGOR B, DAVID S. Grandmaster level in star craft II using multi-agent reinforcement learning[J]. Nature 2019, 575: 250-254.

[137] KUN S, YUAN Z, DONG Z. StarCraft micromanagement with reinforcement learning and curriculum transfer learning[J]. IEEE Transactions on Emerging Topics in Computational Intelligence, 2019, 3(1): 73-84.

[138] YING H, ZHENG Z, RICHARD Y. Deep-reinforcement-learning-based optimization for cache-enabled opportunistic interference alignment wireless networks[J]. IEEE Transactions on Vehicular Technology, 2017, 66(11): 10433-10445.

[139] 高乾,周林,王森,等.弹道导弹中段目标特性及识别综述[J].装备指挥技术学院学报,2011,22(1):78-82.

[140] 冯德军,刘进,丹梅.弹道中段目标RCS周期特性及其估计方法[J].宇航学报,2008,29(1):362-365.

[141] 胡杰民,陈行勇,董洪乐.锥体空间目标基于进动特性识别[J].现代防御技术,2008,36(1):54-58.

[142] 曲福恒,马驷良,胡雅婷.一种基于核的模糊聚类算法[J].吉林大学学报,2008,46(6):1137-1141.

[143] 雷阳,华继学,殷宏艳.基于三分法的IFS非隶属度函数确定方法[J].计算机科学,2009,36(1):128-130.

[144] HALL D L, LLINAS J. An introduction to multisensor data fusion [J]. Proceedings of IEEE, 1997, 85(1): 6-23.

[145] 孙海文,谢晓方,孙涛,等.小样本数据缺失状态下DBN舰艇编队防空目标威胁评估方法[J].系统工程与电子技术,2019,41(6):1300-1308.

[146] 杨海燕,韩城,张帅文.基于FDBN的空中目标威胁评估方法[J].火力与指挥控制,2019,44(1):29-33.

[147] 范翔宇,王红卫,索中英.基于粗糙集-信息熵的辐射源威胁评估方法[J].北京航空航天

大学学报,2016,42(8):1755-1760.

[148] 宋亚飞,王晓丹,雷蕾.基于直觉模糊集的时域证据组合方法研究[J].自动化学报,2016,42(9):1322-1338.

[149] 雷英杰,王宝树,路艳丽.基于自适应直觉模糊推理的威胁评估方法[J].电子与信息学报,2007,29(12):2805-2809.

[150] ZHANG Q, HU J H, FENG J F, et al. Air multi-target threat assessment method based on improved GGIFSS [J]. Journal of Intelligent & Fuzzy Systems, 2019, 36(2): 4127-4139.

[151] HAO Z N, XU Z S, ZHAO H, et al. Novel intuitionistic fuzzy decision making models in the framework of decision field theory[J]. Information Fusion, 2017, 33: 57-70.

[152] SHEN F, MA X S, LI Z Y, et al. An extended intuitionistic fuzzy TOPSIS method based on a new distance measure with an application to credit risk evaluation[J]. Information Sciences, 2018, 428: 105-119.

[153] JIN F F, NI Z W, CHEN H Y, et al. Approaches to group decision making with intuitionistic fuzzy preference relations based on multiplicative consistency [J]. Knowledge-Based Systems, 2016, 97: 48-59.

[154] WU D, YAN X B, PENG R, et al. Multi-criteria decision making based on correlation coefficient of triangular intuitionistic fuzzy numbers [J]. Shanghai Jiao Tong University, 2019, 24(4): 480-484.

[155] 孔德鹏,常天庆,郝娜,等.地面作战目标威胁评估多属性指标处理方法[J].自动化学报,2021,47(1):39-43.

[156] 王毅,刘三阳,张文,等.属性权重不确定的直觉模糊多属性决策的威胁评估方法[J].电子学报,2014,42(12):2509-2514.

[157] 肖力铭,齐海生,屈济坤,等.基于直觉模糊层次分析法的空中目标威胁评估[J].探测与控制学报,2019,41(3):108-111.

[158] 张垒,王雪,张才坤,等.基于IFE动态直觉模糊法的空战目标威胁评估[J].系统工程与电子技术,2014,36(4):697-701.

[159] GAO Y, LI D S, ZHONG H. A novel target threat assessment method based on three-way decisions under intuitionistic fuzzy multi-attribute decision making environment [J]. Engineering Applications of Artificial Intelligence, 2020, 87(2): 103276-103284.

[160] MENG F Y, TAN C Q, ZHANG Q. Some interval-valued intuitionistic uncertain linguistic hybrid Shapley operators [J]. Journal of Systems Engineering and Electronics, 2014, 25(3): 452-463.

[161] VLACHOS I K, SERGIADIS G D. Subsethood, entropy, and cardinality for interval-valued fuzzy sets-an algebraic derivation [J]. Fuzzy Sets and Systems, 2007, 158(12):

1384-1396.

[162] YE J. Multicriteria fuzzy decision-making method using entropy weights-based correlation coefficients of interval-valued intuitionistic fuzzy sets[J]. Applied Mathematical Modeling,2010,34(12):3864-3870.

[163] 尹胜,杨桢,陈思翼.基于改进模糊熵的区间直觉模糊多属性决策[J].系统工程与电子技术,2018,40(5):1079-1087.

[164] ATANASSOV K T,GARGOV G. Interval valued intuitionistic fuzzy sets [J]. Fuzzy Sets Systems,1989,31(3):343-349.

[165] 徐泽水.区间直觉模糊信息的集成方法及其在决策中的应用[J].控制与决策,2007,22(2):215-219.

[166] WANG W, LIU X. Intuitionistic fuzzy information aggregation using Einstein operations [J]. IEEE Transactions on Fuzzy Systems,2012,20(5):923-938.

[167] LIU P. Multiple attribute group decision making method based on interval-valued intuitionistic fuzzy power Heronian aggregation operators[J]. Computers & Industrial Engineering,2017,108(1):199-212.

[168] LOURENZUTTI R,KROHLING R A,REFORMAT M Z. Choquet based TOPSIS and TODIM for dynamic and heterogeneous decision making with criteria interaction [J]. Information Sciences,2017,408(2):41-69.

[169] 谭吉玉,朱传喜,张小芝,等.基于 TOPSIS 的区间直觉模糊数排序法[J].控制与决策,2015,30(11):2014-2018.

[170] YUE Z L. An approach to aggregating interval numbers into interval-valued intuitionistic fuzzy information for group decision making[J]. Expert Systems with Applications,2011,38(5):6333-6338.

[171] XU Z S,YAGER R R. Dynamic intuitionistic fuzzy multi-attribute decision-making [J]. International Journal of Approximate Reasoning,2008,48(3):246-262.

[172] YANG Z L,LI J Q,HUANG L C,et al. Developing dynamic intuitionistic normal fuzzy aggregation operators for multi-attribute decision-making with time sequence preference[J]. Expert Systems with Applications,2017,82(2):344-356.

[173] ZHOU W, XU Z S. Modeling and applying credible interval intuitionistic fuzzy reciprocal preference relations in group decision making [J]. Journal of Systems Engineering and Electronics,2017,28(2):301-314.

[174] 陈波,郭圆圆,高秀娥,等.区间直觉模糊幂加权算子的动态多属性决策[J].系统工程与电子技术,2019,41(4):850-855.

[175] 张浩为,谢军伟,葛佳昂,等.改进 TOPSIS 的多时刻融合直觉模糊威胁评估[J].控制与决策,2019,34(4):811-815.

[176] 马军杰,柯华,马卫民.基于相关机会规划思想的模糊随机时间费用均衡模型[J].系统工程理论与实践,2013,33(4):886-892.

[177] LU J L,WANG X M,ZHANG L C. Fuzzy random multi-objective optimization based routing for wireless sensor networks [J]. Soft Computing,2014,18(5):981-994.

[178] WANG S M,LIU Y K,WATADA J. Fuzzy random renewal process with queueing applications [J]. Computers and Mathematics with Applications,2009,57(7):1232-1248.

[179] 任剑,高阳.不完全信息的离散型模糊随机多准则决策方法[J].系统工程理论与实践,2011,31(1):122-130.

[180] KWAKERNAAK H. Fuzzy random variables-1 definitions and theorems [J]. Information Sciences,1978,15(1):1-29.

[181] PURI M L,RALESCU D. Fuzzy random variables[J]. Journal of Mathematical Analysis and Applications,1986,114(2):409-422.

[182] LIU Y K,LIU B. Aclass of fuzzy random optimization:expected value models[J]. Information Sciences,2003,155(1):89-102.

[183] 罗小明.弹道导弹攻防对抗的建模与仿真[M].北京:国防工业出版社,2009.

[184] CHEN W N,ZHANG J. A novel set based particle swarm optimization method for discrete optimization problems[J]. IEEE Trans on Evolutionary Computation,2010,14(2):278-300.

[185] LI M W,KANG H G,ZHOU P F. Hybrid optimization algorithm based on chaos, cloud and particle swarm optimization algorithm [J]. Journal of Systems Engineering and Electronics,2013,24(2):324-334.

[186] WANG P P,SHI L P,ZHANG Y. A hybrid simplex search and modified bare-bones particle swarm optimization [J]. Chinese Journal of Electronics,2013,22(1):104-108.

[187] 伍大清,郑建国.基于混合策略自适应学习的并行粒子群优化算法[J].控制与决策,2013,28(7):1087-1093.

[188] 李迎秋,迟玉红,温涛.一种基于动态边界的粒子群优化算法[J].电子学报,2013,41(5):865-870.

[189] 吴晓军,杨战中,赵明.均匀搜索粒子群算法[J].电子学报,2011,39(6):1261-1266.

[190] ZHANG H B,WANG H B,HU Z J. Analysis of particle swarm optimization algorithm global convergence method [J]. Computer Engineering and Applications,2011,47(34):61-63.

[191] 纪震,廖惠连,吴青华.粒子群算法及应用[M].北京:科学出版社,2009.

[192] MENDES R,KENNEDY J. The full informed particle swarm:simple,maybe better [J]. IEEE Transactions on Evolutionary Computation,2004,8(3):204-210.

[193] BOGDANOWICZ Z R. Advanced input generating algorithm for effect-based weapon-

target pairing optimization [J]. IEEE Trans on Systems, Man and Cybernetics, Part A: Systems and Humans, 2012, 42(1): 276-280.

[194] SONG Y S, LU H Q, HE L. Weapon-target assignment problem based on improved ACA [J]. Mathematics in Practice and Theory, 2009, 39(20): 92-99.

[195] MCKENDALL A R, SHANG J, KUPPUSAMY S. Simulated annealing heuristics for the dynamic facility layout problem [J]. Computers & Operations Research, 2006, 33(8): 2431-2444.

[196] 杨飞,王青,侯砚泽. 基于整数域改进粒子群优化算法的多平台武器目标分配[J]. 兵工学报, 2011, 32(7): 906-912.

[197] 杨晓凌,邱涤珊,彭黎. 改进类电磁算法在武器目标分配问题中的应用[J]. 国防科技大学学报, 2011, 33(6): 150-153.

[198] 曲在滨,刘彦君,徐晓飞. 用离散粒子群优化算法求解 WTA 问题[J]. 哈尔滨工业大学学报, 2011, 43(3): 67-69, 101.

[199] 王一川,单甘霖,童俊. 基于协同 memetic PSO 算法的传感器-目标分配问题求解[J]. 系统工程与电子技术, 2013, 35(5): 1000-1007.

[200] 叶文,朱爱红,欧阳中辉. 基于混合离散粒子群算法的多无人作战飞机协同目标分配[J]. 兵工学报, 2010, 31(3): 331-336.

[201] VICENTE L, SAVARD G, JUDICE J. Decent approaches for quadratic bilevel programming [J]. Journal of Optimization Theory and Applications, 1994, 81: 379-399.

[202] MATHIEU R. Genetic algorithm based approach to bilevel linear programming [J]. Operations Research, 1994, 28(1): 1-21.

[203] WANG Y P, JIAO Y C, LI H. An evolutionary algorithm for solving nonlinear bilevel programming based on a new constraint-handing scheme [J]. IEEE Transactions on Systems Man and Cybernetics, Part C: 2005, 35(2): 221-232.

[204] YAAKOB S B, WATADA J. Double-layered hybrid neural network approach for solving mixed integer quadratic bilevel problems [J]. Integrated Uncertainty Management and Applications, 2010, 68: 221-230.

[205] K KAYDIN H. A hybrid tabu search heuristic for a bilevel competitive facility location model [J]. Hybrid Metaheuristics, 2010, 6373: 31-45.

[206] SAKAWA M, KATAGIRI H, MATSUI T. Stackelberg solutions for fuzzy random two-level linear programming through probability maximization with possibility [J]. Fuzzy Sets and Systems, 2012, 188(1): 45-57.

[207] WAN Z P, WANG G M, SUN B. A hybrid intelligent algorithm by combining particle swarm optimization with chaos searching technique for solving nonlinear bilevel programming problems [J]. Swarm and Evolutionary Computation, 2013, 8: 26-32.

[208] MLADENOVIC N, HANSEN P. Variable neighborhood search[J]. Computers and Operations Research,1997,24(11):1097-1100.

[209] MILAN D, CARLILE L, NELSON M. A continuous variable neighborhood search heuristic for finding the three-dimensional structure of a molecule [J]. European Journal of Operational Research 2008,185:1265-1273.

[210] MLADENOVIC' N. General variable neighborhood search for the continuous optimization [J]. European Journal of Operational Research,2008,191(3):753-770.

[211] CHEN Y Y, CHENG C Y, WANG L C. A hybrid approach based on the variable neighborhood search and particle swarm optimization for parallel machine scheduling problems:a case study for solar cell industry [J]. Int J Production Economics,2013, 141:66-78.

[212] BARD J F. Practical bilevel optimization:algorithm and applications[M]. Netherlands: Kluwer Academic Publishers,1998.

[213] BENASKEUR A, BOSS, BLODGETT D. Combat resource allocation planning in naval engagements [R]. Canda:Defence R&D Canda-Valcartier,2007.

[214] 范海雄,刘付显,夏璐. 基于GA-PSO的目标分配问题研究[J]. 现代防御技术,2011,39(3):14-19.

[215] NIMA H. A hybrid PSO algorithm for a multi-objective assembly line balancing problem with flexible operation times, sequence-dependent setup times and learning effect[J]. Int J Production Economics,2013,141:99-111.

[216] XIN B, CHEN J, PENG Z H, et al. An efficient rule-based constructive heuristic to solve dynamic weapon-target assignment problem [J]. IEEE Trans on Systems, Man and Cybernetics,Part A:Systems and Humans,2011,41(3):598-606.

[217] ANESTIS F, MATTHEW T, IOSNNIS V. Learning to teach reinforcement learning agents[J]. Machine Learning and Knowledge Extraction,2019 (1):21-42.

[218] HINTON G, SALAKHUTDINOV R. Reducing thedimensionality of data with neural networks[J]. Science,2006,313(5786):504-507.

[219] NATHAN O, DANIEL S, JOSEPH Y. Low-level control of a quadrotor with deep model-based reinforcement learning[J]. IEEE Robotics and Automation Letters,2019, 4(4):4224-4230.

[220] MNIH V, KAVUKCUOGLU K, SILVER D. Playing atari withdeep reinforcement learning[J]. Computer Science,2013,6(3):66-75.